同志社大学ヒューマン・セキュリティ研究センター年報

No.1 2004

ANNUAL REPORT
Doshisha Research Center for Human Security

創刊の辞

　生物である人間は，本能としての利己と，必ず訪れてくる死との両者に挟まれて生きる宿命にある。
　この利己はともすれば増大する近しいものであり，逆に，死は可能なかぎり遠ざけたいものである。
　しかし，利己の増大は他者との対立・衝突，あるいは殺傷にも至る危険の要因であり，死は避けることができず不安の根元となっている。すなわち，人間は利己による危険と死の不安とに挟まれて生きている。さらにその上に，不可抗力の天災という危険までもある。
　利己と死と天災と──この三者に対して，人間は抑止力を作って果敢にも対抗してきた。安心・安全〈術〉の誕生である。それらは，人類の発展とともに整理統合が加えられ組織化されていった。直接的には，利己の抑止力として法と道徳とが，死の抑止力として医学と宗教とが，天災への対応には土木など自然科学が関わったと言えよう。もちろん，そのほかに間接的・個別的に多数の学問そして文化が関わってきたことは言うまでもない。
　けれども，そうした安心・安全術が前現代までは有効であったとしても，この現代において果してまだ有効であろうか。
　現代は，前現代と決定的に異なる複雑にして巨大な構造の下にある。規模・量は桁違いであるのみならず，前現代には存在しなかったものが，有形無形を問わず，現われてきている。たとえば，数億年も静かに眠っていた奇怪なウィルスが環境破壊とともに世界に散乱してしまったりしている。人間社会が長年かかって作りあげてきた安心・安全のシステム──共同体も無惨に崩壊してしまっている。
　だが，利己と死とに挟まれた人間の生活という状況に変りはない。とすれば，前現代から激変した現代における安心・安全とは何かということを改めて検討する時期にきていると考える。それは，従来の安心・安全の〈術〉に替る，安心・安全の新しい〈学〉の創出を意味する。

この〈学〉は文化の連続として既成の諸学問を基盤としつつも，諸学問の壁にとらわれず，新しい工夫を加えて再編成あるいは新構築を試み，一歩，いや半歩でも前に踏み出す学問の提起であることを意味する。内容としては，現代における個別的課題の安心・安全の研究と並行しつつ，安心・安全自体を研究対象とするものである。いわば，安心・安全〈学〉の各論と安心・安全〈学〉の原論という構造になるであろうか。

　この安心・安全学すなわちヒューマン・セキュリティ・サイエンスの研究の拠点を形成する目的で同志社大学に設立されたのが，ヒューマン・セキュリティ研究センターである。同志社大学の構想と熱意との下，平成15（2003）年4月に発足以来，同年6月14日に記念シンポジウムを開催し，以来，鋭意，毎月の研究例会を続け，ここにその成果を年報創刊号として公刊するに至った。今後，研究成果を陸続として世に問う決意である。

　また，われわれの安心・安全学研究の意義を理解され，研究費の提供をして下さる支援組織が結成されたことを特筆いたしたい。地元の京都の企業，すなわち村田機械株式会社・オムロン株式会社・京都銀行・宝ホールディングス株式会社（宝酒造）・株式会社イシダ各位である。記して感謝申しあげるとともに，このような社会的要請に応えることこそ現代の学問の使命であることを銘記いたしたい。

2004年3月17日

編集委員長　加地伸行

目次 | CONTENTS

002— 創刊の辞…加地伸行
005— シンポジウム　21世紀の課題：ヒューマン・セキュリティ・サイエンスの構築
　　　——一人ひとりの人間にふさわしい安心と安全を求めて——

　　　論文
066— 感情と社会…山形頼洋
083— 科学技術研究開発の20世紀における様態と21世紀におけるあり方…石黒武彦
　　　——ヒューマン・セキュリティの視点から——
100— 住空間の安心・安全研究：序論…奥山文朗
115— ヒューマン・セキュリティのための社会的安心へのアプローチ…中谷内一也
130— ライフサイクルアセスメントとしてのペットボトルリサイクルにおける
　　　ボトル-ボトル変換システムの検討…高野頌・西村直也・伊藤正行
145— Inauthenticity of Home, Insecurity at Heart : On the Ideology of Habitation
　　　in East Asia, from Tao Yuanming's *The Spring of Peach Flowers* to Satô
　　　Haruo's *The Sick Rose* …Augustin BERQUE
166— Social Welfare & Human Security in Asia …Muthu RAJENDRAN

　　　例会報告
190— 国際人権保障とヒューマン・セキュリティ…安藤仁介
194— 社会情報環境の安全化の研究…渡辺武達・柴内康文
198— 外国人労働者の目から見たヒューマン・セキュリティ…金東勲
204— 〈安心・安全〉と愛と社会保険と…加地伸行
210— 西欧近代の「自然」概念と安全学…今井尚生
　　　——村上陽一郎の思索をもとに——
216— アジア社会保障研究のインプリケーション…埋橋孝文
223— 地球環境とヒューマン・セキュリティ…林田明
227— 「からだ」その果てしない物語…田附俊一

　　　書評
234— ロベール・カステール著『安全のない社会』…アンヌ・ゴノン
238— ウルリヒ・ベック著『危険社会——新しい近代への道——』…庭田茂吉
243— 英文要旨
258— 活動報告
260— 2003年度研究員一覧

シンポジウム

SYMPOSIUM

21世紀の課題：ヒューマン・セキュリティ・サイエンスの構築
―― 一人ひとりの人間にふさわしい安心と安全とを求めて ――

第1部

司会 「21世紀の課題：ヒューマン・セキュリティ・サイエンスの構築――一人ひとりの人間にふさわしい安心と安全を求めて――」第1部を始めさせていただきたいと思います。私は本日の司会を務めます文学部の鈴木直人です。よろしくお願い申しあげます。

このシンポジウムは2003年度4月に開設されました同志社大学ヒューマン・セキュリティ研究センター開設記念シンポジウムでございます。同志社大学ではそれぞれの研究領域の統合化，深化をめざし，またそれを強力に推し進める組織として，4月に研究開発推進機構を設置いたしました。その中に8つの研究センターを設けました。本日のシンポジウムを主催しておりますヒューマン・セキュリティ研究センターはそのセンター群の中の一つとして設置されたものでございます。

当センター研究の目的は，誰もが安心・安全に暮らすことができる幸福な社会，人と人との，人と自然との間の共生のシステムのあり方を見いだし，それを構築することにあります。この目的を遂行するにあたりまして，当センターでは人間にふさわしい安心・安全の問題を6つの問題領域において考えました。「安心・安全観の問題」「諸個人の問題」「共同体・地域社会の問題」「社会の安全ネットの問題」「自然環境の問題」「科学技術の問題」というものでございます。それを当センターでは4つの研究部門に組織化いたしました。

1つは「総合感情学研究部門」でございます。基礎研究領域としてパーソナル・セキュリティの研究をすることを目的としています。

2つ目は「社会福祉研究部門」で，「コミュニティ・セキュリティ研究領域」と「ソーシャルセキュリティ研究領域」から成り立っております。

3つ目は「国際人権人道研究部門」で，「東アジア型人権・人道問題研究領

域」と「社会全般のセキュリティの研究領域」ということでございます。

　4つ目は「環境ヒューマン・テクノロジー研究部門」でございます。「環境セキュリティ研究領域」と「科学技術のセキュリティに関する研究」を行うことになっております。

　当センターの最終目的は，単に各分野の研究を行って共通の場で討議するものではなく，これらの分野の研究を有機的に統合いたしまして「ヒューマン・セキュリティ・サイエンス」という学問分野を構築するところにございます。これが本日のタイトルを「ヒューマン・セキュリティ・サイエンスの構築」とした理由でございます。

　第1部はこれらの研究分野に関連した領域でご活躍の先生方に，それぞれの立場からそれぞれの分野でヒューマン・セキュリティをどのようにとらえておられるかについてお話をいただき，第2部は，先生方を交え，パネルディスカッションの形式で「ヒューマン・セキュリティ・サイエンスの構築」という目標に向かっていくために，どのように考えていくべきかを一緒に考えていきたいと思っております。

　できればパネルディスカッションの時，ご来場の皆様のご質問を採り入れてディスカッションすることができればと思いますので，第1部終了後，アンケート用紙にご質問など書いてお出しいただければと思います。

　それでは最初に，当センターのセンター長であります，本学法学部安藤仁介から基調報告をいたします。それではお願いいたします。

基調報告　安藤仁介

　ご紹介いただきました安藤です。センターが何をめざしていくか。今，ご紹介にありましたように，我々が今，シンポジウムを開きました狙いをご説明し，4人の講師の先生につなぐというのが私の役目と考えております。

　ヒューマン・セキュリティ，人間の安全という日本語になりますが，これは直接には1994年，国連の機関でありますUNDP（国連開発計画）がこの年から「Human Development Report」，人間の開発に関する報告書を毎年出すようになりまして，その中で使った言葉でございます。この言葉を理解するには，

これに先だつ発展の権利「Right to Development」に触れておくことが有益ではないかと存じます。

世界人権宣言を条約にしました国際人権規約がありますが、150ほどの国家がこの条約に参加していまして、各国がそれぞれ人権をどのように具体化しているかという報告書を提出する。それを審査しまして、必要があれば「こうすればどうですか」と勧告を出す機関がございます。私自身、人権という側面からヒューマン・セキュリティの概念には興味がございましたが、「発展の権利」というのは人権と次のような形でつながっています。

普通、人権というのは国家と個人の関係というものを二つの側面からとらえます。一つは言論の自由、思想・良心の自由のように、国家が個人の行動に干渉しないことを本質とする。これを国家が何もしないで達成できる人権、「第一世代の人権」、First Generation の人権と呼んでおります。ところが国家が何もしないと、特に経済分野、現今も経済のグローバリゼーションの中で、いろいろな問題が起こっていますが、それは却って人間の間の不平等を助長しますので、その際、国家はむしろ個人の経済活動に介入して不平等をなくすように努めなければいけない。例えば教育を受ける権利というのがこのカテゴリーに入ります。国家が教科書をつくり、教員を養成し、学校を建てて初めて教育を受ける権利が実質を持つ。これを「第二世代の人権」と呼んでおります。

ところが、1960年くらいから国際社会に登場してきました発展途上国からしますと、彼らが国内で第一世代、第二世代の人権を実現しようとしても、すでに国際社会の経済の仕組み、それに伴う大きな格差があるために十分国内で人権が実現できない。したがって第一世代、第二世代という国と個人の関係を超えて、国際社会全体として大きな歪みを是正するような概念が必要である。そういうものとしての「発展の権利」、すなわちすべての国家は同じように発展する権利がある。そのために必要な国際秩序を構築しないといけない。これを第一世代、第二世代に対して「第三世代の人権」と呼んでおります。その中核が発展の権利です。発展の権利は国際連合でいろいろと問題になりましたし、一時期は先進国の側から「経済援助を得るための手段として、そういう権利を主張するのではないか」という批判もありましたが、1986年に「発展の権

利に関する宣言」が国連総会で採択されました。

　この宣言では発展の権利は，単に国家という人間集団，あるいは自決権の単位で人民という言葉を使う場合もありますが，集団の権利の側面とならんで，その集団に属する一人ひとりの人間が，広い意味での人格を自由に伸ばせるようなものでなければならない。実はヒューマン・セキュリティの考え方はそれの延長上にあると私は考えております。つまり，従来のセキュリティは国家が外部からの暴力による侵略に対抗するための安全保障，そして個別の国家では十分でないところでは国際連合という集団安全保障のシステムで考える。しかしながら国家がいかに外敵に対して安泰であっても，その中で個々の国民が不幸では意味がないのではないか。そういう意味で1994年，UNDPが使い始めました「人間の安全保障」という考え方は，その後，だんだん地歩を固めまして1998年には日本政府の主導によって国連そのものの中に「人間の安全保障基金」が設けられ，そして3年後の2001年，今世紀に入りましてから当時のG8の会合で，そのための委員会で，この概念をさらに掘り下げて豊かにする，その前提となる研究をするということで，緒方貞子先生，ノーベル経済学賞をとりましたインドのアマルティア・センの二人を共同議長とする「人間の安全保障委員会」が置かれ，国連事務局の援助を得て，今年，報告書をまとめてアナン国連事務総長に提出いたしました。

　その中で出てきた「人間の安全保障」という概念は，従来の安全保障に対する反省の契機，国家の側からではなく，個人の側から安全保障というものを見直す必要を強調しているわけでございます。たまたまこの時期は社会主義の終焉，それまでありました東西対立が溶けて，国と国との間の大きな戦争に対する危機感は遠のきました。しかし残念なことにそれまで大きな対立の影に押さえ込まれていた民族，人種，宗教の違いによる対立が表面化して，例えば，ユーゴスラビアにおける人道を無視した状況が現出したわけでございます。さらに冷戦の終結に伴って，社会主義という言葉は残存していますし，日本にはそういう名前の政党もありますが，しかし基本的に自由経済，市場経済の普遍性が確認されます。ただ経済のグローバリゼーションに伴いまして，プラスの面ばかりかというと，そうでもない。国と国の間の格差，あるいは自由化に十分

な条件が整っていない国ではマイナスの形で現れる。数年前のアジアの経済危機というものを思い起こしていただければおわかりいただけるかと思います。

今まで国家，それを構成する個人として考えていたものが，国家を超える国際機構，地域的な機構，さらに国家以外のNPO，NGOに代表されますように非国家主体，Non State Actor も巻き込んだ形で，地球的な課題となってきております。人権もそうですし，さらには環境の劣化は国単位でやれることは限られているわけで，今や国にこだわらないさらに大きな人間集団の活動が要請されています。しかしそれらすべてが，結局は，我々一人ひとりの安心・安全につながってこそ初めて意味があるのではないか。そういうことで同志社大学といたしましては，それを学問的に，論理的に，どこまでしっかりしたものに仕上げられるか，その追求をしようという構想を抱き，本日に至ったわけであります。

ヒューマン・セキュリティは現実の必要に迫られた，極めて現実的な側面の強い概念であることがおわかりいただけたかと思います。そういうものを論理的に，学問的体系に仕上げることをめざして，それに関連するさまざまな分野が協力していきたいというのが，同志社大学ヒューマン・セキュリティ研究センター発足の狙いでございます。

このあとにお話いただく佐藤行雄日本国際研究所理事長とお話をしていますと「ヒューマン・セキュリティ・サイエンスという言葉は響きがいい。おそらく普遍性をもって世界的に説得力を持つのではないか。研究所の名前を英語で表すなら，Institute for Human Security Science というふうにしてはどうですか」と示唆をいただきましたが，まさに同志社大学としてはそういうものを願っておるわけでございます。

ただ，今すぐヒューマン・セキュリティ・サイエンスというものがあるわけではなく，まずは，従来からそれに関連してきたいろいろな分野から多面的にアプローチしていこうと，ご紹介にあった4部門，そして6つの研究フィールドで構成しているわけでございます。

この後，お話いただきます佐藤理事長は，日本政府がヒューマン・セキュリティ・ファンドを作ることに関わりを持たれ，緒方貞子先生等の委員会ができ

て報告書を作成する過程で，裏面から全面的に支援された影の功労者でございます。緒方先生の委員会のレポートにも感謝の対象として佐藤大使の名前が出てくるわけでございます。先程も「安藤さん，スッときれいにいった問題じゃない。いろんな駆け引きがあってヒューマン・セキュリティという言葉が報告書にあるような形になったのだ」とおっしゃっておられましたが，今日はそういうお話を聞かせていただけるものと期待しております。

　佐藤理事長の次にお話いただきますのは，本学の田辺キャンパスの近くにあります国際高等研究所の中川久定副所長，京都大学名誉教授でもありますが，中川先生から，ヒューマン・セキュリティというものを，どちらかというと個人の内面，幸福感，幸福につながる側面から分析していただけるものと考えております。

　さらに釜山大学の朴炳鉉（パクビョンヒョン）教授からは，制度的，社会的なものとしてのヒューマン・ケア，社会福祉，この社会福祉は欧米の世界では個人と国家が対比されますが，アジアの場合，家族とか近隣社会の重層的な社会の仕組みがありますので，そういう点にも光を当てて，東アジア型の福祉モデルということでお話いただく予定でございます。

　そして最後に「環境ヒューマン部門」と呼んでおります分野として，物質の科学を勉強しても最後に人間につながらないと意味がないということから，京都大学人文科学研究所の武田時昌先生に，中国の伝統的な学問である自然学についてお話をいただき，我々の研究を進める一つの手掛かりとしていきたいと思います。

　その後，フロアの皆さんを交えて活発な討論をしたいと思いますので，お気づきのところをどんどんご指摘いただけたら幸いでございます。以上，センターの経緯，今日のシンポジウムの意義をご紹介し，私のご挨拶に代えたいと思います。

司会　それでは早速，ご出席の先生方にお話を伺いたいと思います。当センターは4つの部門で構成されておりますが，最初のご発題は「国際人権人道研究部門」に関係した領域からとなります。本日お話をいただきます佐藤行雄先生

は元国連大使で，財団法人日本国際問題研究所理事長をお務めでございます。佐藤先生は東京大学法学部を卒業された後，外務省に入省，北米局長，オランダ大使，オーストラリア大使を歴任されました。その間に，宮崎県の警察本部長をお務めになられたことがあるそうです。省庁間の交流の一環だということでございます。1998〜2002年まで国連大使をお務めになり，その際にヒューマン・セキュリティ・コミッションができました。その活動を開始された時に国連大使として，文字通りご尽力いただいたということでございます。そのようにヒューマン・セキュリティの問題の草分け的な比較などに関して造詣がお深い先生からお話をいただきたいと思います。よろしくお願いいたします。

講演「国連活動とヒューマン・セキュリティ」佐藤行雄

ご紹介いただきました佐藤でございます。今日は記念すべき会に，安藤先生のおかげでお話をさせていただくことになり，大変光栄に思っております。

本日は外交面におけるヒューマン・セキュリティの問題についてお話をさせていただきたいと思います。これまで4年弱，国連でもヒューマン・セキュリティの問題について仕事をしてまいりましたが，何か欠けているという感じが常にしておりました。ヒューマン・セキュリティは外交政策の課題だけなのだろうかということでございます。それだけに今回，「ヒューマン・セキュリティ・サイエンス」という捉え方を伺いまして，目が開かれた思いがいたしました。国際関係でヒューマン・セキュリティを大事にすると同時に，それぞれの国内において，国民一人ひとりの意識の中でヒューマン・セキュリティを大事にしていくことが21世紀の課題なのではないかと思っております。そういう意味で，ヒューマンセキュリティ・サイエンスという捉え方は，すべてに網をかけられた，大事な捉え方ではないかと，僭越ながら思っている次第でございます。

ヒューマン・セキュリティという言葉は1994年，UNDPの「人間開発報告書」で出てきたものですが，日本政府の公的な発言といたしましては，1998年12月，当時の小渕総理がハノイで演説された時に触れられ，国連に「人間の安全保障基金」を創るという考えを明らかにされました。翌99年3月に日本政府

が5億円を拠出して、国連に初めて「人間の安全保障基金」ができました。現在では239億円まで積み上がっています。その一部はすでに使われておりますが、日本政府の支出の累計は239億円までになりました。これまでのところ「人間の安全保障基金」にお金を出しているのは日本だけです。

さらに2000年9月、国連でミレニアム総会が開かれた時、当時の森総理が人間の安全保障についての国際委員会を創りたいと言われ、翌年1月の「人間の安全保障委員会」の発足に結びついたわけです。緒方貞子さん、アマルティア・センさんを共同議長とする12名の世界的な権威ある方々の集まりですが、この国際委員会が2年間の検討を終えて、今年4月に総理に報告をされ、5月にはアナン国連事務総長にも報告書を出すということで、一つの結果を出されたわけであります。

もう一つは、来年4月に始まります平成15年度予算から日本の経済協力予算の中に「草の根人間の安全保障無償資金」という名称の予算が計上されます。単年度で150億円です。この二つが今、人間の安全保障に使われる予算となります。

私は1998年10月から昨年8月まで国連におりまして、小渕総理のハノイでの発言以降国連の場で参加してきたわけですが、今日はヒューマン・セキュリティ・サイエンスの外交政策面での研究のお役に立てばと思いまして、私が体験してまいりましたことを4点ほどお話をさせていただきたいと思います。

その前に申し上げておきたいのですが、日本の外交政策としてのヒューマン・セキュリティへの取り組みは、政府の中から外務省だけが、出て来たわけではありません。その背景にはシビル・ソサエティと呼ぶべき分野の方々の大変な努力がありました。日本国際交流センターの山本正理事長、国会議員の中でも武見太郎先生は、早い段階から人間の安全保障の重要性を指摘されておりまして、こういう方々のご努力もあって、1998年12月の小渕総理の演説ができたと私は理解しております。

当時私は、ニューヨークにおりまして、小渕総理の演説が起案されている過程には直接タッチしておりませんでしたので推測で申し上げたわけですが、政府だけが考えたものではなく、シビル・ソサエティの方々に押されるような形

で政府，政治家が動いたという経緯もあって，今日に至っているということであります。その点はこれからますます出てくるシビル・ソサエティ，NGO の方々と政府との協力の一つのモデルになるかもしれないと思っております。

　もう一つこの問題に携わって悩んできたことを申し上げたいと思います。「人間の安全保障」，「ヒューマン・セキュリティ」という言葉の持つ魔術のような魅力という点であります。東京でも人間の安全保障に関する会議に出ますと，若い人が多い。なにか「人間の安全保障」という言葉が若い人たちにアピールするものがあるのだと思いました。現に，人間の安全保障というのはわかりやすい言葉で，人間の感性に訴えるところがある。しかし問題は，「人間の安全保障」という言葉を聞かれて，何を感じておられるかをお聞きすると，実は相当に違いがあるのではないかということです。いろいろな方が，グローバリゼーションの進んだ結果として，グローバリゼーションの影の部分で被害を受けている方々の問題や，グローバリゼーションの結果として出てきたいくつかの難しい問題について，自分としても何かしたいと思っておられますが，「人間の安全保障」という言葉はそういう方々に対して訴える力が強いのではないかと思います。時あたかも日本でも，NGO やシビル・ソサエティの方々が政府と別の視点から国際的な活動をなさろうとされている時だけに，「人間の安全保障」という言葉は，そういう方々にも一つのテーマを与えているのではないかと思います。

　もっとも，この言葉がわかりやすい，感性に訴える響きを持っているだけに，政策としてまとめていくことはそう簡単ではないという気がいたします。同時に私の勝手な感じですが，ただ感性に訴えるだけの外交政策はそう長続きはしないという気もいたします。そこで「人間の安全保障」という課題をいかに政策に取り込んでいくかということが大事になってくるという気がいたします。今日はその点に関する経験談を4点ほどお話したいと思います。

　さて，「人間の安全保障」という言葉，「ヒューマン・セキュリティ」ということがどういうことを意味するかということについては，だんだんとコンセンサスができているような気がします。今度の報告書を待つまでもなく，「人の生命，生存，生活，尊厳を守るということ」あるいは，「人間の貧困や恐怖か

らの自由を確保すること」が人間の安全保障なのだと言われるようになってきました。

　国際委員会の報告書を見まして，さすがと思いましたのは，コミュニティの生存，尊厳ということを個人と並べて指摘していることです。国連で人間の安全保障についての日本の取り組みを議論している時に，アフリカの大使たちから，「我々のところでは個人の問題の前にコミュニティがある。コミュニティの安全，コミュニティの伝統，相互扶助で助け合っていくコミュニティの仕組みを守ることが大事で，そこを飛び越して個人の問題にいくのは，まだ早すぎる」と言われたことがございます。国際委員会の報告書がコミュニティの重要性に触れたことについて，国連でのアフリカの大使たちとの議論を踏まえて，なるほどなと思った次第であります。

　外交政策との関係における４つの点の第一でありますが，ある時期，日本の政府，外務省は「人間の安全保障を外交の柱の一つ」という言い方をしようとしました。私はこれには反対でした。人間の安全保障を大事にすることに反対なのではなく，「外交政策の柱」ということについて反対したわけです。

　なぜかと言いますと，人間の安全保障を重視していかなければならない分野は幅が広い。私も国連の演説で何度も繰り返して言いましたが，貧困も，環境問題も，紛争も，難民問題もすべて人間の安全保障を重視していく上で大事な問題です。エイズのような健康，医療の問題も含めた，幅広い問題でも，人間の安全保障という面から重視していかなければならない。そこでそういうものをすべてひっくるめて，もっぱら人間の安全保障だけを対象にする政策はありえない。逆にあらゆる政策分野で，突き詰めていけば，外交政策の対象になる分野だけでなく，国内政策の対象になる分野でも，あらゆる政策分野で，人間の生命，生存，尊厳を大事にしていく，そういう意識を持つことが大事であり，人間の安全保障を重視することは，例えば，アジア関係，日米関係，国連といったいわゆる外交政策の柱と呼ばれてきた外交の重要な局面とか手段とかと並ぶものというよりは，外交政策全体に関わる視点，政策優先度の取り方の問題だと私は思いました。

　「人間の安全保障を重視することは外交政策上の重要課題である」，あるいは

人によっては「最重要課題である」とか「中心課題である」という言い方をされるのはよろしいと思いますが，外交政策を支えている柱とすべきではない。人間の安全保障を重視することが外交政策上の課題であり，その重要度が近年とみに大きくなってきたというのが，私の受け止め方でありまして，「外交の柱」と呼ぶことについては私は反対を申し上げてきました。

　誤解がないように申し上げたいのですが，人間の安全保障を重視することの大切さについて疑いを持っているわけではありません。ものごとの説明の仕方として，「柱」というのは簡単なようですが，そう捉えていくと，本来やるべきことを見失うのではないかという気がします。「柱」というと予算を多くつければいいのか，といったことになりがちなわけで，あらゆる政策分野で人間の安全保障を重視することを外交政策の中心的な課題の一つとして捉えていくことの方が大事だろうと私は思っております。

　第二の点は，よく国の安全保障と人間の安全保障とを区別する議論があります。今度の国際委員会の報告書の中にも，これを区別する考え方が繰り返し出てまいります。私もこの区別をすることは大事だと思います。特に従来の考え方，すなわち安全保障という言葉を使う時に，国家の安全保障を中心に考えてきた従来の考え方に対して，国の安全だけを守っても，中にいる国民が不幸せではよくない。国境を越えて人の安全に，一人ひとりの生命，尊厳の保護に思いをいたすことはとても大事だろうと思います。そういう意味で人間の安全保障の重要性を強調するために国の安全保障と区別をすることは大事だという点には，私も異論はありません。

　ただ国の安全保障と人間の安全保障とはまったく違うものかと言えば，私はそうではないと思います。国を守ること，国家の安全保障を追求することも，手段は違うにせよ，究極的には人間の安全保障につながる部分が少なからずある。簡単に言えば，国の安全を守っても人間の安全が守れなければ意味がないわけですが，国の安全が守れなければ人間の安全すら確保できないわけですから，この二つは究極的には同じ方向に向かっている。それゆえ，「国の安全保障を追求する政策も人間の安全保障に役立つ」というようにとらえた方がよいのではないかと，私は思っております。

2001年9月11日のニューヨークにおけるテロ攻撃を契機にして，テロと国家，グローバルな活動をするテロ集団という，Non State Actor，国家ではない人間の集団が国家に挑戦するという問題が出てまいりました。それに対抗して特定の国家が個人の集団と対決するような戦争状態になっていくことをどう考えるか。国連憲章もこのあたりのことは想定していません。そういう文脈において国の安全保障と人間の安全保障をどう考えるか。さらにキューバのグアンタナモ基地にいるアフガニスタンの捕虜たちが，必ずしも戦時法による捕虜としては扱われていない。それでは彼らは何かという問題もあります。国の安全保障と人間の安全保障を一方が他方を排するものとしないで，むしろ一番重要視すべきことは人間の安全保障だという見地に立って，国の安全保障についての考え方も取り込んだ取り組み方をすることがよいのではないか。このあたりがこれから考えるべきことではないかと，まだ詰めた考えではありませんが，個人的には思っております。

　第三の点は，人間の安全保障という崇高な考え方に比べるとちょっと次元の低い話でありますが，国連の場で現実にあった話をいたしますと，このテーマをめぐっての主導権争いというか，多数派工作が行われたことがありました。

　日本の立場から相手にしたのはカナダでした。カナダも人間の安全保障，ヒューマン・セキュリティという言葉のもとで特定の政策を提唱して，それと考えを同じくするグループを集めようとしていました。しかし，貧困　環境，紛争，エイズなどのあらゆる問題について人間の安全保障を追求していかなければいけない，重視していかなければならないという日本の考え方と違って，カナダは主として，「人道的な目的のためには相手の主権，国境を越えてもいいのだ」という，いわゆる「人道的介入」に焦点を当てた考え方を強調しておりました。私は，カナダの主張は，人間の安全保障を追求する点では我々と似ていても，焦点の当て方が違うと考えて反論しておりました。その間に非同盟諸国の人たちからも，「日本の考え方を紙に書いてくれないか」ということがあり，本省の許しを得て紙に書いて配ったりもしました。アフリカの大使たちと議論したのも，そういう過程でやっていたことです。

　政府の考え方の中には，「究極的に同じことを追求しようとしているからカ

ナダのグループに参加してもいいじゃないか」という意見もありました。カナダにある日本大使館からも、「これはカナダの外交にとって大事な話だから、日本もそうかたくなに考えないで、カナダのグループにも参加したらどうだ」という意見も出ていました。私はかたくなだったかもしれませんが、これに断固反対をし続けました。なぜかと言いますと、国連の場で、日本の考え方をいろいろな国の人たちが支持してくれているのは、人道的介入とは区別した形で、人間の安全保障を重視することの重要性を説いていたからで、人道的介入を取り入れるか入れないかについてあいまいにすべきではない、日本は当初の考え方を貫くべきだと思っていたからです。

　一つの山場は1999年秋でした。国連総会の機会にカナダのアクスワージー外務大臣が、カナダと考え方と同じくする国の外務大臣を集めて会議を開きました。当時、高村外務大臣に参加していただくかどうかということが最後まで決まらないままニューヨークに大臣が見えたので、私は「大臣のご判断におまかせしますが、私はこういう意味で反対です」と申し上げて、私の考えていたところをあらためてご説明しました。結局は日本は参加しなかったわけですが、それがよかったかどうかは歴史の判断する話だろうと思います。ただその後、翌年秋に開かれる国連のミレニアム総会に向けて、アナン事務総長が提案を出したのですが、報告を出す前にアナン事務総長が私に言っていましたことは「人間の安全保障についての自分の考え方は日本の主張に近い。ほぼ同じだ」ということでした。そして彼の報告や、それを基礎にして採択された2000年のミレニアム報告の中に出てくる考え方は、まさに貧困の問題、環境の問題、エイズなどのあらゆるものを取り込んだもので、「人間の安全保障」という言葉こそ使っておりませんが、我々の考え方に大変近いものになっておりました。今度の緒方＝アマルティア・セン両議長の国際委員会の報告書も日本が主張してきたような幅広い捉え方、人間の安全保障を重視すべき分野を広く考えことで、同じような考え方になっていると思います。カナダとの議論は、その後、外務大臣も変わりまして、何となくそのまま互いに共存している形になっているのではないかと思います。

　4番目ですが、「人間の安全保障基金」については、先にも触れた通り、日

本政府が当初，5億円を出して，これまでで239億円になっていますが，これについてもよく考えなければならない点があると思います。国連に特定の国がお金を出して，その後，その国が大事だと思う政策のために，国連と相談しながら使うということはよく行われることです。日本の場合について言えば，日本は単年度主義ですから，今年度に予算がついていてもそれを今年度中に使わなければ国庫に返さないといけない。しかし国連に１回支出しておけば，今年度の分も来年度の分も足して，年度を越えて使っていくことができる。そういう意味で日本の資金を国際社会の実態に即した使い方ができるという利点があります。

　国連の立場から見ますと，特定の国の政府が，国連の基金としてお金を出しておいて自由に使うことについては抵抗があります。これは当然のことだろうと思います。もっとも，それでは国連に自由に使わせていいかと言えば，これにもまた若干，疑問があります。なぜかと言いますと，国連も人が集まって作っている組織であり，国連の事務局の人でも，自分のやりたいことにお金を使いたいということがあります。国連事務局は聖人の集まりではありません。国連にも官僚主義があるわけで，日本の税金を国連の官僚主義に委ねていいのかという問題もあります。

　そこで出した結論は，日本が出した人間の安全保障基金の使い方について，原則的なことについて日本政府と国連事務局との間で協議して合意し，それに則した形で，お互いに相談しながら使っていくということです。

　これまた先程触れた通り，今年度から日本政府の経済協力予算の中にも，人間の安全保障のために無償資金の供与ができるような仕組みができました。国連においた基金は，国連と日本政府との合意にしたがって，国連の機関を通して使うことになっているのに対して，日本の経済協力予算は主として日本のNGOの活動を支援するために使われます。私は国連の人間の安全保障基金は国際化していくことが大事だと，個人的には思っていますが，今度の緒方さんたちの報告書の中にも「国際化をしていくべきである」と書かれています。国連を通じて，国連にある人間の安全保障基金に多くの国からの拠出も求め，国連の機関を通じて人間の安全保障のための事業をやっていく。そして日本が自

分でやりたいことについては，日本のNGOを活用して日本の予算でやっていくという流れが，次第にできつつあるのではないかと思います。

　以上は，ここ3年半ほどの間に私が経験しましたことのスナップショットのような話であります。私の話をお聞きになるまでもなく，人間の安全保障を重視しようとする考え方は概念としても，政策としてもまだまだ成長過程であります。そういう意味で，これからいろいろな形で議論を深めていかなければならないと思います。

　それだけにヒューマン・セキュリティ・サイエンスのための研究センターができたことや，今日のような会議が開かれることになったことを通じてさらに議論を深めていただければ，日本政府としてもありがたいことだと思います。またこの問題に関わっていく方々は，決して政府だけではなくNGOや，シビル・ソサエティの方々もおられるわけで，そういう方々が，この研究会の結果から大いに得るところがあるのではないかと思います。

　この研究センターをつくられたことに感謝申し上げて，私の話を終わりにさせていただきたいと思います。今日はどうもありがとうございました。

司会　佐藤先生，どうもありがとうございました。人間の安全保障をめぐる国際的な位置づけ等に関するご報告をいただきました。

　続きまして「総合感情学研究部門」に関係した領域からお話をいただきます。「総合感情学研究部門」は基礎研究部門として感情及び行動全般についての基礎研究に基づいて，安心・安全を感情として究明することを目的としております。この研究領域の中には性的暴力，虐待などの暴力，老齢化に伴う不安，悲しみという問題が含まれますが，同時に愛や喜びの問題など，より健康的な豊かな生活を営むための幸福学，心理学で最近，ポジティブ・サイコロジーというものが流行ってきておりますが，そういうこともその研究テーマとしております。本日，お話をいただくのは京都大学名誉教授で，国際高等研究所副所長の中川久定先生でございます。中川先生は京都大学文学部教授としてフランス文学の教鞭を執られてきました。パリ第7大学，パリ高等師範学校などで客員教授をお務めになりました。その後，京都国立博物館館長を経て現在，国際高

等研究所副所長に就任されています。著訳書にディドロの『セネカ論』（岩波書店），『啓蒙の世紀と比較の視点』（仏語）など多数がございます。それではよろしくお願いいたします。

講演「比較幸福学と安心・安全学」中川久定

　同志社の栄光館に足を踏み入れまして，実に久しぶりだという感じがいたしました。2度目でございます。最初は旧制中学4年の時，京都大学の先生でありました田中美知太郎先生の「プロチノスのエヌアデスについて」という講演を，ここで聞いたのが第一回目であります。今日は第二回目です。

　お話を始める前に二つお断りを申し上げたいと思います。一つは2週間，ポルトガルに出張しておりまして，その間，計画をされました庭田茂吉先生と連絡が取れませんで，どういう題目にしていいかということもご相談する暇がございませんでした。私が何をすればいいかと帰ってまいりますと「比較幸福学と安心・安全学」と題名が定まっておりました。題目全体を見まして，社会，国の問題，世界の問題，外国の問題などと関係した方面のことをお話になる方がたくさんいらっしゃると考えました。私は安全というよりは個人の安心ということに力点をおいたことに関心を持っておりました。

　特にそういう問題の手掛かりになるのは，ジャン・ポール・サルトル，最近はほとんど問題にされない実存主義哲学ですが，かつて一世を風靡した作品で若い時に書きました『嘔吐』という小説があります。その中に主人公が，世間で生きていて，いろんなことで吐き気を感じる。うまく自分と世界が適合していない時に感ずる吐き気です。別の言葉で言えば「不安」と言っていいと思いますが，個人的な安心と逆の感情であります。そういう問題から入っていってお話をしようかと思ったのですが，安藤先生，佐藤先生，朴先生，武田先生などのテーマを見ましても，そういうところから話を進めていくと狭いところに入り込んでしまいますので，それでやめにいたしました。私が今日，お話し申し上げようと思っておりますのは「個人にとっての安心の条件」という大きな題でお話をしたいと思います。それにもかかわらず「比較幸福学と安心・安全学」という題名をごらんになって「それなら行ってみようか」と思われた方が

何人かいらっしゃるとすれば，そういう方にウソをついたことになります。申し訳ありませんので，最後にそのこととも結びつける形で，今日の話を進めさせていただきたいと思います。

今日，お話の中心になっております安全，セキュリティという言葉が一般的に言われますが，セキュリティの中にも「安心」という言葉が含まれますが，日本語で安心という場合，英語で言えばセキュリティが完全に保障された時に心の中で感じる感情の状態，safetyというものに近いものだと思われます。そういうことについて，これからお話申し上げたいと思いますのは，その際，安心とはどういうものかということを，逆に，不安とはどういうことか。どういう時に人間は不安を感ずるのかを中心にお話をしていきたいと思います。しかもその場合の話の仕方ですが，やや大げさな言葉遣いで言えば，一種の極限的な状況を設定して，それについてお話したいと思います。これは丁度，人間にてんかん病質とか循環気質とか，精神病の病名を持って人間の内面にあるものが，ある極端な形で現れてくるという，精神病理学的な症例を持った人間の日常的な心理状態，気質の状態を研究するというやり方に，やや似たような方法をとってみたいと思うわけです。

ここで採り上げたいと思いますのは，ご存知だろうと思いますが，よく新聞に出てまいります宇宙ステーションについてです。先進国がお金を出し合って，日本も出しておりまして，その中の「希望」というところに日本人が生活し，実験する区域があります。「希望」の中には，人間はまだ住んでおりませんが，やがてそこに人が入っていくことになると思います。日本でこれまでに宇宙船に乗って空を飛んだ人として毛利宇宙飛行士，向井宇宙飛行士がおります。そういうことで，日本は宇宙における先進国なのでありますが，やがてこの宇宙への旅は宇宙飛行士だけではなくなる時代が必ずやってまいります。現にアメリカのお金持ちが膨大なお金を払って乗り込んで1カ月ほど過ごしたということが1年か，2年前の新聞に出ておりました。そういう時代が，もう目の前にきているわけであります。

ところが宇宙飛行士が空に飛んで行った場合，問題が全く起きていないかと申しますと，彼らは宇宙に飛び出す前にそのための訓練を経ております。非常

に厳しい訓練を受けております。自分の生活の24時間が完全にプログラムの中に組み込まれるような形での生活を身につけてしまっている。すなわち宇宙船で空を飛んでいる時でも，今，空を飛んでいるスペースシャトルの中に，これから宇宙飛行士が入っていったにしても，24時間の生活は完全に皆から見られていることになるからです。どういう実験を次にすべきかも全部プログラム化されています。他のことを考える余地はないし，暇もない。もしそこに仮に我々が入っていったらどういうことになるか，宇宙飛行士の全訓練を受けないとしても，最小限の訓練は受けなければなりません。それはまず，宇宙船で地球から空に上がっていく時の加速度に耐えなければいけない。加速度に耐えることぐらい何ともないような気持ちでおりますが，そうではありません。私は最初に新幹線に乗った時，閉じられた空間の中で急にスピードが出始めて体が後ろに押されて圧力を感じた。今は何ともありませんが，その時，何とも言えない圧迫感と，ある種の内面的なパニックが起こる。もちろん少し我慢していれば過ぎるものですが，宇宙船で空に上がっていく時にはもっと強烈なパニックを起こすに違いない。それに耐える訓練を地上でやらなければ，とても空に上がることに心理的に耐えられません。そういう最小限の訓練をして，空に飛んでいって，スペースシャトルに仮に我々が入っていったらどうなるか。そこで何をしてもいいという状態で，仮に火星まで行くという状況になればどうなるか。

　火星まで行くと申し上げましたが，スペースシャトルが火星まで行くのが2020年と宇宙関係者の間では決まっております。2020年には火星に行くようになって，それから後は希望すれば宇宙にそれほどの訓練を経ないでも飛んでいけるようになるという時代がやがて必ずやってくるだろうと考えられています。その時に，宇宙飛行士としての訓練を受け，24時間やることが決められていないで，我々が万一，家の中で生活を送っているような，夏休みを送っているような，そういう気持ちで人間が宇宙船に乗った時，どんな気持ちになるだろうということを，これから少し考えてみたいと思います。

　今，申しましたように宇宙飛行士が乗っている場合には訓練を受けておりますから，その24時間は，観測と観察と実験，毎日これで時間が分刻み，秒刻み

で決められています。それに対して訓練を受けていない人はどういうことになっているか。訓練を受けていませんから，その中にあるのは我々の日常生活と変わりないということが問題です。日常生活と変わりないようなことというのはどういうことか。我々の日常生活を考えてみますと，いろんな不規則なことが起こってくることだと考えられるわけです。家にいて電話がかかってくる。急に誰かが重い病気にかかっているので，見舞いに行こうじゃないかという電話です。予期しないことですね。その時に行くこともできるし，行かないで済むこともできる。行かない場合には，なぜ自分が行けないかという理由の承認を得ることもできる。そういうのが日常生活であります。

　ところが，宇宙船，宇宙ステーションの中では，今まで人間について，どういう研究が行われているかと言いますと，人間を動物として見た場合の研究は十分行われているわけです。つまり宇宙ステーションに乗りまして，ロウソクを持っていってマッチをすって火をつける。普通に火をつけられます。ところがすぐ消えるわけです。なぜ消えるかというと，そこで酸化が起こって炭酸ガスができる。炭酸ガスは重力状態にあるならば下に落ちます。そこに酸素が補給されて火がついている。しかし，炭酸ガスはそこにくっついたままです。ですから火はすぐに消えてしまいます。こういうふうに宇宙の中の状況というのは重力がないために地球上と違った事柄が起きます。身体はまっすぐになっていません。動かしたら動かした通りになっている。循環機能も重力がありませんので地上とは違う。調節機能がありますから循環機能もすぐにおかしくなったりしません。けれども，しかし，それに慣れていくためのある過程が必要です。骨ですが，これもまた，骨は重力に対抗しているわけです。しかし重力がなくなるので，対抗するものが必要がありませんので，カルシウムが減っていく。それから筋肉もまた，重力に対抗しているわけです。それがないので，筋肉は必然的に萎縮してまいります。宇宙を飛んでいる数々の放射線があります。それを浴びます。宇宙船に乗る人は若い女性，男性が生殖機能に影響を受けないように，未婚の人は行かないとなっています。子どもを産んだ人とか生殖機能に多少影響があっても将来禍根を残さないような人しか行けない。そういう無重力状態における人間の身体の研究はなされています。

しかし宇宙船の中で、そういう実験をやるように訓練された宇宙飛行士以外の、ぶらぶらする人が、普通の人が乗ることを許されたらどうなるか。その人はどんな気分を持つだろうか。どんな時に刺激を感じたりするだろうかということ、それは全く今までのところ研究されていないわけです。こういうことを研究しなければ、これから宇宙に普通の人が飛んでいくことはとてもできません。そういう場合にどういうことが起こるかということを検討し、それによって人間の心の安心の問題を考えてみたいと思うわけです。

　宇宙に人間が飛んでいきますと、まず大きな問題として重力がないという問題があります。重力がないということはどういうこととして具体的に現れてくるかと申しますと、これは我々は重力のある世界の中に住んでいるためにわからないし、皆さん方も意識されていないでしょうが、我々が行動する時、何かを基準に行動しているのです。柱が立っています。垂直に立っています。人を見ても体を揺すったりして揺れていますが、基本的には垂直です。ビルも真っ直ぐです。山もへんな形はしていますが、基本的に山は真っ直ぐなものがあって、少しずつ変形が加わっている。パイプオルガンは垂直に立っている。なぜ垂直になっているか。これは重力に抵抗するには一番いいからです。横に曲がっていれば引っ張られますから重力によって倒れる。真っ直ぐになっていれば重力によって下にひっぱられるだけで倒れることはない。こういうことが基本的になっているわけです。

　文化人類学者、比較宗教学者の研究によりますと、人間のイメージの中に、こういうことを絵に描いたり、彫刻の中に表したものが、学術的にはアクシス・ムンディというラテン語で言う「世界軸」というシンボルとして現れてくるのは青銅器時代です。これは今から約3000年くらい前に位置づけられています。ただ日本に関しては大陸から鉄器と青銅器が同時に入ってきたとされますので、日本には青銅器時代はないという説もありますが、世界の大部分を見ると青銅器時代であることは間違いありません。青銅器時代に「世界軸」と称せられるような軸というものがイメージの中にはっきりと出てくるということが言われております。

　例えば旧約聖書の創世記の中に「主なる神は、園の中央には生命の木と善悪

の知識の木を生え出させられた」とあります。これも一種の世界軸というものと考えることができます。こういう宗教的なシンボルとして世界軸が出てくるわけですが，別に宗教的なものに限りません。ダンスとか祭とかその他のものに出てきます。重力を背景とするこの「垂直軸」が大事だということはおわかりだと思います。座禅ということをやります。その「結跏趺坐」している時には，足腰が平面になって身体を支えています。そこに背骨が垂直に立っている。仏教でなくてもイスラムでも臍を見ながら瞑想したりします。またギリシャ正教でも，ヘシカスムというのは瞑想する時，垂直に立ててやる。世界中の宗教は背骨を垂直に立てることによって身体が安定して，心が安らぐ，安心感が得られるということが言われています。もちろん，素人が安心感を得ようと思って急にそんなことをしても，足が痛くてできない。しかし少し練習すれば楽な姿勢でできる。

　こういうふうにして重力に対抗して直線というものが出てくる。我々が日常生活で安心して生きられるというのは目の前に垂直なものがあるからです。電柱がある，ビルがある。そういうふうに垂直なものを見ることができるから我々は自分の位置を決めることができるわけです。しかしもし垂直というものがないと，何によって自分を決めていいのかわからなくなってしまう。そのために非常な不安が起こる。そこで宇宙ステーションに乗った時，宇宙飛行士はそれに耐えられるように訓練されていますが，しかし訓練を受けていない人間が宇宙船に乗った時，身体を曲げると曲がったまま，引っ繰り返ると引っ繰り返ったままです。そうなった時，非常な不安定感が心の中に起こります。宇宙船の中の模型を見ましたが，そういうことが起こらないように直線がつくられていて，それを見て自分の位置を決めるようになってはいる。

　まず垂直，重力に対して最も抵抗しやすい直線が現れてくることによって，人間は安心感を持つことができた。逆に，垂直なものがなくなった時，例えば地震の時のことを考えてみればいいと思いますが，地震で建物がワッと目の前で倒れた時，それを見た時に我々が感ずる不安感はおそらく人によっては吐き気になって出てくると思います。吐き気というのは，それを自分の中に受け入れたくないという，身体が信号を出して自分の外に排除しようとする。そうい

う動きですから，吐き気を感ずるに違いない。そういう現実の崩壊の感覚，そういうものが不安として出てくる。そのように，基準点を失うことが不安を生み出すものとして第一に考えられます。

　第二番目には，閉鎖空間が不安を生み出します。有名なヴィクトール・フランクルの『夜と霧』の中にアウシュヴィッツの体験が書かれています。アウシュヴィッツの体験の中に書かれている非常な辛さには食べ物の不足があります。極端ですから，人が死んでしまうと翌朝になってフランクルが見ると，死んだ人のお尻の肉がなくなっている。自動的になくなるのではなく，誰かが食べたということです。アウシュヴィッツは寒い。強制労働をさせられる。こういうことが辛いわけです。しかし彼らが一番悩んでいるのは何かと言いますと，外の世界と連絡が取れなくなっている，そのことです。外の世界と連絡が取れなくなっていくことが一時的なものではなく，永遠に取れなくなるかもしれないということです。永遠に外の世界と連絡が取れなくなってしまうだろうと思い込んだ人は完全に死ぬわけです。フランクルは精神科の医者ですが，「必ず自分はここから出てやろう。その時にこの本を出そう」という希望を持っている。「外に出る」という希望を失わない。「自分が愛している妻に会いたい」と思う。「必ず会おう」と思う。その希望を忘れないだけでなく，フランクルの周りに居た人たちに，その希望を説き続けたわけです。そういう人たちだけが死なないで済んだ。希望を失った人は全部死んでいった。こういうことから見ても，アウシュヴィッツの状況は最も過酷だったということがわかります。

　アウシュヴィッツの状況と宇宙船の中の状況を比べてみますと，全部違っています。宇宙船内では食べ物があります。強制労働はありません。家族と定期的に通信を取ろうと思えばとることができます。友人に知らせることもできる。恋人に知らせることもできる。一見，何も問題はないじゃないかと思われるかもしれません。しかし，そこが人間の人間たる所以なんですけれども，そういう状況であればあるほど「どうしても会いたい」と思った時，一種のパニックを生ずる。顔は見えていても触ることができない。声の息吹を自分の肌に感ずることができない。そういう理由が簡単にパニックを起こします。宇宙飛行士の体験としていわれますが，「宇宙はあんなにきれいだった。日没があんなに

きれいだった」と。しかしパニックを起こしてしまった人にとっては景色を見て楽しむというところではありません。むしろそういう美しい景色があるにもかかわらず，それが自分と自分が会いたいと思っている人たちとの間を遮断してしまって，それを邪魔をしていると思えば，ますますその美しさはパニックを助長するようになる。

　こういう状況が起こっている時，それをどういうふうに克服すればいいのかということは，人間の安心感というものをこれから考えていく時に，どうしても考えていかなければならない。これが第二番目の問題です。

　第三番目の問題。NHKで二年前正月に放送しましたので，ご覧になった方があるかもしれません。ロシアで閉鎖棟をつくりました。その中に世界から何人かの人を集めて，宇宙ステーションと同じ状況をつくり，作業をやらせるようにしました。事柄は1カ月くらいまでうまく行ったんですが，12月末にニューイヤーイブだというので，お祝いをしようと，シャンパンを飲ませました。言語は統一して英語を使っています。その時，一人のロシア人が別のロシア人に向かって「お前は英語ができるから皆とチャラチャラやれて結構だな」。それを聞いたロシア人が怒って相手を殴ったんです。殴られたロシア人が腹を立てて殴り返した。そのために鼻血がパッと散って宇宙ステーションの中に血痕が残ることになりました。その問題はやがてうやむやのうちに消え去った。また，シャンパンを飲み続けているうちに，一人のロシア人がカナダ人の女性の宇宙飛行士の卵に「年末の最後の日だからロシアでやるように，俺にキスをさせてくれ」と言いました。カナダ人の女性は嫌だと言いますと，そのロシア人が「なんだ，お高く止まって，キス一つくらいさせたっていいじゃないか」と言った。それを聞いていたオーストリア人の医師が怒って「なぜ君は，もう少しちゃんとすることができないのか」と言った。閉鎖した空間の中での空気が一挙に張り詰めた。そこにそれまで何か別のことをしていた日本人が現れると，「一体何があったのだ」と聞いた。さっき殴り合いがあった。その後，キスの問題があったと聞いて，彼は「もう嫌だ。絶対嫌だ。この実験棟から降ろしてくれ」と言って彼は実験棟から降りたわけです。

　ここからどういう経験を引き出せるかということを宇宙開発事業団のグルー

プで検討したわけであります。私もその検討委員会の中に出ていたわけです。簡単に言うと，実に世界中の人種差別のレッテルにぴったり合っているわけですね。野蛮なロシア人，人権にうるさい西洋人，事柄があるとすぐに逃げ出す日本人という。ぴったり当てはまるような例ですが，問題はもっと深いところにあるわけですね。男性と女性との関係の場合，レストランでもよくあることですが，西洋人だったら，男性が女性の手を自然に持ったりすることがある。男性同士でも女性同士でも友だちが身体を接触することはよくあります。ところが日本人はそういうことをしない。そういう文化と，そうでない文化がある。喧嘩のことについてもロシア人になぜそういうことをするのかというと「これはロシアの文化だ。だからお祭りの時に喧嘩をするのはあたりまえだ」と言って，殴った方も殴られた方も，血を流した方も別に何とも思っていない。サンクトペテルブルクに行った時，あるお祭りの日にボリショイ劇場に行ったんです。その時，警官がたくさん出ている。「なぜこんなに警官が出ているのか」「今日はお祭りだから」。つまりお祭りだと喧嘩が起こるということが文化の中に内蔵されているわけですね。こういう文化の違いというものがある。一人のロシア人が「お前は英語ができるからチャラチャラできて結構だな」と言う。言語の問題がある。いくつかの問題，多文化がぶつかりあう時には非常に大きな問題が起こる。

　ここにはイスラム教徒はいませんけど，イスラム教徒ですとメッカに向かって時間ごとに礼拝をします。イギリスを旅行している時，バスの停留所でイスラム教徒が二人いてカバンの中から毛布を出してきて，定時になるとメッカの方向に向かって体を倒して礼をしている。そういう状況を見ると，そうでない人間にとっては，自分たちと違ったものがそこに現れてくることによって不安が生ずる。こういう不安感をどういうふうに解消すればいいかということを問題にしなければ，安心感というものは得られないだろうと思うわけであります。

　これらをまとめて申しますと安心感というのは，我々は日常性の中に埋没している時に，安心感が生まれる。今の宇宙ステーションの場合で言えば，重力の問題のように，我々の安心感というのは日常性の中にある。日常性には，ある種の慣れた基準点がある。

宇宙ステーションには閉鎖空間がある。これに対して我々は自由に行動できる。スケジュールは一応あっても破って行動することができる。そういう時に安心感が得られる。自分がこういうものであると了解していたもの，男性と女性はやたらに身体を触れ合わないものといった時に，身体を触れ合う文化，お祭りでワイワイいって人を殴ったりするような文化。しかし，日本にはそういう文化はありません。その時，不安を感ずる。
　私の今日の演題になっております「比較幸福学と安心・安全学」ということに触れて申しますと，国際高等研究所で日本とフランスの幸福感はどういうものかということを調べてみました。幸福感を調べる時，よくアンケートで「どういう時にあなたは幸福ですか」と聞く。しかしアンケートは役に立たないということがわかりました。こういうわけです。ある女優の卵がテレビに出演して涙を見せた時のことです。彼女が特技としているところ，どんなに笑っていても「泣け」と言われたら20秒以内に涙が出てくるくらい泣けると言うんです。どうしてそれができるかというと，若い時に不幸であったことを思い出すと自分は泣けてくる。その時に彼女の脳波を測ると，悲しみの時に出てくる脳波が最高度に出ている。ところが喜び，幸福の時に出てくる脳波も最高度に出てくる。悲しいことを思い出すから悲しみの脳波が出てくる。女優としてどんな感情表現もできなければならないと思っている自分が，感情表現がすぐにできたということで達成感がある。そのために喜び，幸福の感情がワッと出てくる。すると「あなたは幸福ですか」と言われれば，彼女は「そうです」と言うし，「不幸ですか」と言われれば「そうです」と言うこともできる。だから感情の問題というのは複雑であって，それをアンケートで調査することはむだということがわかりました。
　そこで日本人とフランス人の話を聞いて「その人が一生，どういうふうに生きてきたか」ということを語ってもらったわけです。その時に人間は，あれをとるべきか，これとるべきかという狭間に立つことがあります。その時に「自分がこちらをとった」というところに，その人の安心感が現れている。幸福感が現れていると考えたわけです。これは倫理的なものと何のかかわりもありません。自殺する人があっても，それがその人にとって一番ふさわしいと思っ

ているから，その人は自殺した。その人にとっての幸福感は自殺であった。宗教的，倫理的な感情から見ないで，そのままを見ていけば，そういう結果が出てくるわけであります。幸福感の研究をやっていて，実際に出てきたこのは具体的にはどういうことか。「人間が幸福であるという状態は持続的に心の中に安心感がある」。そういう状況が一つの条件としてあるわけです。安心感が持続している。しかしそれと同時に，安心感が持続しているだけでは退屈になってしまう。生きている価値もない。そこで「それをかき乱すものが，その間にばら撒かれてなければならない」。そういうものが適度に加わった安心感を持つ時に「人間は幸福である」ということが言えるというふうな結論が出せたわけであります。

　安心の問題，それと逆の不安の問題，幸福の問題，三つのものは対にして考えてこそ，人間が生きていく条件を基本的に解明することができる。国家の問題，社会の問題を考えることも大事ですが，個人の問題としては幸福の問題，不幸の問題，安心の問題がある。そういう研究を同志社大学でぜひ続けてやっていただきたいというのが私の希望でございます。

司会　中川先生，ありがとうございました。宇宙船の飛行士を題材にして安心感の問題，そこから発展して幸福に関するお話と，心理学に関わる含蓄のあるお話を聞かせていただいて考えさせられることがたくさんございました。

　次のお話は「社会福祉研究部門」に関係したものでございます。社会福祉研究部門はパーソナル・セキュリティの問題とコミュニュティ・セキュリティの問題を結合させて「安心して暮らす安全な生活システムの基盤の構築」「個人と社会とを結合するための媒介性の研究」を目的として部門をつくっております。また特に本日お話しいただくような「東アジア型福祉モデル」の提案を研究のテーマの一つとして掲げております。

　本日は東アジア型福祉モデルに関係したお話を，韓国の釜山大学大学院教授の朴炳鉉教授にお願いいたしました。先生はペンシルベニア大学の社会福祉でPh. D. を取られ，社会福祉比較福祉論をご専門とされております。なお先生は当センターの客員フェローでいらっしゃいます。それではよろしくお願いいた

します。

講演「東アジア型福祉モデルとヒューマン・セキュリティ」朴炳鉉

　皆さん，こんにちは。釜山大学の朴炳鉉と申します。すばらしい会議に招いていただきありがとうございます。約10年前，日本を初めて訪問したんですが，その時，京都に来たことがあります。京都はとても静かですばらしい町で，チャンスがあったら１カ月くらい京都で生活してみたいなと感じたことがあります。今回，すばらしい会に参加させていただき，東アジア型福祉モデルをタイトルとして発表させていただくことを光栄に思います。

　1980年末にアメリカのペンシルベニア大学で社会福祉学を勉強いたしました。アメリカで研究している時，西洋と違う東アジア型福祉モデルは何であるかということを研究し，その結果，博士号を取得いたしました。その後，釜山大学に戻って，去年秋，井岡先生との出会いをきっかけに東アジア型福祉モデルについて新しい研究を始めることになりました。

　私は福祉モデルというのはその国の文化と離れるものではないと考えています。日本や韓国の福祉モデルは西洋から多くのものを採り入れて使っています。しかし西洋のものをそのまま採り入れることによって東洋の社会にとっては問題点も多く発生しているのではないかと思います。そういう考えから，東洋固有の儒教文化との関連について考え，東アジア型福祉モデルの中で，儒教文化をモデルにした人間の安全をどういうふうに生かしていくかということを検討することになりました。今日は，「儒教文化を背景とした東アジア型福祉モデル」というタイトルでお話したいと思います。

　社会福祉のサービスを提供する部門として政府・マーケット・地域社会・家族があります。私が大切と考えているのはインフォーマルのサポートです。非公共的部門をもとにした福祉サービスを中心に考えています。そのような観点から，東アジア型福祉モデルの長所と短所，将来の課題についてもお話させていただきます。

　歴史的に見れば社会福祉制度は社会，政治，経済，文化の相互作用の結果であります。しかし東アジア型福祉モデルにおいて大事なものは文化的遺産であ

り，それは儒教文化から来たとも言われます。他にも歴史的，文化的遺産は社会福祉の発達に多くの影響を与えていると言われます。それぞれの社会の人々の生き方は，方法，価値，態度，伝統，宗教，習慣など相互に違うと言われます。ある社会の構成員たちが持っている価値，態度は，長い間，そこで養ってきた習慣，伝統，また人間自体に対する解明などによって，国家や政府の役割に多くの影響を及ぼすと言われます。

　またある社会を長い間，支配してきた信念，価値は，資源開発や権利分配などの過程を制限する重要な要件として作用することもあります。つまり社会の習慣，伝統，価値の変化は社会福祉政策に大きな影響を及ぼします。産業化とそれに伴う経済発展，社会変化などが社会福祉政策の発達の可能性を助長するとすれば，そのような要求と可能性に具体的な形を付与するものは，その社会的遺産，文化であるとも言われます。

　しかし歴史的遺産，社会の価値は社会福祉政策の発達を助長することがありますが，逆にその政策の発達を抑制する働きもしています。

　以上の影響を受けている東アジア国家は国家同士の民族的，文化的な異質性が少なく，また利害関係に対しても自立的であり，個人主義が弱く，集団主義が強いということがあります。民族的，文化的異質性が少ないというのは，その社会の連帯性が強いことを意味しますし，また集合的価値が支配的であることは非公共的結束が強いということも言われます。このような非公共的結束は，今，韓国ではそう多く使われていない言葉ですが，「地縁福祉」にその可能性を見ることができます。

　ここで少し韓国の儒教文化の一つの断面について説明させていただきます。韓国の儒教文化の特徴には二つあります。その一つは親子の関係，もう一つは相互扶助です。親子関係は縦の関係です。相互扶助は水平的な関係です。つまり個人と個人との関係も重要視しますし，家族との関係も重要視します。このような文化は個人と家族の互いの連帯性も発展させることができます。今でも韓国社会では相互扶助はたくさん残っています。韓国の福祉の中では国家を中心とする公的部門が重要視されますが，それ以外の民間部門のサービスも重要視されています。

韓国の場合，儒教文化は社会福祉政策に大きな影響を及ぼしてきました。韓国は急速な産業化の過程を経て，経済成長をなし遂げましたが，なお儒教文化の影響を受けています。福祉部門の公的部門でもたくさん残されています。また福祉に対する家族の責任意識が強く残されています。東アジア国家の儒教文化をもとにした社会福祉モデルは，現在，政府で提供しているサービスとマーケットで提供するサービス，そこに儒教文化を基礎とした地縁福祉が合わさり，福祉サービスの量を増加させることができます。しかしこのモデルで私たちが注意しなければいけないのは，政府が社会福祉に関する固有の責任を家族や非公共的部門に任せようとする意図があることです。

　東アジア型モデルが西洋の福祉モデルとどういう違いがあるかということを申し上げたいと思います。西洋の社会福祉は，国家の責任を強調するものと個人の責任を強調するものに分かれているのではないかと思います。人間の安心な生活を営むのに国家の責任を強調する代表的な国はスウェーデンが挙げられます。個人の責任を強調する代表的な国としてアメリカを挙げることができます。スウェーデンであれ，アメリカであれ，西洋の社会福祉モデルは非公共的結束が東アジア型よりは弱いのではないかと思います。東アジアは西洋と違い，民間の福祉サービスを提供する利点を持っているのではないかと思います。人間が安心・安全な生活を営むのに必要な福祉サービスのモデルを，東アジアでは儒教文化の中にすでに持っているのではないかと思います。今日のテーマである人間のセキュリティと関連して，東アジアの福祉モデルが持っている長所についてお話をしたいと思います。

　東アジア型福祉モデルは個人に与えられる社会福祉サービスを増やすことができます。それによって人間が安心・安全な生活ができるのではないかと思います。その理由の一つとして政府で提供される福祉サービスならびに非公共的部門で提供される東アジア固有の福祉モデルを合わせ，人間が安心して安全な生活を営めるのではないかと思います。西洋でも非公共的なサービス部門がないわけではありません。しかし西洋に比べて東アジアの方が非公共結束を強める環境は多く整えられているのではないかと思います。東アジア型モデルの重要な点は政府の提供するサービスの他に民間的なサービスを提供できることで

す。

　二つ目に東アジア型モデルは社会統合に寄与することができます。個人の社会福祉に政府・マーケット・地域・家族が参加することによって個人への福祉サービスの提供が拡大されるのではないかと思います。

　3番目に東アジア型福祉モデルは社会統合を通して社会的排除を克服することができます。外との関係を断絶することは人間の中に不安を与えます。社会的排除は最近現れた言葉ではないかと思います。社会的排除は人間を不安にさせ，それによって安心した生活ができない状況におかれることを言います。社会的排除の反対は社会参加です。社会的参加は社会的統合として可能ではないかと思います。つまり東アジア型福祉モデルは地域社会が，より良い社会福祉を提供することにより，社会統合ができ，それによって社会排除を克服することができるのではないかと思います。このような民間のサービスを通して人間がより良く心理的な安心と経済的な保障の中で生活ができるのではないかと思います。

　4番目に東アジア型福祉モデルは東アジアの固有文化を守り，または維持することに寄与するのではないかと思います。東アジア型福祉モデルは家族の間の連帯感を強化し，地域社会の構成員の連帯感も強化することができます。

　次は東アジア型モデルが持っている弱点について話をしたいと思います。政府・マーケット・地域社会の責任共有というのは，ある面では政府の役割を縮小することもありえます。今，社会福祉の主体で大きな部門を示しているのは政府部門ではないかと思います。しかし東アジア型福祉モデルでは，政府・マーケット・地域社会の責任を共有することは政府の役割を縮小する危険性もあります。この点は気をつけねばなりません。責任を共有するという意味は，集団的共有を意味するものであり，政府の役割を縮小するものではないと思います。

　もう一つは文化の機能が逆に働き，ヒューマン・セキュリティに害を与える可能性もあります。一つの例は韓国の扶助制度の中には扶養者義務を規定している制度があります。この制度は貧困な親に対して国が保護する以前に，直系の子どもが保護しなけれはならないという規定です。この規定は韓国の固有文

化，儒教文化で，子どもが親を扶助しなければならないという規定を根拠にしています。しかしこの規定によって多くの貧困老人が政府の保護から排除される危険性があります。

　東アジア型福祉モデルの課題について。政府・マーケット・地域社会の責任の共有というタイトルで話をしておりますが，その大事な課題として，政府・マーケット・地域社会・家族の四つの部門でどのようにバランスを取るかが，大事ではないかと思います。この四つが，より良いバランスを取ることが，ヒューマン・セキュリティにつながることになるのではないかと思います。

　もう一つの課題は，スウェーデンの学者エスピアン・アンデルセンが福祉国家の分類をしています。一つは保守的福祉国家。二つ目はアメリカを中心とした自由主義の福祉国家。三つ目はスウェーデンを中心とした社会民主主義の福祉国家です。私はこの三つの形の中に，もう一つ追加したいと思います。これは東アジアの文化をもとにした「東アジア型福祉モデル」です。これを「儒教主義の福祉国家」と称したいと思います。

司会　東アジアでは儒教文化の影響がある。そういうことから民族的，文化的異質性が少ないのではないか。集合的な価値観も共通性がある。そこから共通の東アジア型福祉モデルが考えられるのではないかということです。またそこでの問題点もご指摘をいただきました。

　続いて本日の最後のお話に移らせていただきます。「環境ヒューマン・テクノロジー部門」からのお話です。この部門は人間科学活動と一体化して自然，風土論を視野に入れ，人文自然学的な見地から自然と調和して共生するための生活環境をつくりだすことを研究目的として掲げております。本日は京都大学人文科学研究所教授の武田時昌先生にお話をお願いしました。武田先生は京都大学工学部電子工学科を卒業され，哲学科に学士入学されたという経歴の持ち主の方です。現在は人文科学研究所附属漢字情報研究センターの教授です。先生のご専門は中国科学思想史ということで，とりわけ数学，天文暦学，医学における科学理論，老子や易の自然哲学などを複合的に研究されております。最近は中国医学，養生思想に関心を持って研究を進められています。本日はこの

あたりのお話を聞かせていただけるのではないかと思います。よろしくお願いいたします。

講演「東アジア自然学における健康思想」武田時昌

　京都大学人文科学研究所の武田です。センター長をはじめ，4人の先生方は現代的な話題で意義のある提言をされました。私の部門は自然科学の分野からということでありますから，本来であれば，最近のバイオテクノロジーとか，ゲノムサイエンス，再生医学の研究によって浮上してきた生命倫理のような問題を，安心・安全と絡めて討議しないといけないのかと思います。しかし，私は東アジアの伝統科学の理論的な研究をしておりまして，古代人が自然探究を試みながら，人生の生き方，社会のあり方を多様に考えていたことに最も興味を抱いており，今から見れば古い時代になるのかもしれませんが，綿々と人々が語り継いできた知恵に大いに学ぶべきものがあるのではないかと思いまして，今日の発表を用意させていただきました。前近代的な話題で場違いかもしれず，企画された先生にがっかりされると申し訳ありませんが，最初にご容赦のほどをお願いしたいと思います。

　現在，日本は世界一の長寿国を自負していて，確かに平均寿命は著しく向上しました。明治中期には45歳に至らなかった平均寿命は，戦後まもなく男女とも50歳を越え，それ以降，飛躍的な延びを示し，今や80歳前後にまで達しております。2倍近くも長生きできることになったわけです。では，古代人に比べて我々が長生きできる秘訣を発見したのかというと，そうではありません。昔の人々に比べてどんなに幸せであるかと問われて，ここにお集まりの皆さんはどのようにおっしゃるでしょうか。とっても幸せだという人も少なからずいるかもしれませんが，心身の不快感に悩み，精神的な安定性を大いに欠きながらも，腕の立つ医者と強力な薬にすがることで，何とか生きながらえてきたと感じておられる方が多いのではないかと思います。それはどういうことなのかと思うわけです。

　人間の寿命は金では買えない。古今東西の誰もが知る格言です。健康とか寿命が買えるのであればお金に糸目はつけないというのはお金持ちだけではない

願望だと思います。現在においてまだ不十分なところはあるかと思いますが，やがて揺りかごから墓場まで懇切丁寧に付き合ってくれる親切な医療体制が確立するところまで来ています。狂牛病とか，SARS が話題にのぼりましたが，そういう危険性から我々を守ってくれる，安心できる居住環境は確かに完備しつつあるわけです。ところが，安心とか，幸福感というものは，外面的にいくら満たされていても，内面的な充足感がなければ，こころの中に生まれてこない。こころの豊かさという側面では，科学技術というのは一体何をしてくれるだろう。近代には科学が人類の幸せを実現してくれるというロマンがありましたが，ハイテク社会にかえってストレスを増大させた現代人は「何もしてくれてない」とわかってしまったと，きっと，どこかで思っているところがあると思います。内面的な幸せ，生きていく上での知恵を考えることは重大な問題であり，それこそヒューマン・セキュリティというコンセプトで人々の安全保障を考えるシンポジウムで大いに取り上げるべきテーマの一つではないかと思います。

　そこで振り返ってみたいのですが，中国古代には，仙人になる不老不死願望があって「神仙思想」が流行ったことはよくご存知だと思います。それと同時に「養生思想」と呼べるものが人々の間で流行しました。長生きしたいという願望は，誰しもが抱くものですが，長生きに人生最大の価値を求めた最初の哲学者は，おそらく道家の開祖である老子ではないかと思います。老子は，儒家の道徳倫理主義に対して，政界で働くことを辞めて隠遁生活を送り，反文明的な生き方をした「無の哲学」の思想家としてよく知られています。老子が人為的行為を排除して無為自然を説き，それで何をしようとしたかというと，それは天から与えられた寿命を限りなく全うしようではないかということでした。自然の摂理に従って天寿を全うすることが，人間の果たすべき最大の務めだというのです。だから身を損なうことになる文明の利器や人間の小賢しい知恵はいらないと反文明主義を唱えました。そういう意味で言えば，西洋のニヒリズムは限りなく死を見つめているのに対し，老子の無の哲学，東洋的な虚無思想は限りなく生を見つめた「生の哲学」であったように思うわけです。

　その後どうなったのかというと，彼の弟子に彭祖（ほうそ）という伝説的な人物が出て，

老子の自然哲学を実践的に追究しようとする一派が分岐しました。彼らが編み出したさまざまな健康術，身体技法や養生思想は，仙人になる方術の一つとして先秦時代に大流行し，後漢の末になって道教が成立した後も道教の瞑想とか，内丹（ないたん）というさまざまな身体的な修養法に採り入れられていきました。今日でも，気功とか，太極拳とか呼ばれて受け継がれています。

　彭祖に由来する養生術を列挙すると，レジュメにありますように，行気，吐納（と のう）（吐故納新），吹呴呼吸，調息（ちょうそく）, 服気，踵息（すいく）, 胎息，閉気といった呼吸法や叩歯（こうし）, 嚥津（えんしん）, 辟穀（へきこく）, 食気，胎食，服餌，外丹，金丹などの服薬や食事療法的なもの，導引，按摩（あんま）の健康体操，内丹，守一（しゅいつ）, 内視の瞑想法，房中（ぼうちゅう）, 還精補脳（かんせい ほ のう）の男女のセックスを不老長生術に応用するものまで，実に多様にありますが，文献的に記録されたものは，隋唐時代の史料より遡ることはできませんでした。

　先秦時代の道家の思想家達が何をしていたかというのは，彭祖という人物が800歳くらいまで長生きしたという伝説が残っているくらいで，これまでほとんどわからなかったのです。ところが，1973年に長沙馬王堆（ちょうさ ま おうたい）の，1984年に江陵張家山の前漢時代の墓の中から，大量の医学書，養生書が発見され，それによって初期の養生思想が具体的に議論できるようになりました。ここではその新たに出てきた史料の内容を少しばかり紹介してみたいと思います。

　再びレジュメをご覧いただきたいと思うのですが，そこに示したような黎明期の医書や養生書が多数出土しました。その中で，導引図というのがあります。導引というのは，健康体操の一種です。ジャッキー・チェンか誰かカンフースターが，禽獣たちを真似た動作をするのを見たことがおありと思いますが，そのルーツに「五禽戯」という5匹の禽獣たちの動作を真似る体操があります。文献では，後漢の末の華陀（かだ）という人物，その人物は麻酔治療をした医者として有名ですが，華陀が弟子の呉晋（ごしん）に語った術として語られていました。レジュメに掲げた『三国志』華陀伝がそれです。ところが，馬王堆漢墓から健康体操している姿をカラーで描いた図が発見され，そこには華陀が考案したと五禽戯と推定できるポーズがすでに含まれていました。また，それらの著作には，隋唐時代の史料に記された論説の原型と思われる論述もあり，後世になって生み出されたと考えられていたさまざまな養生術がずっと前からすでにあったことが

わかりました。理論的にも検討してみますと，理論のコアになる部分は先秦時代に完成されていたことが判明しました。

　馬王堆，張家山から出てきた書物を読んでつくづく思うのですが，養生思想に関するものは道教になって以降，中世になってからの文献にしか残っていなかったために，後世において宗教的な，あるいは民間信仰によるアレンジがされていたと考えられていたわけですが，そうではなかったわけです。例えばトカゲのイレズミが浮き上がるという妻の浮気発見の方術もすでに語られていたのですが，後にはそれだけが単独で取り上げられているので，養生術全体が極めて呪術的な怪しげなものであるという印象を与え，猥雑で低俗な印象を抱かせてしまうのですが，新たに発見された出土史料をよくよく見てみると，もっと医学に接近していて，当時の自然観，身体観に密着した健康思想が展開されていたことがわかるわけです。理論的な部分は伝わらなくて表面的な術だけしか，むしろ伝わらなくなったのです。そこに，伝統科学の弱点と限界性があったように思います。しかしながら，近代科学のような飛躍的な発展はなかったものの，ずっと古くから語り継がれてきたものがあり，それは養生の知恵と呼ぶにふさわしいものである，ということは特筆すべきことですし，是非とも記憶に止めておいてもらいたいと思います。

　古代中国の自然の見方，考え方で，とりわけ注目されるのは，養生術がベースにしている自然観です。この世のあらゆる存在物を中国では「物類」という言葉で表現します。物類には，人間をも含んだ動植物に加え，鉱物とかの非生物，風雨などの自然現象も含まれるのですが，その物類の因果関係，相互に働きかける関係性に着眼して人間が生きていく上での必要なアイディアを見つけていく。具体的に例を挙げますと，古代人が最も注目したのは季節の循環です。季節の変化に従って人間は生活様式を定めるべきであると考えました。儒家思想では，「時令説」という礼学の基本概念となって進展するのですが，そういう生き方は，季節感の欠けている現代の社会生活においては有益なアイディアを提供するのではないかと思います。

　季節に従って生きるということだけに止まるのではありません。さらに，物類の相関現象を熟視して，そこから人間社会のあり方，処世のやり方を深く考

究しようとする自然哲学を唱えました。最も代表的な著作は，前漢に成立した『淮南子』という書物です。

　その基本的な考え方は，盛んになれば必ず衰え，終われば必ず始まるのが自然の摂理である，人生の幸せ，不幸せも見極めがたいものであるから，自然と人倫の関係性を深く洞察して，災いを転じて福となすべきである，というような東洋的な人生観です。そこには，自然現象や自然物の生態に対する鋭い観察や考察が見受けられます。そこで用いられている思想は，近代科学と比較するとアナロジーに違いないのですが，アナロジーであっても，物類のさまざまなありようを手本にして生きるための興味深いアイディアが多々あると思います。

　物類の関係性については，同類相感現象という考え方で説明します。物類には，類を同じくするもの，すなわち陰は陰，陽は陽が，同類だから互いに引き合って感応現象を起こすとします。例えば，磁石が鉄とくっつき，琥珀が（静電気で）芥を吸い寄せることも同類相感現象で把握するのです。さらに，レジュメの『淮南子』天文訓にあるように，「陽燧（銅製の凹面鏡）は日にかざすと，艾が燃えて火を得，方諸（大蛤製の杯盤）は月にかざすと，露滴がついて水を得ることができる。虎が嘯くと谷風が吹き，龍が高く舞い上がると景雲（瑞雲）が連なり，麒麟が闘うと日月食がおこり，鯨魚（大魚）が死ぬと彗星が現れ，蚕が糸を吐くと商音の弦が切れ，賁星が落ちると勃海（大海）が溢れる」，あるいは『淮南子』覧冥訓に「（春になって）東風が吹くと酒が発酵して溢れ出，蚕が糸を吐くと商音の弦が切れるのは，感応するからである。（蘆草を焼いた灰に円を描き，一部を欠くと）描いた灰の円に従って（月の周りにできる）月暈が欠け，鯨魚（大魚）が死ぬと彗星が現れるのは，（感じて）動くからである」と述べるように，同類相感現象を羅列することで，類推を及ぼそうとします。吉凶禍福，幸せであるか不幸せになるかは紙一重である，それは自然界の同類相感現象を見ればよくわかるという論理です。磁石や静電気のように，現象は直接に見ることができても，その物理はわからない。だから，不可知なものとして認識されるけれども，だからといって知ることができないとして探求を放棄するわけではなく，むしろ逆に現象そのものを同類相感現象の言説として羅列的に示すことで，その奥にある道理の存在を示そうとする。つ

まり物類の間に横たわる道理とはそのような関係性においてはっきりと示されるとして、類推思考を次々と展開させていくのが、物類相感説の最大の特色です。現代の物理学のレベルでは、理論とは言えないでしょうが、物理現象の理屈を具体的にわかりやすく明示し、それを社会のあり方や人生の生き方に応用しようとする上での発想の源となりました。この類推思考は、人々の思考様式を生み出す科学知識の形成に大きな役割を果たしたところがあるのです。ある意味では科学啓蒙的なアプローチであり、数式と難解な理屈をこね回して社会通念や人生哲学と乖離してしまった現代科学に比べて、却って説得力があるのかもしれません。

『淮南子』の説山訓には、単に直観的に類推が働くものだけを具体例として取り上げていくのではなく、類推が働かないものをも探究の対象にしようとした注目すべき論述があります。すなわち、史料のⅠですが、まず「狸頭（りとう）は鼠（鼠に噛じられた傷）を癒し、鶏頭は瘻（ろう）（頸の腫れ物）を癒し、虻（あぶ）は積血（鬱血）を散らし、斵木（きつつき）は齲（く）（虫歯）を癒す。これらは類推でわかるものである」とあります。狸（狸・たぬき）の頭は鼠に齧られた傷、鶏の頭は首にできた腫れ物、アブは鬱血を散らすのに、キツツキは虫歯を直す特効薬である、これは類をもって推すことができるものだ、というのです。アブがハリで刺す力で血を散らす能力がある、鶏の首はくるくる自在に回るから首の腫れ物に効く、キツツキは嘴（くちばし）が強いから虫歯を治すことができる。中国の漢方薬はこういう素朴な類推でつくられていたところがあるのでしょう。薬の効力の発見には、偶然がつきものであることは今も変わってはいないことですし、効き目がなければ薬としては使わないわけですから、錯覚であれ、何らかの治療効果があったわけで、そういうものを発見するに至るきっかけはこういう類推思考にあるわけです。さらに面白いのは、この安直な類推だけで終わらない。説山訓の論述は、次のように続きます。「膏（こう）は鼈（べつ）（すっぽん）を殺し、鵲（しゃく）（かささぎ）の矢（い）（糞）は蝟（はりねずみ）を中毒死させ、腐った灰は蠅を生じ、漆（うるし）は蟹が近くにいると乾かない。これらは、類推できないものである」と。腐った灰はハエを生じるとは、自然発生的な生命現象で、十分に不思議に思う現象なのでしょう。漆は蟹が近くにいると乾かないというの

は，不老不死の丹薬作りの過程で見いだされたような言説と思われます。油（膏）はスッポンを殺し，カササギの糞はハリネズミを中毒死させるという一見不合理な関係性も，それが実際上の現象として言説化し，磁石が鉄を引きつけるとか，琥珀の静電気が埃を吸いよせることができるとかの物理現象，自然発生的な生命現象とともに，同類相感現象の言説の中に盛り込まれて，そういう現象があるのだと主張されると，類推しがたくてもそこに深遠な物理があるように思えてくる。それが，同類相感現象の手口であり，ユニークなところなのですが，それによって，「類推できるものと類推できないものは，間違っているようで正しく，正しいようで間違っており，誰がいったいその微妙な物理に精通することができようか」という結論へと導かれます。これは不可知論のようであって，そうではありません。西洋のように不可知論に陥るのではなくて，むしろ「だからこそ我々は深く，自然物類を観察しないといけないのだ」と言いたいのです。

　我々が深く洞察しようとしているものは，安直な類推で理解できたり，白である，黒であるとはっきりわかったりするようなものを対象にしているわけではありません。我々が悩むのは，良くもあり，悪くもあるものである，幸せを感じるものは，白であるか黒であるかわからない，どちらが良いということはできないけれども，どちらかがあってほしいと願う，そういう複雑な類推を働かさないといけないところにあるわけです。そしてそういうものは極めて相対的なもので，災い転じて福となるという複雑な道理があることを前提に類推を働かせなければならない。中国医学の薬理学は今日の薬理学からすると幼稚なものに終わってしまいますが，漢方薬が，その後の時代にも廃れず，流行るのは，類推思考による優れた把握方式があったからだと思います。

　今日の科学は，めざましい発達を日々遂げており，極めて多くの発見があります。しかし残念なのは，その発見が人間の生き方にとってどういう役割を果たすのかということが，なかなか語られない。それはアナロジーの陥穽に陥ってしまうことを懸念してか，科学者が専門分野以外の話をすることを禁欲的に避けているからだと思いますが，アナロジーはアナロジーとして，ある意味では了解しながら，現代科学の最先端で得られた知見を，大いに人々に語りかけ，

生きる知恵としての類推思考をはぐくむべきではないかと思うわけです。生活する上での有意義な科学知識について，十分な教育システムがあるとは言い難い状況です。サイエンスの看板で人々を騙している悪徳商法も横行しているし，育児や健康の方法を説いた通俗書には不確かな知識が氾濫していて，新たな俗信に振り回されている場合も多々見かけます。ですから，科学知識の啓蒙活動は，ヒューマン・セキュリティを考える上での基盤形成に欠かせないものであるように思われて仕方がありません。

　中国医学のあまり知られていないことについて，もう一つ話題を提供したいと思います。中国医学と言いますとツボに鍼(はり)を刺すことと脈診に代表されますが，脈をとってすべての病気がわかる，つまり五臓を中心にした経絡が全身をかけめぐっていて，脈に身体の全情報が反映される，だから内臓の疾患を末端部位である手足のツボに鍼を刺して治す，そういう脈診と刺鍼(ししん)の治療による医学だと言われています。それは正しいのですが，実は鍼が中心となる医療方法が確立したのは前漢末でありまして，馬王堆，張家山から出てきた医学書はそうではなかったことが判明しました。というのも，灸療法を中心とする医学だったのです。しかも，気の通り道である経脈もそうなのですが，灸療法の医学理論をそのまま踏襲して鍼療法の医学理論体系が形成されていました。それでもう一度，中国医学の体系を見てみますと，確かに鍼とか脈診断に中国医学のすばらしさを見いだすわけですが，黎明期の医学からの発展を考えれば，もう少し違った特色があることに気づきます。

　少し具体的に話しますと，中国医学は早くから婦人病とか子どもの病気に深く関心を持っていました。鍼療法は五臓を中心とする内科的な医学の理論です。ところが，どうして婦人病とか小児病に関心を持っていたかというと，それは老子に端を発する養生思想の影響です。老子は女性というものがタオ（道）の体現している存在であり，赤子というのは理想的な人間の気の状態であるということで，男性や大人よりも崇高な存在であると主張したのです。彭祖の導引術には男女の交わりも長生きの秘術にしてしまうくらいユニークなところがありますが，妊娠から出産に至るプロセスにも強い関心を示したにちがいありません。そういう思想的な背景があったから，婦人病，小児病を扱った専門書も，

『漢書』芸文志にすでに著録されていたりします。中国医学の取り扱ってきた疾病体系で，今日にない要素があるとすれば，婦人病，小児病に対する優れた見方であるように思います。そこで浮上するのが胎教や妊娠期の医療やまじないに関する論説です。馬王堆から出てきた書物に胎教に関するユニークな言説，胞衣（胎衣・えな。胎盤）の埋める方位占いがあるように，それらは黎明期の医学と養生思想が生んだものです。それは，後世の民衆生活に長く影響を与えたもので，戦前の日本でも各地にそれに派生する習俗が残っていました。養生の知恵がずっと伝えられてきた典型的な例であると言えるでしょう。

　また，中国医学では，今日の日常生活において我々の健康を脅かしている病気についても，大いに議論しています。これも馬王堆医書にすでに言及があるものなのですが，レジュメで言うならば，資料の『金匱要略』巻上の論述をご覧ください。「五臓の病にはそれぞれ十八ある。総計で九十病である。人には六微がある。微ごとに十八病ある。合わせると百八病ある」と言った後に，「五労・七傷・六極と婦人三六（十八）病は，その数のなかに入っていない」とあります。さきほど指摘した婦人病は，五臓を病因論の中心に考える鍼療法の枠外にあるものと述べられていて興味深いのですが，婦人病とともにあがっている「五労・七傷・六極」が，今話し出そうとしている現代病に関係しています。それらは虚労病と総称されるようになったのですが，いったいどういう病気であるかというと，いわゆる働き過ぎ，疲労衰弱して，体調を崩してしまった病気です。今日，治療困難と思われた病気はことごとく克服できて，それでもダメならば天命だと諦めることのできるくらいになったと思います。ところが日々の暮らしにおいて，疲労感や倦怠感にとらわれて体調がすぐれないといつも感じている人が多いのも確かです。ですから，体調不良の原因となっているもの，健康を実感できなくするものがむしろ現代医学の最大の難敵だと思います。医者に行っても，計器に異常が出なければ自律神経失調と通告され，体質が虚弱だから仕方がないと言われて，薬すら処方してもらえないケースが数多くあると思います。我々は幸せであるかどうかは大病を治せるかどうかだけではないわけです。日々，すっきりした気分で楽しく生きていくことができなければ，満足できる人生では決してないでしょう。ところが今の医学は死に

至る病だけがターゲットで，何となくストレスで体がだるくて，血圧が低く，医者に行っても「あなたは血圧が低いですね」と言われるだけで終わってしまうような病，虚労病はほとんど相手されていません。しかし，そういうものについて中国では古くから取り組んでいたのです。「五労・七傷・六極」についても，馬王堆，張家山医書の時点で，すでに理論的な考察を繰り広げていたのですから，先秦時代の養生文化の高い水準に驚かされます。それが前漢末の灸から針への技術革新によって，医学理論としては脇に追いやられてしまうのですが，灸と薬物の療法をベースとした民間療法として，黎明期の養生思想のままにずっと育んできており，民間レベルで綿々と語り継いできていたのです。

　婦人病や虚労病を含んだ中国医学の疾病体系は，今テーマになっている個人の安全・安心を内面的に考える上で注目すべきであるように思います。虚老病については，今後，現代医学でも検討してもらいたいものです。東洋伝統医学に現代医学の補完的な役割を求めるとすれば，そういう部分ではないだろうかと思います。よく「奇跡の医学，鍼でこのガンが治せる」とか「西洋医学が見放した病気，この薬を飲めば治る」というようなキャッチフレーズを見かけますが，伝統医学が担うべきものはそういうマジカル・ヒーリングではないでしょう。日々我々が悩む病気こそ，見逃されていて，そういうものに深く付き合ってきたものが伝統医学だと思うので，こういうシンポジウムでも伝統医学の立場からの考察も試みてもらいたいと思うわけです。

　近世の養生思想が西洋の近代科学知識を導入する上で重要な役割を果たしたということも言いたかったのですが，時間がなくなりましたので，それについては後の機会ということにします。最後に一言付け加えますと，これほど科学が進歩したのですから，そろそろ長寿のサイエンスというものが成立していってもいいのではないかと思います。今の時点で長寿のサイエンスが形成されていると言えるかというと，そうではないわけです。健康に安心して生きていける，悩みから解放された人生を送れることを課題とする学問，そういうものを確立しようとすれば，現代の医学，薬学の力だけではだめで，文学，哲学，経済，教育から趣味や娯楽に至る社会生活に関わる広範囲の視点から検討を加え，それぞれの分野における知恵を結集する必要があるように思います。養生書に

注目する理由は，そうした広範囲の分野にわたる言説を寄せ集めてきて，うまく折衷させようとしている特色があるからです。そういう意味で健康とか安心・安全とかを十分に考慮した長寿のサイエンスを構築しようとすれば，生を養う思想をさらに発展させていくべきではないでしょうか。

　養生書にはもう一つの特色がありまして，目新しいことを次々言うわけではなく，同じことを繰り返し言うわけです。しかも誰が言ったかわからない。健康に生きる秘訣は，誰しもが何らかの経験的な知見を持っている。例えば，やりすぎない，働きすぎない，腹八分目で，疲労しない程度に身体を動かし続けないといけないということなら，みんな知っている。そういう意味では新しいもの，オリジナリティはないわけです。しかし，それを実践するのはなぜか難しいところがある。ついつい忘れがちになってしまう。だから，注意を喚起すべく，戒めとして繰り返し唱えられる。そのように綿々と語り継がれてくることによって生きてくる知恵，その生を養う知恵が再評価されて，ヒューマン・セキュリティを考える上での有益な科学知識になれば，と思っております。

司会　どうもありがとうございました。中国の東洋医学は20年ほど前からかなり注目されてきたところではないかと思いますが，その中には現代病に関する指摘があったと聞いてびっくりいたしました。身体の健康は安心・安全に対しては第一義的なものであると思います。そういうところの中にも，いろんなヒントがあるのかなと思いました。

　一応，本日のお話をこれで終わらせていただきます。この後，パネルディスカッションに移りたいと思います。アンケート用紙にご質問等，お書きいただきたいと思います。

第2部「パネルディスカッション」

司会 それではパネルディスカッションに移らせていただきたいと思います。パネルディスカッションには佐藤先生を除く3人の先生方，そしてセンター長の安藤，当センターの研究員で部門別リーダーでもあります大阪大学の山形頼洋，本学文学部の岡本民夫の両氏にも加わっていただきます。進行についてはコーディネーターの両氏にお願いしたいと思います。

山形 大阪大学の山形と申します。コーディネーターとして聴衆の皆様と提題者との間をつなぐ意味と，もう一つ提題者の皆様のお話をコーディネートする役割もあると思います。アンケート用紙の中で「全体はどうなっていくのか」というご質問がありましたので，私が理解した限りで，そのことについて触れさせてただき，後ほど先生方に深めていただければと思います。

佐藤大使がお話になりました「国連における人間の安全保障」という組織づくりの問題の中で，ヒューマン・セキュリティに対する関心が深まっていたということはグローバリゼーションの一つの結果ではないかと思います。全体的な政治的，地理学的な時代状況の中で，各個人が感性的にヒューマン・セキュリティに対して敏感になっています。新鮮な問題提起，概念として受け取っているという話がありました。そのことに関して，先生方の全体のお話を私なりに連絡をつけてみたいと思います。

グローバリゼーションとは何か。枠が外れるということですね。国境の枠も規制も外れる。簡単に言うとどういうことか。中川先生のお話とつながるわけですが，重力の垂直軸が宇宙船では外れる。閉塞感がある。地球で暮らしていることのさまざまな基準が外れていく。それはある面から言うと自由になるということですね。グローバリゼーションは一面では自由という側面を持っていて，個人の活動に任せるということがあると思います。政策，社会の動きも規制を外すということは各人が自由になる。幅が広くなる。企業の活動も自由になる。国公立大学も独立法人化して国の規制から外れてお金も自由に使えるというふうに言われるわけですが，自由になることは一面から言うと，基準がなくなることですね。垂直軸が外れる。重力がなくなることに近いことが起こる

わけです。

　自由の裏側は不安だと思います。ヒューマン・セキュリティという時，安全ということに対して，何に対して安全か。差し迫った危険とか恐怖より，自由が増す，それに伴い個人の振る舞いが自分自身にかかってくる。自分が自由に振る舞うことを感じ取った時，人間自身がどうしたらいいかという，そこから出てくる不安に対応して人間のセキュリティと言う時に，佐藤大使の話で言えば，感性に訴えているのではないかというふうに私は考えます。自由に伴う不安は，すべてが個人責任となりますと，半面は自由ですが，各人が取る責任が大きくなる，保護の部分も少なくなる。個人の責任に転嫁される。自由が増加するにつれて不安になるという一つの意味があると思います。そういう問題が中川先生がお話になった事柄の中心にあるのではないかと思います。

　私の推測ですが，その根拠として中川先生はサルトルの『嘔吐』の話をしようと考えておられたと。サルトルは自由ということを人間存在のあり方として言ったわけですが，自由ということの裏側にはサルトルの考えに沿うと，自由であることが自由でないということがあります。自由から逃れられないという不安がずっとつきまとっている。これはサルトルの一つの大きなテーマになっていると思います。現代の哲学から言っても，自由であることは，反面不安であるという側面を抱えている。その部分が世界の流れの中で各人が肌で感じる状況になってきています。ですから，ヒューマン・セキュリティに関する人間の安全と言われた時，何からの安全かというと，差し迫った危険というより，何か自分たちが拠り所をなくしていく，国境がなくなる，文化の形態が崩れていく，約束事が次から次に外れていく時，どうやって振る舞ったらいいか，その根底に，自分が自由だと感じ取ってくることから形而上学的な不安が起こる。それが人間の安全の中にも含まれているように思います。

　朴先生は，そのことを儒教文化を中心にした伝統的なコミュニティ，親子関係とか相互扶助の形で行っていく。儒教文化が厳しくなりますと互いの行動を逆に制約するものにもなりますが，一つの共同体を律している絆になっていく。そういうものに頼れば楽に生きていける側面があるわけです。一人ひとりが自由になり，責任を自分で取らないといけなくなる，人と人とのつながりが薄く

なっていく，そういうグローバリゼーションに対するローカライゼーションの側面を持つ共同体の理論を，儒教文化は持っているのではないか。儒教文化がそのままそうだということにはならないかもしれませんが，東アジア型の福祉モデルとして考えられるのではないかということだと思います。

　自由を根本にした社会形態のあり方，市民社会は17世紀の哲学者たちが構想したわけですが，そういう時に彼らが考えていたのは自由な人間です。しかし一人ひとりが自由だから互いに競争関係に入る。万人が万人に対して敵であるという状況が生まれる。それを防ぎ，なおかつ自由を拡大するような「社会契約論」が出てくるわけです。自由を土台にした社会，グローバリゼーションがどんどん進むことは自由がとことん徹底化する。一人ひとりになる。互いに向き合う競争社会になる。全体としてそういう雰囲気ですね。その中で福祉の問題は共生，コーポラティブな方向にある。この原理はどこにあるか。それを探し出すことが多分，人間の安心・安全に関する大きなテーマだと思います。

　その点で，中国の自然哲学についての武田先生の観点は，老子の思想は「生命の哲学」だと。西洋哲学の無というのは虚無思想で，自由な意思を根本にした一つの極限がニヒリズムだと考えることができますが，生命の哲学を基礎にした老子の思想は自由と裏腹にある不安とは別の，人間の存在の仕方，生命の哲学として老子の思想があるのではないか。個々人が自由であるという前に，生命として一致しているというところの，個々人が自由に分かれる前に，もっと大きな生命の中で一つの大きな共同体をつくっているという探究が，自然の分野，医学でなされるのが人間の安心・安全，ヒューマン・セキュリティ・サイエンスの目的ではないかと思います。

　先生方のお話は，そういう意味で一貫性を持った提言であり，一つの方向を指していると私は伺いました。皆様のご質問や先生方からのお話につながればと思います。

岡本　会場の皆さんからたくさんの質問をいただいております。拝見いたしますと，いろんな角度からのご質問です。一旦，ご質問をいただいたものにお答えした後，フロアからご議論いただきたいと思いますので，そういう形で進めてまいりたいと思います。

一つは「ヒューマン・セキュリティに重点をおきすぎると国際的なネットワークを持っている解決できない問題を結果的に軽視することになってしまうのではないか」というご質問です。これは安藤先生からお答えをいただいたらありがたいと思います。「知的所有権の問題，環境の問題，国際公共財の管理という問題はどう考えたらいいか」というご質問です。

安藤　山形先生から見事にまとめていただいたように，今日の話はつながる部分があって，共通の部分を掘り下げる，それがヒューマン・セキュリティ研究センターとしてやっていくべき課題ではないかと思います。私の話，佐藤先生が話されたことと，中川先生がおっしゃったこととがつながらないような印象を持たれた方があるかもしれませんが，実は関係があるわけで，只今のご質問も「個人がばらばらになって，国境を越えてばらばらになると問題の性質如何で，国際協調を取る時に障害になるのではないか。ヒューマン・セキュリティを延長していけば，却って全体としてのセキュリティの実現にとって障害となることが考えられないか。全体の障害は個人にマイナスの形で返ってくるのではないか」と，ご質問の趣旨をそのように理解しております。

　一般的な，抽象的な議論ですので，具体的な事例を通して考えるべきではないかと思いますが，私にいただいた別の質問の「ITが進んで，サイバー社会になった時，個々人がばらばらで世界中に散らばって，その中でセキュリティはどうなるか。そういう場面における個人のセキュリティをどうしたらいいか」というご質問にも通じるかと思います。

　これも荒っぽいお答えをしますと，自由になる，枠が外れることは個人が自分の行動に責任を持たなければいけない。自由とはある面で裏返しの不安が生まれる。私が大学生の頃，エーリッヒ・フロムの『自由からの逃走』（*Escape from Freedom*）という書物がありまして，伝統社会で生きるのに慣れてきた，その中でどっぷり暮らしてきた人が，ある日，突然「お前は自由だ」と言われて自分で全部決めなさいという状況におかれると困惑する。どうしていいかわからない。自由がその人にとって不自由になるという，言い換えれば与えられた自由を，意味あるように使えるためには，法律とか制度論では，その人が自由を自分のためになる，それが全体とのバランスを崩さないように使える訓練

を受けている必要があるのではないか。国際的に協調しないと達せられないような問題，卑近なところで環境の劣化を防止する。日常，ごみを選別して出す。自由だからとごみを目茶苦茶に出すと社会の負担になる。燃えるごみ，プラスチックごみを分けて出す必要がある。個人がばらばらになると国際協調しないとうまくいかない問題，これは国家のレベルでも個人のレベルでも自制 self restraint がないと，おっしゃったような問題は出てくると思います。ですから全体として達成しようとするには，皆が持った自由をどうやってうまく使い，しかもそれが全体としての秩序に，マイナスにならない，全体として不安にならないためには，与えられた自由を節度を持って使える訓練ができていないと勝手気儘にやれば，むしろ不安は増大する。その意味での訓練の中身は何かをはっきりさせることもヒューマン・セキュリティ研究センターの宿題の一つではないか，とりあえずそのようにお答えします。

岡本 今の問題との関連で安藤先生にご質問がきています。一つは「ヒューマン・セキュリティの概念は多元的な意味あいを持っていますが，個人的なセキュリティと社会的なセキュリティの接点，リンケージをどうしたらいいかということを，お考えがあれば例を出していただきたい」という質問が一つ。もう一つは「ヒューマン・セキュリティという概念を一つの学問とし，サイエンスとして成立させようとすれば，この間のリンケージをどういう形に仕立て上げていったらいいか」というご質問です。

安藤 例えば原子力発電の問題。日本は，日本人が先祖から受け継いだ技(わざ)，技術をうまく伸ばして，明治以来，見事に工業化国家をつくるのに成功した。ただ工業力，技術力があってもそれを日常生活につながる工業製品に仕立てないと技術の持っている意味が発揮できない，恩恵が返ってこない。工業製品をつくるためには工場でモーターを回さないとだめで，そのために電気がいるわけです。日本の電力の消費は格段に広がっていると思います。かつては水力で間にあった。その後，火力に移る。石炭や石油や天然ガスで電力を頼る。今はそれでも足らなくなって原子力発電に頼っている。フランスは世界でも原子力発電の比率が高いですね。この会場は古いので冷房がなくて，涼しい状況にしようとするとそれだけ電力が要る。かつてあるマスコミが原子力発電絶対反対と

言いましたけど，その会社は夏は冷房，冬は暖房，印刷機械等々を回す場合，IT関係の器具を使う場合，足せば相当な電力を使うわけです。大きな負担になっている。夏，暑くて辛抱するから原子力発電の必要性を低めようとなるか，または便利に電気を使う場合，どういうマイナスが出てくるか。そのへんの社会的合意，全体としての共通了解がないと，個人の持っている，獲得したセキュリティというものが，逆に全体としてのイン・セキュリティになりかねない。その意味で自制がいるんですが，それをどういう仕組みで効率的に達成するか。ヒューマン・セキュリティの大きな宿題の一つは，そこにあるのではないかという気がします。

岡本 同じ質問が中川先生にも来ております。「個人的なセキュリティと社会的なセキュリティを結ぶ接点はどういうものか，先生のお立場から具体的な例があれば」というご質問です。

中川 私はもともと文学関係のことをやっておりましたので，なるべく反社会的に生きてきております。その問題を具体的に例を挙げてお話するだけの用意がありませんので，ちょっとこの問題にお答えさせていただくのは控えさせていただきます。

岡本 朴先生に質問が二つ出ております。一つは東アジア型福祉モデルの基盤に儒教思想，儒教文化の遺産が重要な役割を果たしていると。一方ではグローバリゼーションという形でかなり従来の体制の重しから解放されて自由度が高まった。その部分が民族や宗教，文化の個性化，多様化，それがもともと多様なものですが，より顕著な形で個性化してきた。ダイバーシティということですが，そういう状況のもとで「家族の崩壊が加速化しているが，こういう情勢を踏まえて儒教の思想は今後，どういう形で新しい時代の福祉の柱になりうるか，ご意見があればお聞かせいただきたい」という質問です。

朴 とてもいい指摘だと思います。私は儒教文化をそんなに深くは勉強しておりませんが，しかし東アジアにとって儒教文化は大きい影響を持っていると思います。韓国も日本と同じように家族が崩壊しつつあります。でも儒教文化の中では家族の連帯をとても大事にしています。儒教文化に基づいた東アジアモデルをつくる時，家族の崩壊を防ぐことができると思います。韓国でもいろい

ろ政策を立てておりますが，その中でも家族の崩壊を防ぐ対策を立てています。日本も同じだと思いますが，韓国では施設に預けるより家族で解決できるようにする傾向があります。東アジア型モデルという儒教文化に基づいたモデルが西洋のそれと大きく違う点はインフォーマルサポートネットワークではないかと思います。東アジアにとってインフォーマルなネットワークは多く残っています。インフォーマルネットワークを通して社会サービスを提供することが，個々人の不安と安心感にとってとてもよい影響を与えると思います。家族が崩壊していく状況の中で儒教文化に基づいた社会モデルを推進していくことは，家族の連帯をより強めていくことになると思います。

岡本 朴先生にもう一つ。「朴先生は韓国，中国，日本の3国の福祉の研究をされる中から，東アジア型モデルを構築されたということですが，中国のように多数の少数民族で構成されている国にあって，儒教文化を基礎にした福祉はどこまで有効か」という質問です。少数で多様な民族で構成されている中国で，東アジアモデルがどれくらい当てはまるかというご質問です。

朴 昨日，同志社大学の大学院生とインフォーマルな交流会をしたんですが，今の質問も出ました。日本と韓国は似ている部分が多いですが，中国における少数民族に当てはまるかどうか，という質問でした。その時，中国からの留学生が一人いまして，彼女の答えをお伝えしたいと思います。中国の主な民族は漢民族です。少数民族も漢民族の文化の影響を受けています。ただ少数民族独自の文化を持っていると思いますが，全体的には中国の文化を受けていると思います。東アジアと言えば，日本，韓国，中国です。儒教は中国からきたものですが，日本に渡って日本の中で儒教文化が変化しています。また韓国の中でも韓国なりの儒教文化が形成されています。そういう各国の儒教文化の違いの中からどういう共通点を見つけていくかは今後の私の課題でもあります。

岡本 中川先生に対する質問です。安心感というものは日常性の中にありますが，「不安を克服するにはそれに慣れることなのでしょうか。不安な状態におかれている時，安心を得るためにどのようにしたらよいとお考えでしょうか」。

中川 先程，国際高等研究所で比較幸福学という名前で研究をしておりましたことの紹介をしたわけですが，そこでは，ある心理状態が起こった時，どう対

応すればいいかということは行わないで，現実にどういう状況があるかということについて記述していくことだけに専心しておりました。
　そのためにどういうふうにそれを解決すればいいかということは，それぞれの方々に任せるという態度を取っておりましたので，私もそれに対してどういうふうに対応すればいいかという答えは持っておりません。逃げているわけではなく，私自身もそれについて統一的な答えを出すことはできない。つまりある場合には，ある形でそれを解決し，ある場合にはまた別の形で解決している。皆さん方もそれぞれ，そうなのではないかということを感じております。
　ついでにもう一つ申し上げておきたいことがあります。先程の「グローバリゼーション」という言葉ですが，グローバリゼーションという名前においてすべてのことが今，日本の中で行われようとしています。私は専らヨーロッパ的な文化の中で育ってきた人間ですが，グローバリゼーションということで日本で行われているのは，非常に薄っぺらな面で，アメリカ的な方向を日本で行おうとしている。そのことがグローバリゼーションという名前で行われていることに対して，私はいささか不安を感じております。つまりヨーロッパにはヨーロッパの固有の文化があって，それは必ずしもアメリカとは馴染まない。それをアメリカ一本をモデルにしてやるということで果たしていいのだろうかと問題を感じているわけであります。例えば大学の問題にしましても，今の日本はアメリカを真似してCOEという制度を作り競争させようとしている。しかしフランスの大学ではそういうことをやらない。けれども高い水準を維持している。また日本はこれだけGDPが高いにもかかわらず，高等教育を受けよう，大学を受けようと思うと高いお金を払わなければいけない。フランスの国立大学では学生の払うべきものは，保険料だけですから，日本で言えば数万円程度の金で大学に行ける。そういうことが可能である国があるのに，全く無視して，一つのグローバリゼーションという形でやっていくことについて，大きな疑問を感じています。
　もう一例を挙げさせていただきますと，つい2，3日まで，2週間，ポルトガルにおりました。国際学士院連合に属している各国の学士院の組織があります。そこに日本学士院も1900年の最初から属しておりまして，現在2名の代表

を出しています。その1名の代表として行っていたわけです。その時に全体の議長になっておりました人がユダヤ人ですが，その人が国際学士院連合の問題として，フランス語で申しますと「droit de l'homme」（人権）ですが，「人々の人権とその尊厳について，国際学士院連合で論議したい」という意見を出しました。しかし例えば中国は中国で，アメリカが考えているような形とは違った形での人権問題を考えざるをえないような，あれだけの人口を擁しています。そこに人権の問題ということをいきなり出してきて，しかも中国の意見も諮らないで決めてしまうことはいかにも乱暴ではないか。どこかの国が「これが正しい」と押しつけることが，どういう混乱を生むかということに対して，あまりにも無関心なことが多すぎるのではないか。例えば現に，イスラエルの議長であるためにエジプトの代表は出てきていない。そういうふうに国際問題が重大化している時，一つの基準で図っていくことは問題を招くのではないかと思います。グローバリゼーションということに対して，私はある違和感を抱いている。そのことについて話しあった，もう一人の日本人も，韓国の代表も2名来られていましたが，その人とたちと話をしても，彼らもある種の違和感を持っていた。東洋人全体ということではありませんが，中国の代表はSARSの問題があってそこに来ておりませんでしたので，中国人がいないところで中国を代弁するような形で抗議する形になるのを恐れて私は何も発言しませんでしたが。

　グローバリゼーションというのは今のような形でいいのかどうかということに対して，非常に大きな危惧を抱いています。それはグローバリゼーションという形で安全，セキュリティということを図ろうとして，却ってセキュリティを破壊することがなされるのではないかということを恐れています。これは先程の私に対する質問からずれているかもしれませんが，一言申し上げておきたいと思います。

岡本　私も国際会議に出て，グローバリゼーションをめぐってずいぶんいろんな見解があると同時に，ご指摘のような，いろんな問題を提起されて考えさせられました。今度は武田先生に質問が来ております。「現代社会の中で，癒しとか健康志向がブームになっておりますが，世界の各国を見ると，従来の医学

ではなく民間療法にしろ，最新の科学的な研究成果にしろ，メディアが癒しや健康ブームを煽っているのではないか。それによって多くの人々が多大な関心を払い，かつそれに向けて消費をしている状況があるように思われるが，それについて先生はどういうお考えでしょうか」。

武田 確かにおっしゃる通り，健康ブームに便乗して世に出回る知識には怪しげなものがたくさん含まれています。しかし，その情報を受け取る側もそのことにまったく気づかないわけではないけれども，マスメディアによってその科学性を過信してしまうこともあるでしょう。インターネットの仮想空間が拡大し始めていますから，氾濫する情報の大海から，いかに取捨選択するかがますます求められてくるに違いありません。思えば，健康ブームというのは今に始まったことではありません。特効薬と毒薬は紙一重で，長生きの秘薬を服用していたら，却って薬物中毒で命を落とすはめになった君主，貴族たちも数多くいたし，江戸時代においても，貝原益軒の『養生訓』が出版されて以降，ずっとその健康ブームが継続していると言えるかもしれません。

　養生文化について研究して初めてわかったことなのですが，私はもともと理系出身の人間だったこともあって，古代人の知的な活動に対する文化的，歴史的な評価を考える時にはついつい今日的な尺度で見て，よくできた完成度の高いものを研究してしまいがちです。科学史で言うならば，現象や理論の発見，発明を業績的に系譜化して，現代科学に至る史的発展のプロセスを明らかにするという具合です。ところが，それらの最先端の理論が，すぐには当時の科学知識として定着するわけではなく，影響力を持つのは，ずっと後だということです。宋元時代の数学書のように，高度な理論はほとんど理解されず，後世に著作が伝えられず，存在すら知られていない場合があります。当時の人々によく読まれ，影響を与えたものは別にある，しかもそれは，寄せ集めただけの啓蒙書であったり，わかりやすい部分だけを抄出した通俗書だったりします。養生書は，そうした傾向を最もよく示している好例だと思います。長生き，健康の秘訣は，誰がそれを言い出したかは問題にならない，昔から綿々と語り継いできた生活の知恵である。だから極めて通俗的で世俗的な啓蒙書が，あまり有名でない人々の手によって著されている。貝原益軒の『養生訓』は，その中で

は最もよく知られたものですが，その内容は明代の養生書から抜粋したものですし，それがベストセラーになって以降，類書がいっぱい存在します。貝原益軒の『養生訓』以外は，オリジナリティに欠けているところがあって，あまり研究対象にならないようですが，当時の人々にはよく読まれたものに違いないわけです。

　明治になってからどうなったのかというと，長生きを勝ち取る方術から社会全体の環境を整える方策，つまり養生から衛生へとグレードアップしました。個人レベルの健康術から国家的，社会的な公衆衛生事業へと発展したわけです。それで，下水道の整備，検疫から体操に至るさまざまな西洋式の衛生学の知識が導入され，コレラ等の伝染病の予防や嬰児死亡率の改善に大きな貢献しました。したがって，明治の初期から衛生学に関する数多くの翻訳書，啓蒙書が著されて，生活環境の近代化，西洋化の必要性を説くようになります。すると，江戸後期に盛り上がった養生文化は，時代遅れに映り，前近代性を明示するものとして，厳しい批判にさらされるところが確かにありました。ところが，実際には個人の健康を述べた養生書がなくなるわけではない。衛生学の知識と折衷させたものが，多く書き著されているわけです。しかも，書き手は，無名に近い民間の知識人である場合がほとんどだったわけです。そのことは，江戸後期の養生文化が，西洋科学知識の受容に大きな役割を果たしていることを示唆するとともに，その担い手が民間の知識人であったことを物語っているように思います。近世から明治，大正の過渡期は，民間の知識人の活動が極めて活発でありまして，数学でも物理化学でもそうですが，西洋の文化の翻訳というものは民間の読書人，地方のインテリがどんどんやってしまう。そういう民間パワーがあったから，近代科学と伝統科学が混在した近代日本の優れた成果が生み出され，今日の学問的基礎となっているのだと思いますが，今は悲しいかな学問が細分化，専門化して，民間の知識人を育む土壌がなくなりましたよね。それこそヒューマン・セキュリティを維持する上での社会安定システムを築き上げるには，そうした知的状況を回復する必要性がきっとあるに違いないでしょう。

　私は現在，漢字情報研究センターという新たに発足した組織にいるのですが，

そこではコンピュータが導入され，インターネットが普及することによって大きく変貌しつつある学問状況において，漢字文化の歴史的な連続性が損なわれることのないように，IT技術を中国学に導入することを検討しているところです。書物のデジタル化が急速に進む中，コンピュータを活用し，データベース化した情報が飛び交うことによって，新たに何ができるのかを考えているわけですが，同時に何が失われるかということを十分に考慮しないといけないと思っています。そういうことを十分に吟味していると，情報を共有する人的ネットワークの重要性をつくづく感じます。少なくとも明治時代には，官と民，学者とアマチュアの間に，相補的な交流があった。今は，あまりにも離散的すぎるものになってしまったと思います。大学という組織を核とする学問界は閉鎖的で，民間人の知的パワーを消失させる傾向にある。その点，インターネットは，自由度の高い双方向の交信を利点としますから，民間の知識を育む土壌が可能性としては十分にあると思うのですね。ただ先程のセキュリティの問題と関係すると思いますが，インターネットの情報のやり取りというのは，電話のように必ず100％届くためのチェックはしないわけです。情報を受け取る側が手繰り寄せる努力をしなくてはいけない。情報は極めてフリーな状態で浮遊している。知ることのできる自由はあるわけです。ところがその自由は，同時に何らかの情報を手繰り寄せたりすることを要求されている。教育のように上から与えられるものではない，つまり，知る義務といったものを含むわけです。ご質問のように受動的な立場だと，マスメディアに騙されて泣くしかないということになりますが，自らが選んでその情報にアクセスすることを要求されるようになってきたのです。自由というものが外側から与えられるものでなくて，何かを知りたい，生み出したいという創造性とか，その情報がいったい何であるのかという想像力とかが求められているわけです。

　科学技術の発達というのは実にめざましく，コンピュータで「こういうことをやりたいな」と思えば，実現できる技術はあるわけです。問題は「何が知りたいのか」というところにあります。コンピュータを使って，人間は何がやりたいのかを考えなくてはならない。ゲノムサイエンスの遺伝情報の解明で，この遺伝子がこういう病気の悪さをする命令を下しているということが，すべて

一対一の対応とまでは言わないですが，わかる時代になりました。我々人間が，今問われているのは，死に至る病いの克服，犯罪の根絶を目的として，どういう遺伝子を残したいのかという具体的な実現性のあるレベルになってきている。極端なことを言えば，この遺伝子をすべてこの世から抹殺すれば，二度とそういう危険に晒されることはないという形で，ゲノムサイエンスが進行していくとすれば，我々は一体どのように遺伝子を操作していくのかを，人類の未来像を具体的なイメージで描きつつ議論していかないといけないわけです。まさにどういう性質を，どういう知識を，教養を，文化を育んでいったらいいのかということの選択を迫られているのです。

　そういう意味で，自由は，知る側，与えられる側にも大いにあって，個々の人間が想像力，創造性を持って知的活動を行う必要がある。安心・安全を考える上では民間の個々の知的活動を促進する方向で考えていかないと，実現できないのではないだろうかと考えております。生きるための知恵が，サイエンスの原義であると思えば，そういう教養を生み出す，育む環境づくりこそ，このシンポジウムの重要な課題ではないかと提言したいと思います。

岡本　ありがとうございました。フロアの皆さんからいただいた質問を細大漏らさずお伝えしたわけではございませんが，もし，フロアから質問がある方があれば，挙手をいただきたいと思います。

フロア　同志社大学工学部の高野頌です。グローバリゼーションというのは多様な文化，多様な価値観を持ったさまざまな生き方があって，それをどういうふうに共通化するかということではなく，互いの価値観をどういう形で，社会の中での共通のコンセプトをつくるかという努力のために必要なシステムを考えないといけないのではないかと思います。永遠にユートピア的に言うのではなく，アメリカ的なグローバリゼーションに対しての批判が演者から出ていますが，実はそうじゃなくて，多様な価値観を，どういうふうに最小限，我々が守りながら生きていくかということ，そういう社会を構成していくかということにポイントがあるように思います。演者の先生方と意見が違うんですが，そのへん，どういうふうにお考えでしょうか。

岡本　どなたに。

高野 どなたでもよろしいですが，壇上の先生方，そのようにお考えになっているのだと思いますが。共通的にユートピア的なものはありえないわけでしょう。文化も違うし個人の価値観も違う。その中でどういうふうに最小限，自分が生きていくために必要なものを意思決定し，コンセプトの形成のための手段ややり方を普遍的な形で提示しないと，永遠にこの問題は片づかないように思うんです。

岡本 では，安藤先生から。

安藤 人権問題をやっている関係で申しますと，他のスピーカーの方もおっしゃいましたように，人権の中身については，生命とか身体とかの安全という基礎的なところでは世界共通の価値観，人権概念があると思います。だけどそこから表現の自由の中身にしても，どこまで許されるかということになってくると，それぞれの文化，宗教，社会固有の価値観が入ってきますので，全世界の共通の人権を考える時には，いつも Diversity in Conformity，最低の基準は共通だが，その中で一人ひとりの個性を重んじる。個々人の自由を認めないようなシステムだったら，システム自体に問題があるのではないかと。絶対の自由，個の無限の拡張はあるとは思いませんが，共通の枠，ゆるやかな枠組みはできるだけ多くの人が参加する形で意思決定し，中身を決めていかないと，誰かに誰かの価値を押しつける形での枠の決め方は，決め方自体に問題があるのではないかと思います。

　適切なたとえではありませんが，民主主義は多数決だとして，101人集まって51人が，あとの50人は死ねということを決められるか。それはおかしいわけですね。逆に言えば，どういう形式で決めようとも，皆が最低限共通して守られるべき価値，多様性を認めることがあって初めて人権という考え方は意味を持ってくる。多様な価値観を持った中で，それだけでうまくいくか。価値観を具体的に日常生活の中で生かす，行動につなげる段階で問題が出てくるだろう。その時の枠のはめ方は，なるだけ多くの価値観の併存を認めるような形で行うしかないのではないか。日本の憲法でも，国際人権規約にもありますが，思想・良心の自由は，誰がどう考えようと，これは人間の数だけあっていいわけですが，オウム真理教のような形は行きすぎであって，そこの枠の決め方

は，一般的にはできるだけ多様性を生かす形での，しかし全体のゆるやかなルール，縛りになると思います。そして具体的な問題ごとに，その枠をどういうふうに決めていくかということは変わってくるのではないかと思います。他のパネリストの方から言葉を足していただきたいと思います。

岡本 他のシンポジストの先生方からございましたら。よろしいですか。では，他にフロアからの質問がございましたら。

フロア 卑近な例からお聞きしたいんですが，SARS の話が中国の人権の問題に絡んで出ましたが，この前，SARS 感染者とされた，ある台湾の医師が日本に来て回った時，大阪のホテルが情報開示して大きな損害が出たことに対して，政府なり当局が何らかの補償をすべきだという議論が出ました。これについてどう思われますか。もう一つは，台湾で患者が出た病院で医者と看護師が逃げてしまったことに対して非難が起こったわけですが，個人と社会的なセキュリティの相剋だと思いますが，感染源がはっきりしていないということで個人のセキュリティが守られていないという問題に対してどう思われますか。

岡本 患者さんが通過してホテルにキャンセルが伴うことで損害が起きた。責任や賠償はどうなるかということについて，では武田先生から。

武田 こういう問題について，情報開示の社会的責任と個人の人権保護の板挟みになるということがしばしばあります。誰も悪意を持って行動しないのに，不幸にしてそのようなことになった場合，社会的な混乱を回避しようとして特定の人々に極めて不利益なことが起こってしまう。その選択に誤りがあれば直ちに是正すればいいのですが，問題は判断を下す場合の考え方に柔軟性がいるということです。例えば，「こういう情報を流せば混乱するのではないだろうか」ということで，自己規制してしまって騒ぎが大きくなることがある。だから情報が全部公開されない。部分的であったために，却って損害を被ることになる。それは，社会を安定させる上で自浄作用がない弱点であるように思います。

　SARS の感染する危険性とそれに絡んだ責任や賠償の問題は，その位相で議論する必要があるでしょう。情報が隠蔽される問題は，そうすることで社会に害毒を及ぼす，混乱を及ぼすことを懸念して自己規制が働くわけです。人々の

認識不足を懸念し，最悪の事態を考えてしまい，体制維持の保守に回ってしまうと，それが発覚した時には収拾がつかないほど人々を困惑させる。社会を救うためには，真犯人である病原菌を根絶し，さらに不安材料を煽るものはできるだけ除去しようという，現在の医学的な発想法がベースにあると思います。

　僕は安全性の問題は，99％や100％はないと思うのです。社会集団にも，人間の身体にも，どこか病んだ部分がある。しかし，それはそれでも健康でいられるように，どこかに浄化できる装置があったから生存してきた。そうした自然治癒力が，生命維持システムの核心部分だと思うのです。パーフェクトに悪いところを駆逐したいと思っていると，悪くなる弱点はできるだけ覆い隠して100％をめざそうとすると，そうしたパワーが作動できなくなってしまう。だから，自己規制を強く持ちすぎない体制も必要だし，実際的に人々を不安に駆り立てる情報を流しても，自然に治癒できるようなものを社会の中で生み出していかなければいけないのではいだろうかと思いますね。

司会　本日は大変長時間にわたり，パネリストの先生方，講演も含めてありがとうございました。また聴衆の皆さんも熱心にご協力をいただきまして，第2部のパネルディスカッションを終えることができました。ありがとうございました。

論 文

TREATISE

感情と社会[1]

山形 頼洋

　本論考では，私とは別の他の自我の存在の問題として考察されている還元主義的な現代の他者論の成果を共同体理論として再構成するための素描を試みる。しかし，そのことは，同時に，社会契約説を他者論として読む作業をも含んでいる。現代の他者論と社会契約説をつなぐ接点を感情に求め，自由の根本概念である不安に対して，「安心」を根本感情とするような共同体の原理を生命の共同体のうちに探す。というのも，レヴィナスやアンリの他者論によれば，自由な個人の結合による市民社会の手前に，その社会を基礎付けている別の，私と他者との共同体があり，また，自由に基づく社会と表裏一体の感情として不安があるからである。安心の反対は危険や危機ではなくて，不安であり，安心の感情は自由を原理とする社会とは別の共同体に裏付けられなければならないからである。

　本論の構成は以下の通りである。まず，1）感情についての一般的な考察として，17世紀のデカルトの『情念論』 *Passinons de l'âme* を取り上げる[2]。デカルトは，身体の保全を目的とする情念を統御し，自由な意志の善用に徳を見出すのであるが，その徳は「寛大さ」という感情のうちに実際に経験されるべきものである。2）次にルソーの『社会契約論』における意志の問題について簡単に触れるが，これは今日のところは，自由意志に基づく共同体の根本感情としての不安の問題を論じるためのステップに過ぎない。3）現象学が志向性として定義する意識を意志の一様態として見る立場に立って，志向性を意志として把握し，志向性理論による他者経験の理解が陥っている困難を，自由な意志によって社会的結合を説明しようとする社会契約説に潜む困難と見る。4）志向性に基づく他者経験の説明の不条理。5）志向性による意味構成に先立つ根源的な他者の意味。①レヴィナスの言語に基づく他者論。②アンリの感情に基づく他者論。

１．デカルトの『情念論』[3]

　デカルトは実体を思惟実体と延長実体とに分けた。しかし，彼の哲学の原理からは説明できないにもかかわらず，人間において両実体は魂と身体として，事実上合一しているとも考えた。いわゆる松果腺を介して魂と身体とは相互に働き合っているとした。魂の機能は大きく，能動と受動との二つに分けることができるが，魂の能動とは意志的な働きであり，その能動性は，①その意志の働きが魂自身に向かう場合（たとえば神を愛するときのような，一般的に言って，我々の思惟が非物質的なものを対象とするとき）と，②身体に向かう場合との二つが区別できる。また，魂の受動としては，①魂が自分自身の働きを蒙る場合と，②身体が魂に対して働きかける場合とがある。情念論において主に魂の受動として論じられているのは，魂の魂自身による受動ではなくて，魂が身体からの作用を蒙る場合の魂の受動，②の場合である。身体の能動に対する魂の側の受動が広い意味での情念（passion）である。

　もちろん魂自身による魂の受動①が論じられないわけではない。その例として意志作用がある。何かを意志するとき，その意志作用は同時に魂によって認識されている。デカルトの分類では認識は観念を受け取ることとして，魂の受動である。意志しながら意志していることを知らないような意志作用では，意志作用そのものが不可能となるから，作用そのものの認識は作用そのものの成立要件である。思惟作用の自己認識ないしは自覚，これがデカルトの「我思う」の真の意味である。したがって，意志作用そのものは能動であるが，その作用の認識としては受動である。

　身体側からの作用を蒙ることで起こる魂の受動は，しかしながら，直ちに，いわゆる感情や情動を意味するわけではない。狭い意味での感情のみならず，知覚や認識，感覚もまた魂の受動のうちに数えられる。すなわち，魂の受動のうちには，①その受動が外部の対象に関係付けられる場合（外部知覚）と②身

体自身に関係付けられる場合（空腹感，渇き，痛みなど）と，③最後に魂自身に関係付けられる場合とがある。デカルトが魂の受動ということで特に問題にするのは，魂の情動 émotions de l'âme と定義されるこの最後の③場合である。というのも，この場合ほど，魂が激しく強くゆすぶられることは他にないからである。

　デカルトは基本的情動として，①驚き（admiration），②愛と③憎しみ，④欲望，⑤喜びと⑥悲しみを挙げる。驚きとは，魂が，稀なもの尋常ではないものに見える対象によって突然不意を打たれ（subite surprise），その対象を注意深く眺めるように仕向けられることである。愛とは，微細な血液成分からなる動物精気の運動によって身体の側から引き起こされる情動で，この点で，判断によって善とされる知的感情（emotions intellectuelles）と区別されるが，魂が自分にとって好都合と思われる対象と意志によって一つになるように身体によって促されることであり，憎しみとはその反対にある。欲望とは，好都合と思われるものを将来のために意志するよう身体が魂を按配することである。喜びとは，善を所有し享受していることであり，悲しみとはその反対の状態である。

　このような情動は何のために存在するのかという情動の効用・機能についてデカルトは次のように説明している。情動を含めた広い意味での魂の受動は，魂が身体と合一しているという人間的現実の結果である。すなわち，身体の保全を目的として魂の受動すなわち知覚，感覚，欲求，情動は存在する。言い換えると，情動としての魂の受動は，「魂の受動が身体に準備する事柄を魂に意志させるようにすることである。したがって，恐怖の感情は魂に逃げることを意志するように促す」（第40項）ことにある。あるいは，「自然が我々に有用であると教える物事を意志し，固執するように魂を按配する」（第52項）ところにある。要するに情念は，身体を持つ限りでの我々にとって有益なもの，有害なもの，一般的に言って重要なものに応じて意志が動くようにする機能である。

意志が身体の保全のために働くようにする擬似意志の機能である。そのために情動は自由な意志と対立する。デカルトにおいて意志は明晰判明な真理に従う場合においてのみ，誤りや過ちを犯すことがないのであるから，道徳的に正しい行動をするためには，身体の保全のみを目的とした情動に基づく意志の誘導は克服されなければならない課題である。

　情念を統御し，情念が意志を間違った方向へ曲げないためにデカルトが推奨するのが「寛大さ」générosité の感情である。これは魂の能動に基づく判断を原因とする知的感情で，自己尊重の自己感情である。それは，本当に自分のものであるのは神にも似た無限の自分の自由意志以外にはないという認識，言い換えると自分のうちに神の似姿である無限の自由意志があるという驚きの感情と同時に，自分のうちにその自由意志を正しく使うという不変の堅い決意を感じることからなる。デカルトにとって，知性は有限であるのに対して，意志は無限で，その限りで意志は我々のうちにある神の似姿である。ところで，判断は知性の提供する観念に対して意志が肯定ないしは否定を下すところにあるが，知性が有限なものについてしか真なる明晰判明な観念を形成することができないのに対して，意志はいかなるものにも，曖昧な観念にも，それどころか，まったく誤った観念にも肯定，否定を行うことができるという意味で無限であると言われる。誤りは一般的には判断から生じるが，それは混乱して曖昧な観念に対して意志が肯定，否定を下すからである。

　こうして，デカルトにおいて，徳は，寛大さの感情を涵養し，自由意志の善用によって情念が意志を歪曲することを克服するところにあるが，他者も私と同じく自由意志を持つ。というのも，自由意志は本来どの自我にも属するはずだからである。さらに，自己を尊重する限りそれの善用を心がける寛大さの感情をどの人も持っているはずである。他者が寛大さの感情に基づいて自分の自由意志の善用に努めている限り，私は他者に対する憎しみ，嫉妬，怒りなどの否定的な情動を抱かずに済むことになる。したがって，寛大さは，自由な意志

的主体に立脚する独我論的な立場からの，他者との共生を可能にする根本の感情に他ならない。

『情念論』の基本テーマは，身体の保全を目指す情念から，意志を解放して善悪に関する自由で自発的な判断を可能にすることであり，情念と自由な意志との本来的な対立抗争が前提にある。スピノザにおいては自己の身体の保全の追求こそ徳であり，自己の行動能力の増大こそ善に他ならない。[4] ただ受動的な情動は真の意味での自己の存在の保全に役立たない。これに対して能動的な情動は単に自己の保全だけでなく他者の保全にも同時に役に立つ。能動的感情においては自己の喜びを追求すればするほど，他者の喜びと存在の保全にも寄与することになる。ただスピノザの場合，能動的感情は，理性にかなった，理性と合致した感情であるので，デカルトのおける情念と知性との対立は，スピノザでは，受動的感情と能動的感情との対立に置き換えられている。

2．ルソーの『社会契約論』に関するメモ

ただ次の点を確認したい。人間はその本性上，生まれながらにして自由であるということ。また，その自由な人間の行う約束，社会契約によって主権者・国家が成立するということ。個々人は自由な存在として規定されており，個々人の相互の結合である社会状態・共同体も個々人の自由に基づく約束・契約によって定義されていること。

人間は自由なものとして生まれる。というのも，「人間の最初のおきては，自己保存を図ることであり，その第一の配慮は自分自身に対する配慮である。そして，人間は，理性の年齢に達するやいなや，彼のみが自己保存に適当ないろいろな手段の判定者となるから，そのことによって自己自身の主人となる。」[5] 人間の自由は自己保存のための自己決定権に基づく。したがって，生存権があるということと自由であることとは同じことに他ならない。自己決定

権・自律こそ意志の本質に他ならないから,「意志から自由をまったくうばい去ることは,おこないから道徳性を全くうばい去ることである」と言われる(同書, p. 22)。

しかしながら,この自由は,自然的自由に過ぎない。すなわち,「個々人の力以外に制限をもたぬ自然的自由」(同書, pp. 36-37),すなわち「彼の気をひき,しかも彼が手に入れることのできる一切についての無制限の権利」(同書, p. 36)である。複数の無制限の権利は争いを生み出す。「わたしは想定する──人々は,自然状態において生存することを妨げるもろもろの障害が,その抵抗力によって,各個人が自然状態にとどまろうとして用いうる力に打ちかつに至る点にまで到達した,と。そのときには,この原始状態はもはや存続しえなくなる。そして人類は,もしも生存の仕方を変えなければ,亡びるであろう。」(同書, pp. 28-29)。そこで,生存するために,すでにある力を結び付け,抵抗に打ちかちうる力の総和を作り出し,それを唯一つの原動力で働かせ,一致した動きをさせること以外にはない。すなわち,「各構成員の身体と財産を,共同の力のすべてをあげて守り保護するような,結合の一形式を見出すこと。そうしてそれによって各人が,すべての人々と結びつきながら,しかも自分自身にしか服従せず,以前と同じように自由であること。」ルソーが言うには,社会契約がそれを解決する(同書, p. 29)。社会契約は次のように要約される。「われわれの各々は,身体とすべての力を共同のものとして一般意志の最高の指導下におく。そしてわれわれは各構成員を,全体の不可分の一部として,ひとまとめにして受けとるのだ。」(同書, p. 31)。この結合行為は,直ちに,各契約者の特殊な自己に代わって,一つの精神的で集合的な団体をつくり出す。この同じ行為から,その統一,その共同の自我,その生命および意志を受けとる(同)。

社会契約によって,各人は自分の特殊意志を公的な人格をなす一般意志に従わせる。しかしながら一般意志は各人の外部にあるものではない。社会契約に

おいて「各個人は，いわば自分自身と契約しているので，二重の関係で——つまり，個々人にたいしては主権者の構成員として，主権者にたいしては国家の構成員として——約束している」のである。しかしこの約束は自分自身と結んだ無責任な約束ではなくて，「自分がその一部をなしている全体にたいして義務を負う」のであり。その意味でこの契約は，公共と個々人との間の相互の約束を含んでいる（同書，p.33）。

3．意志の一様態としての意識：志向性

　デカルトやスピノザふうに言えば，意志は感情や感覚などと並ぶ，思惟の取る一つのあり方・様態に他ならないが，20世紀の現象学が意識を志向性（intentionalität）と定義したとき，自由な意志は，むしろ意識そのものの本質を規定するものとして考えられている。

　意識とは何物かについての意識であるという，志向性としての意識の定義は，まず，何ものかとして対象を持たない意識はないことを意味している。意識はいつもその対象とともにある。しかもその意識の対象は，まず対象が，そして広い意味では世界が，意識とは別にそれ自体で存在していて，後から意識がそれら対象や世界のもとにやってくるのではない。意識が対象や世界の意味を，その存在も含めて，与えるのである。現象学の用語で「構成する」のである。世界や対象の存在の意味とは，時間である。というのも，カント以来，時間は現れることの原理として理解されているからである。意識の志向性とは，したがって，存在するものが存在するものとして現れてくるその場所すなわち時間を，繰り広げることによって，世界や，また世界の中で諸対象が現れるようにする働きのことに他ならない。意識が時間を自由に，すなわち自発的な想像力によって，発明するのである。世界が，そしてその中で諸対象が現れるようにと，存在するようにと，目指して，あるいは意図して（intention），時間を発

明するのである。

　簡単に言えば，意志はもはや意識の一様体ではなくて，反対に意識そのものが意志の一様体として考えられるようになったのである。西田にとって意識とは自覚の弱まった意志であり，レヴィナスにとって意識とは一つの意図(intention)である。意識が意志の一様体と考えられるようになったのには，やがて見るように，さらに深いわけがある。それは，意識ないしは思惟の「我思う」が，その根本において，「私はできる」という「力ないし力能」に基づいているからである。

4．志向性と他者の存在

　意識を志向性として規定する現象学とともに，事物よりも事物の存在の方が，事物がいかにして事物として現れるかが問題となる。他者・他人についても，他者が他者として私に現れるときのその私の経験の仕組みを明らかにすることが新たな哲学の課題として浮上してくる。人文科学はすべて他者の存在を前提にしているが，現象学はその前提となっている他者の存在の根源的な意味の解明に乗り出したのである。自然科学者にとって客観的世界の存在は自明な前提であるが，哲学はその客観性の意味について，われわれの経験の構造にまで立ち返って説明しなければならなかった。デカルト『省察』「第六省察」における物質世界の存在証明がそうである。実はフッサールが他者の存在を問題にし始めたのも，もとはと言えば，世界の客観性の意味を定義するためであった。客観性の意味を「誰にとっても妥当すること」に求めるがゆえに，フッサールは他者の存在について考えなければならなくなったのである。彼のその考察が「第五デカルト的省察」に他ならない。

　フッサールの試みは，私の経験のうちに与えられる他者の意味を志向性によって構成することであった。その概略を素描すると，まず，私の知覚世界のう

ちから他者と他者に関係する意味，たとえば，生命，文化などを含めてすべて排除する。そのように他者の意味を排除の後になお残っている意味，すなわち私にだけに属する私に固有の意味から出発して，他者の意味を構成するという手続きを踏む。具体的には，私の知覚のうちに見出される私の身体に似た物体，すなわち他者の存在に関係するすべての意味を剥奪された後の他者の身体の残滓，を手がかりに，その物体が私の身体と類似していることから，私の身体の意味がその物体に移ると考える。対化（Paarung），すなわち，知覚的類似に基づく意味の移行（一種の類推）によって，それまで私の身体に似た物体であったものが，私の身体と同じ一つの身体という意味を新たに獲得する。さらに，その新たに見出された身体の上に，私の身体と私の自我との関係が，重ねて移し置かれることによって，私とは別の自我・他者の意味，すなわち他者の存在が，私の知覚経験のうちに成立する。

　このフッサールの志向性に基づく他者論には，大きな困難がある。根本的な困難は，志向性による他者構成では，他者の意味は私が構成したものである。まず私の身体の意味を，ついで私の自我の意味を，そこに見える私の身体に似た物体に移し入れたものである。言い換えると，他者の意味の実質は，実は私である。他者とはその本質において私とは別のものであるが，その他者の他であるところの他者性を，フッサールの志向性に基づく他者論では説明できない。さらには，身体に関して，私の経験している私の生きた身体と，私がそこに見る，私の身体の形状に関しては似ているが定義によって生命を持たない物体とは，どういう意味で似ているのだろうか。私の生きた身体の意味がフッサールの言う対化の現象によって移り行くことができるほどには，似ていないのではないか。生命体と物体との間には，本質的な類似性は存在しない。したがって，意味の移行もありえない。

　フッサールの志向性の他者経験の理論の改良型も存在する[7]。志向性の本質が時間である，正確には時間を構成する時間化の働きであるということに立ち返

って，他者の他であるという意味は，時間の未来から来るという考えが提案された。というのは，未来の本質はその未知であること，その思いがけなさにあるからである。未来の思いがけない性格に，他者が私にとって未知の別の存在であることの意味を求めるのである。しかし，時間の全体において，未来はやがて現在と接続して現在となるのであるから，もし未来が私にとって全く未知の思いがけない他者の性格を持つものであるならば，今度は，その本質的に他者である未来がどのような意味で私の時間の未来であることができ，また，どのようにして私の現在となることができるのか説明しなければならなくなるだろう。

5．志向性による意味構成に先立つ根源的な他者の意味

　　1）　レヴィナスの言語に基づく他者論
　　2）　アンリの感情の基づく他者論
　志向性による他者存在の構成の失敗の教えることは，我々にとっての他者の意味は，志向性によって構成される以前に，いっそう根源的な仕方で，与えられているということに他ならない。私が他者とともにあることは，すなわち社会は，自由意志による契約よりも先に，別の仕方ですでに我々にとって存在しているということである。

1）　レヴィナスの場合[8]

　レヴィナスは我々の世界についての知覚的経験そのものも，最初からすでに言語の構造をしていると考える。したがって，まず，言葉にならない，言葉を持たない経験があって，その非言語的な経験の対象の上に後から，言葉が名札を付けるように重ねられるのではない。そうではなくて，言語は，本来我々の経験が潜在的な仕方で持っている言語と同じ意味の構造を，単にはっきりとした明示的な仕方で提示すること以上のことはしないのである。たとえば，赤と

いう色を知覚する経験は，あるものを赤と呼ぶこと，あるものを赤と名付けることと同じことである。赤を知覚することは，赤と名付ける行為をすることに他ならない。要約すれば，志向性としての意識による経験の意味構成ないしは意味付与は，言語における意味構成に等しいということである。
　ところで，もしそうであるならば，他者の意味はどうなるのだろう。直ちにわかることは，他者は言葉の意味に還元することはできないという事実である。もちろん「他者」という言葉の意味としての他者の意味は確かに存在する。しかし，本来的で根源的な他者の意味は，言語体系の中に現れる他者という言葉の意味としてではない。というも，ある言語の体系は，話し手と聞き手との存在を前提にして成立しているからである。もし対話者が存在しなければ，そもそも言語は存在しないから，その言語の一つの意味である限りでの他者の意味も存在しえない。しかしながら，対話者である限りでの他者は，私が彼に話しかけることにおいて言語が言語として機能し，意味の伝達が可能となる条件として，言語とは別の存在の仕方においてある。すなわち，根源的な，言い換えると，存在論的な他者の意味は，言語の意味とは別のものである。すなわち，志向性によっては構成されないものである。それどころか，志向性による意味構成に先立ち，それを根拠付けるものとして存在する。
　我々のこれまでの論理の流れから言えば，他者の存在は，私の意志的な存在に先立ち，私の意志的な存在を基礎付けているのである。レヴィナスはこのことを，私が自由意志であるのは私が他者に対して責任があるからであると表現する。私が自由な意志として存在するから私は他者に対して責任を取ることができるのではなくて，事態は逆で，私が本来的に他者に対して責任があるから，私は自由な意志として存在するのである。他者に対する責任のゆえに，私は自由な意志でありうるのである。レヴィナスにとって，私と他者との根本の関係は，自由な自立的な存在同士の関係としては考えられていない。私と他者とは自由な意志としてシンメトリックな関係では決してありえず，私は他者に対し

て私のいかなる行為にも先立って責任を負っているがゆえに自由な意志的存在でありうるのであり，その限りで，私と他者との関係はア・シンメトリック（非対称的）である．

　上で，我々は志向性の本質が時間であることを指摘した．また，志向性に基づくフッサールの他者論の困難を克服しようとして，未来という時間次元の持つ思いがけなさ・意外性に他者の私とは別物であるという意味を求めようとする企てについても触れた．時間において未来が現在となるように，他者の他性の意味は現在の私の経験に与えられると言うのである．しかしこの場合，私と別のものである他者が，いかにして私の経験となって私と同化しうるのかという別の問題が持ち上がるだろう．結局，この解決は問題を時間の場面に移し替えたに過ぎないことになろう．この新たな困難に対して，レヴィナスは，未来を現在に接続して私に時間を成立させているのは，他者の存在そのものであると考える．私の時間にしたがって私の生は，そして私の死さえも，他者の存在の関数としてしか存在しえない．さらにはこの考察から派生して，老衰，疲れ，痛み，などの感受性もレヴィナスにおいては常に他者との関係において定義されることになる．自由な意志的存在者としての我々個々人と，その意志に基づく社会に先立って，それら意志的存在を可能にしているいっそう根源的な他者との共存が責任としてある．

　なお，ついでに触れると，レヴィナスの定義では所有さえもすでに私の他者との関係を前提としなければ成り立たない[9]．したがって，身体の労働に基づく所有の発生をその成立条件とするロックの，多数に対する同意としての社会契約は，すでに，別の他者との共存の上に成り立っていることがわかる[10]．

2) アンリの場合

　デカルトは人間存在の本質を思惟であるとした．その後，認識論中心の哲学は人間を認識主体として立て，それと同時に人間の本質を意識として規定した．現象学はさらに，意識を志向性として見出し，その志向性の本質は時間性であ

ると考えた。しかしながら，現象学においても，時間性としての志向性は我々の根本のあり方ではないのではないかという疑問が上がる。すなわち，世界の現象する時間という場所を展開することによって世界を目指す意識の志向性は，さらに，力としての世界への運動によって基礎付けられているのではないかという問題提起である。ここで問題として浮上しているのは，生きた力・意志の力・努力としての身体，意志である。現象学はこの力能としての身体を，思惟の「我思う」に対して「我能う，私はできる」と定義する。

　デカルトの「我思う」に対して私の存在を「私はできる」と最初に定義したのは，現象学よりも100年早い19世紀初頭の哲学者メーヌ・ド・ビランである。ビランによれば，自我とはデカルトが言うような「我思う」ではなくて，「我意志す」としての努力である。この場合，同じ意志でも，デカルトの場合は，意志には力の概念は本来的には含まれていない。彼にとって意志はあくまでも，思うことの一種として，何かを表象する，思い描くことである。たとえば，私が言葉をしゃべるとき，私は発話のために，口や顎や舌や肺などの呼吸器を動かすのであるが，それらの器官を直接動かすよう意志することはしない。そうではなくて，私は言葉の意味を考えるのである。言葉の意味を考えるとひとりでにこれらの発話に必要な器官が動くのである（心身合一とともに組み込まれている自然の教えによるとデカルトは言う）。このように，デカルトの意志は身体を動かす意志的力ではなくて，あくまでも対象を思い描く一つの方にとどまっている。これに対して，ビランの場合の努力は，その努力に対する絶対的抵抗として外部物質世界が努力の限界として同時に定義されていることからも明らかなように，身体運動としての力に他ならない。意志とは身体的力の行使そのものに他ならない。しかも，この意志的力としての身体は，当然のことながら，デカルトの我思うのコギトの性質をすでに持っている。デカルトの我思うという思惟の特性は，私が何かを思惟している，思っている限り，私は自分が思っているということを知っているという自覚にある。たとえ，思ってい

る対象について思い違いをすることはあっても，言い換えると，疑うことができるとしても，である。すなわち，意志的力は，単に物理的に展開する力とは異なって，その力の展開についての自覚がある。だからこそ，努力としての力・「私はできる」は，デカルト的コギト一般の根底をなすと考えうるのである。「私はできる」に必然的に伴う自覚とはなにか。ビランはこれを，努力の感情に求めた。意志的力のどれをとっても努力感情があり，この努力の感情こそ，私がその意志的力の行使者であることを，あるいはもっと端的に言って，その意志的力こそ私に他ならないことを，明らかにしている。自覚を伴った力それが意志であり，私の身体である。

ミシェル・アンリの哲学は，このビランの意志の哲学を存在論として洗練したと見ることもできよう。意志的力が努力の感情として現れる，すなわち自覚されるときの，その現れの仕組みを感情の本質・情感性として取り出したのである。感情が感情として現れるとき，その感情の現れの本質である情感性を規定している存在論的な仕組みをアンリは，内在と名付ける。内在とは，私が私自身の存在を絶対的受動性において受け取って感情において私として現れるその仕方のことである。この場合の絶対的受動性とは，通常の意味での，能動に対する受動のことではない。能動に対する受動そのものが成立するその能動を，当の能動そのものが受け取ることである。力としての意志が自分自身を受け取ることである。私が何かを意志するとき，私は意志することを意志しない。私の何かを意志する力は，意志することとは全く別の仕方でやってくる。その意志の到来の全く別の仕方が絶対的受動性としての内在であり，その別の仕方での意志の現れが努力の感情である。デカルトは情動を魂の受動と分類した後，他の受動である知覚や感覚と区別して，最も激しい魂の動揺として情動を定義したけれども，情動・感情の受動は，単に量的に他の受動と区別されるのではなくて，質的に，すなわち，受動の構造が全く異なるのである。

この感情を規定する絶対的受動性は，根本的には，私が私自身の存在の根拠

ではない事実にある。私は自分の存在を受け取って私自身として存在するのである。しかしその場合，私は自分の存在を意志的に受け取って存在するのではない。というのも，そのことが可能であるためには，私はすでに意志的に存在していなければならないだろうから。私が自分の存在を受け取って私自身になるとき，その私が私自身を受け取るその受け取り方は，私自身によらないのである。私は私の意志とは別に受け取るのである。といっても，私は私の意志に逆らって自分を受け取るのではない。生命が自分に自分を与えるという生命の自己形成の大きな運動の中で，その運動に言わば巻き込まれて，私は自分自身を受け取り存在するのである。それが私が生まれるということである。

　すべての生命個体は，そしてとりわけ他者は，私と同じく，共通の生命の自己贈与の運動において，自分自身を絶対的受動性において感情として受け取って自己として存在する。したがって，私も他者も，個々の生命体として存在することの可能性を，共通の生命の運動に負っている限り，生命の共同体のうちに最初から生まれることになる。ここでもまた，他者との共同体は，自由な意志よりもずっと古い歴史を刻んでいる。

　最後に，不安という感情がある。この感情は恐怖とは異なって，特定の対象を持たないとされる。それではどこからこの不安な感情は来るのか。この感情の決定的な分析を行ったのは19世紀の哲学者のキルケゴールであるが，彼の分析はハイデガーの『存在と時間』に受け継がれる。そこでは不安は，時間という存在の意味において世界へと向かう人間存在の自由なあり方を，あらわにするものとして解釈される。一般的に言って，人間存在のあり方をあからさまにするのはハイデガーにおいても，彼が情態性と名付ける情感性である。したがって，自由な存在であることと，不安であることは，存在論的には同じ意味しか持たない。このことについて，キルケゴールは，自由であるということは善もできるが悪も，罪を犯すこともできるという意味で，不安なのではないと言う。できるということ自体がすでに不安である。キルケゴールからこの概念を

引き継いだアンリの例にここで触れると，地下鉄のホームに立っていて今しも入って来る電車を前にして感じる，飛び込んでしまうのではないかという不安は，飛び込むこともできるというところから来る不安ではなくて，飛び込まない，飛び込むまいと思っても，その飛び込まないでいることができるという私の意志力が，私が自分で自分に与えたものではないところから不安は来る。私はできるという私の意志的力は，私が私の存在とともに受け取ったものである。それも絶対的受動性において。言い換えると，不安の感情において明らかになっているのは，私の存在そのものと同一視される意志的力は，努力は，あるいはもっと言って，自己保存の努力としての生存権は，私の個体的生命を越えた，生命全体の中で初めて根拠付けられているということである。したがって自由な意志と表裏一体の不安の感情は，自由意志に基づく社会に先立ち，それを基礎付けている生命の共同体がすでに存在しているという結論に我々を導く。もし，現代の平等自由の競争的市民社会の中で，その社会の中で起こる困難を解決するたとえば福祉の共同体があるならば，その共同体は多かれ少なかれ，自由意志社会とは別の原理に基づく共同体として構想されていることだろう。また，その共同体は，進化論的に言えば，自然淘汰の進化論とは異なる文脈で考えられた共同体でなければならないだろう。安全・安心というものは，競争的な市民社会の手前にあって，それの前提となっている別の我・汝の関係に立ち戻って初めて十全に理解できる事柄ではないだろうか。

注
1） 同志社大学ヒューマン・セキュリティ研究センター2003年度6月例会発表。
2） この世紀には他にスピノザやマルブランシュの感情論がある。デカルトの感情論が個人的経験に限定されているのに対して，スピノザやマルブランシュは，感情の共同体における機能も論じている（たとえば，スピノザの感情論は彼の『国家論』 tractatus politicus の基礎理論となっている）点で，「感情と社会」と

いうテーマにとってデカルトよりもいっそう興味深いが，彼らについては別の機会に詳しく論じるつもりである。

3) Descartes, *Les passions de l'âme*. AT. XI.
4) Spinoza, *Ethica, Pars Quarta*, Propositio VIII, Propositio XX.
5) ルソー，桑原武夫・前川貞次郎訳『社会契約論』岩波文庫，17ページ。
6) 西田幾多郎全集，岩波書店，第五巻，129ページ。
7) Klaus Held, "Das Problem der Intersubjektivität und die Idee einer phäno-menologischen Transzendentalphilosophie", *Perspektiven transzendental-phänomenologischer Forschung*, Martinus Nijhoff, 1972.
8) Emmanuel Lévinas, "Langage et proximité", et "La philosphie et l'idee de l'Infini", *En découvrant l'existence avec Husserl et Heidegger*, J. Vrin, 1974. — *Autrement qu'être ou au-delà de l'essence*, Martinus Nijhoff, 1974, Chapitre II. 3° Temps et Discours, 4° Le Dire et la subjectivité. — *Le temps et l'autre*, P. U. F. 1979.
9) Emmanuel Levinas, *Totalité et Infinfi*, "Intériorité et économie, la demeur, 3 la maison et la possession, 4 possession et travail".
10) アルノ・バルッツィ，池上哲司・岩倉正博訳『近代政治哲学入門』法政大学出版局，230ページ以下。

(『同志社大学ヒューマン・セキュリティ研究センター年報』第1号 2004年 66～82ページ)

科学技術研究開発の20世紀における様態と21世紀におけるあり方
―― ヒューマン・セキュリティの視点から ――

石黒　武彦

1．はじめに：人間にとっての科学技術

　ヒューマン・セキュリティ[1]は人間の身体的な安全，精神的な安心に関わるものであるが，現代では，人間の生活状況，置かれる社会的・自然的環境のあり方を介して，科学技術がこれに深く関わっている。20世紀に入って発展期を迎えた科学技術は，人間の目的達成の拠りどころとされ，文明を支える生産，交通移動，情報伝達，保健，医療などにおいて役立てられてきた。また，自然変動に起因する災害の軽減など，自然的制約からの離脱を可能とするものとして，あるいは知識欲を満たすものとして，科学技術は人間にとって有用な側面を見せつつ，その関与を深めてきた。いまや，科学技術との関わりを抜きにしての人間活動を考えることは出来ないまでになっている。

　しかし，20世紀を終えようとするころから，人間に力を与え，福祉をもたらすはずであった科学技術が，その一方において，多くの難題を作り出すものとなりつつあることが明らかになってきた。科学技術が，人間に対して負の側面を見せ始めたのである。頼りにされていた技術装置やシステムが，機能不全を起こし，事故によって深刻な危害をもたらすことが見られるばかりでなく，化学物質による環境汚染，開発による自然破壊，あるいは原子力利用に伴う使用済み核燃料の累積など，科学技術とそれによる開発が持っていた弊害の側面がその姿を顕にし，解決を先延ばししてきた問題への対処の重要性がより鮮明になるに至った。人間自身に対しても，人間の疾病からの自由につながることが期待される遺伝子操作などの技術が，生命体並びに人間性にまで変化をもたらすことが危惧されるようになっている。また，情報処理技術がプライバシー侵害に関わるなど，予想もされなかったタイプの人間性への侵襲の可能性が明白になってきた。

その科学技術は，研究開発を通して新しいフロンティアを開拓し，発展し続けることを特徴としている。科学技術は，安定的に留まることがなく，研究開発を通して更新し続け，過渡的な状態にあり続けることをその本性としている。しかも，その展開の足は速く，社会科学，人文科学などに整合するための余裕を与えないまま，進歩を遂げつつあり，その様態は科学技術が暴走しかねないと警告されるようにまでなっている[2,3]。このために，科学技術の動向は，人間の安全・安心あるいは人類の存続性を考えるに際して，勘案すべき因子として特筆されるべきものになっている。本稿では，人間と科学技術の関わりについて，科学技術の研究開発に焦点を当てつつ，20世紀のそれを見返し，21世紀におけるあり方を考える。

２．科学から20世紀の科学技術へ

　ギリシャに発祥した科学の方法は，思弁的・形而上学的に自然を理解しようとするものであった。この流れは中世に継承されたが，近代に至り，経験を認識の基礎にすえ，普遍的な法則を見出し，数理化された体系に基礎を置く方法に取って代わられた。これは唯物論的・要素還元的な自然認識につながり，経験の重視は技術との関わりをもたらし，今日の物理科学の形成に結びついている。また，この流れに沿うように反応体系が統一的に理解されるようになって化学の基礎が確立され，生物学についても実証的で要素還元的な方法が取り入れられるようになった。

　20世紀初頭，物理学の知識は，新しい発展期を迎えた。量子論によって物質観とエネルギー観が改訂され，相対性理論によって宇宙観が新しい様相を見せることになったためである。科学は技術との関連を持ちつつ成長したが，産業革命以降，科学的方法やそれによって得られた知識が，技術による生産活動に積極的に利用されるようになった。技術と科学の関連は加速度的に強化され，

20世紀半ばには両者は一体化し，科学技術として以前にも増して人間活動に大きな影響を与えるものとなると共に社会の中に織り込まれてきた。

20世紀後半には，科学と科学技術は，自ら生み出したものを基に，伝統的な技術の視野にはなかったフロンティアを次々と開くことになった。その典型例として，量子論を基とする物質観によって開拓されたエレクトロニクス分野，そこで生み出されたコンピュータとそれによる情報技術の分野が挙げられる。新しい技術はデータ集約的な手法を飛躍的に発展させ，複雑・大規模系を対象とすることを可能とし，近代以降における中心的な方法論であった要素還元の手法を越えて複雑に統合化された系を研究対象とし始め，科学技術の方法的な拡大をもたらしている。コンピュータ技術は実験観測手法を革新し，原子・分子を直接的な視野に入れることを可能とすることなどによって，世界を見る目を変革しつつある。また，物理科学の手法は，生命体を遺伝子レベルから理解するという新しい手がかりを与え，これを契機として生命科学がその姿を変えるに至っている。

3．20世紀における研究開発と社会の関わり

3.1 研究開発への組織的対応

産業革命を契機とする変容からも明らかなように，科学あるいは科学技術の発展はそれ自体の中だけで生じたわけでなく，社会との深い関わりの下で達成されてきた。20世紀前半の知識革新によって基礎固めがなされた科学技術は，産業技術・軍事技術などに役立てられることを通して，経済活動・国家機能に関わらせられるようになり，企業や国家の中にその位置を与えられつつ社会体制に組み込まれてきた。[4]この体制化によって，一層ポテンシャルを高めその影響力を増大させた科学技術は，20世紀後半には加速度的に発展し，工業化社会を一気に育て上げ，それを爛熟させるまでになった。

体制化された科学技術に見られる研究開発の一つの姿として，大規模なプロジェクト研究が挙げられる。二度にわたる世界大戦をめぐって，軍事のための技術開発に関わらせられる間に，科学技術は国家の体制に中に積極的に組み込まれ，それによって大規模な研究開発ユニットが形成されるようになった。その典型例を，マンハッタン計画と称された20世紀半ばの原子爆弾の開発に見ることが出来る。物質の構成要素を研究する過程で明らかにされた科学知識を，巨大なエネルギーによる威力を持つ武器の開発に結びつけたものであり，多数の研究者を組織し巨大な研究資金の投入によるプロジェクト化によって，科学研究の成果を威力ある技術に直結させることが可能となることを示すものとなった。その成功は，組織化して大規模に取り組む科学技術の意義を明示するものになり，20世紀後半において，国家の威信をかけた宇宙開発などのプロジェクト化された研究開発が展開された。

3.2　研究開発への社会の関与

　一方，組織単位は中・小規模ながらも多数の拠点で推進されるタイプの研究開発が，企業あるいは国家からの投資を仰ぎつつ鋭意進展させられた。原子力のエネルギー利用，エレクトロニクスの開拓，新材料の開発，医薬品の創製などがこれに相当する。ガンを始めとする疾病への対処，自然災害の予知予防に関する対策も，市民社会の支援の下，科学と技術の連携によって進展させられた。食糧の量的・質的な問題の解決に対しても，同様のことが指摘できる。こうした中・小規模の研究開発はそれらが数多く広く分散させられることによって，科学技術が，社会システムに広く織り込まれている。

　このような研究開発は，一見，小規模とはいえども，個人的に対処することの困難なサイズのものとなり，企業とか国家により支援されるべきものとなっている。また，等身大のものであっても，それを可能にするためには専門家養成などの教育を始めとする基盤が前提とされ，そのために大きな社会投資を要するものになっている。科学技術は社会に大きな影響を及ぼすが，それ自身，

社会からの支援なくしては成り立ち得ないものとなり，社会と切りはなしてその成立ちを考えることが出来ないものとなっている．

　人間とその環境の関係を考えるに際しても，科学技術と社会の関わりをめぐる視点を欠かすことは出来ない．科学技術は，自然環境に働きかけてそのあり方に著しい影響を及ぼすようになり，その効果は，ときに，地球の規模に及ぶようになっている．地球の環境問題はその例というべきであろう．地球規模に至らずとも，大規模な河川工事によって風土を不可逆的に変えることが問題となっている．また，遺伝子組み換え，クローニング技術などのような生命操作技術は，人間性への侵襲可能性という新しい問題を孕むものとなっている．

　これら環境・人間をめぐる問題には，不特定のしかし多数の生活者が加害者としてまた被害者として関わるために，それらの研究開発には，その影響下に置かれる市民社会の構成員あるいは公共の意見が反映されるべきものになっている．研究開発資源の供給者である政府・企業との接点に加えて，公共に対する配慮が求められるなど，研究開発の結果の受け手にも配慮し，公衆とのコンセンサスが求められるべきものになっているのである．また，公共政策に科学技術が絡むことが少なくなくなっているために，研究開発がもたらす知識は社会の意思決定に直接的な影響を及ぼすものになる．

3.3　研究開発を組み込むループ

　社会に広範にかつ多角的に織り込まれ，大きな影響を及ぼすようになった科学技術は，その研究開発のための資源を社会からの支援・資金的支援によって賄わなくてはならなくなっている．その結果，科学技術と社会は強く相関し合うことになるが，創出された知識を受けるサイドがそのまま資金提供者となるといった，両者が双方向的に干渉し合う直接的なタイプの相関ではなく，資金の供与には企業や政府のような資源の供給体を経る，図1に示すような形態をとっている．この関係には，図に矢印で示すような流れがあり，循環型の相互作用と見るべきものになっているが，研究開発の成果が社会に届けられる知

```
            科学技術
           ↗  ↕  ↖
          ↙   ┊   ↘
コミュニケーション・ ─────→ 資源供給体
   メディア              （企業・政府）
          ↘   ┊   ↗
           ↘  ↕  ↙
            社　会
```
図1

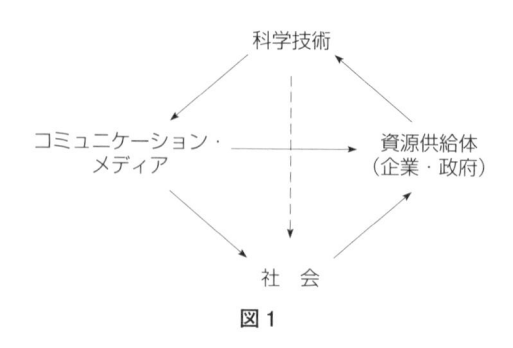

識伝達のパスには，コミュニケーション・メディアが介在し，社会が研究開発に資源を供給するパスには，企業とか政府に代表される資源供給体が介在する。こうしたループを経る流れには，社会のサイドの大規模性と多様性ばかりでなく，その内部に見られるダイナミクス，あるいは，図に示したバイパス・ルートによる流れが加わることなどによって，応答のあり方を見定めるのに要する時間が長くなりがちになると共に，状況を適切に捉えてそれを的確に伝える操作が適切に働かなくなる可能性が付きまとう。その結果，社会と科学技術の相互関係のあり方に問題をもたらすプロセスが潜みがちになっている。

4．20世紀後半の科学技術の特徴

4.1　メガ化とブラックボックス化

20世紀後半には，科学と科学技術は加速度的な発展と増殖によって，メガ（巨大）化した。それらは単に規模が大きいだけでなく，その構造が，重層化し，グローバル（広域）化すると共に，その姿は自己増殖性を反映して高次化し，全体として樹木状化した。また，分枝同士が相互に作用しあうことによって，より一層の集積化，多彩化をもたらし，科学技術は複雑な構造物と化した。このように多様化し，高度化した科学技術は，高いレベルの知的能力をもって

しても，それらを統合的に捉えることは不可能になっている。

　また，相互作用によって発達した科学技術では，各レベルで科学技術を操作していく上で前提となる知識を整えることも容易ではない。このため，ある段階までの科学並びに技術については，箱の中に組み込んでしまうというブラックボックス化がなされるようになっている。内容の詳細が理解できなくても一定のマニュアルによって外から操作出来るようになり，次々と積み上げてゆくことを可能としている。これは便利なことと歓迎されつつも，このことによって中身を見通すことが困難な科学技術が人間の身近に普及させられ，いわば第二の環境のように，人間を取り囲む状況が築かれるに至っている。

4.2　人文・社会とのずれの顕著化

　人間を取り巻くあらゆる側面にフロントを切り拓き，社会の隅々にまで浸透するようになった科学技術については，その構造を急速に発展させ姿を変え続けている時間依存性も注目されるべきものになっている。科学技術は，人間によって主体的に制御されることが望まれる訳であるが，そのためには，人間の側から，また，社会の側から，その状況と動きを捉えた上で，働きかけられることが必要とされる。しかし，科学技術の研究開発が加速度的で急進的であるのに対して，社会との相互作用に関わる過程に遅延が避けられないために，人文学や社会学には科学技術を受け入れるための態勢を整える余裕がなく，科学技術との間の進捗上のずれが避け難いものになっている。その結果は，人間あるいは社会が，科学技術に振り回されるようになることにつながり，これが深刻な問題を生むに至るとして，危惧されるようになっている。この状況は科学技術が暴走しつつあるとも表現され[2,3]，科学技術のあり方に批判の声が向けられることにつながっている。

4.3　副次効果の顕在化

　科学技術が巨大化し複雑化すること，その展開が速すぎることと共に，科学の持つ副作用あるいはその影のもたらすものが顕在化し始めたことも注目され

る。原子力発電によってエネルギーを得る場合に例をとるならば，原子エネルギーの扱いは，従来までに払われたよりも，より一層の注意を要するものであることが，時と共に顕になってきている。それ自体に爆弾にでも転じるような瞬発性があることからリスクの潜在性は明白なこととされているものの，これは慎重で行き届いた制御によって抑え込まれるべきものとなると見られていた。しかし，原子力が普及するにつれ，事故が現実化するようになって，その極めて危険な本性が改めて認識されるようになっている。時と共にその弊害に結びつく副作用についての意識が，慣れによって薄れようとしてきていたことも指摘されている。元より，有効に働いてきた機械とそのシステムも疲弊，疲労を伴う経時変化によって，事故を誘発し危害ももたらすものに転じる可能性を持っている。その一方で，近年ではテロリズムによる害毒をもたらす部分の意図的な悪用といった，敢えてこれを対立する市民社会を危険に陥れるために利用しようとする人為的な動きさえ出て来ている。

　さらに，原子力にはそのもたらす福祉と裏腹に，有害な放射線を長期にわたって放出させるものを累積させるという問題もある。これは，当初から知られていたことであるが，それへの決定的な対処策は後回しにされてきた。原子力から利益を引き出すことに目を向け，その闇に潜む弊害に対する措置は先延ばしにされてきた。原子力開発はそれ自体巨大な事業であったために，まずは目的実現に沿う巨大な投資をする必要もあって，負のイメージは後方に退けられてきたといえよう。目覚ましい発展を遂げている科学技術は，研究開発の進展につれその解決策をもたらすであろうという楽観論もあったと思われる。しかし，放射線の放出を抑制する，あるいは放射性廃棄物を無害化する見通しは全く立っていない。

　裏腹に問題を抱えていた巨大技術である原子力の場合とは異なり，二酸化炭素による地球温暖化問題や，通常の廃棄物の処理に伴う環境破壊の問題は，個々のレベルでは微弱さ故にその毒性が目立たなかったものが，広域にわたる

累積によって個々に対処するのが困難な問題として立ち現れたものということが出来る。科学技術の普及の下で現れた，一見希薄に，しかし社会のあらゆるところに織り込まれるようになったことによる問題である。これらの大小の弊害のいずれもが，ヒューマン・セキュリティを考えるに際して，目を向けるべき重要な因子となっている。

4.4 知的財産としての価値づけ

　研究開発には，誰がその科学技術知識を最初にもたらしたかが問われ，先取権がついてまわる。科学研究ではその独創性を人に先駆けて達成することが重要であるばかりでなく，先取したと認められない限り，その功績は激減することとなる。この先取のための競争が，科学技術の発展の駆動力の一つとなっているが，産業の発達に寄与する発明については，先取権は特許として登録されることにより，開発したものは公表されるが，知的所有権として開発者に帰属させられるものとなってきた。一方，科学者の社会にあっては，先取権を争う競争に明け暮れているものの，人類のための知識集積に貢献したことが社会において顕彰され，またその存在を認められることで満足するという，エートスが20世紀半ばまでは支配的であった。[5]

　しかし，科学技術の研究開発による新しい知識の産業上の有用性がより明らかになった20世紀後半には，研究開発によって獲得した知見を知的財産として登録することが，重要な意味を持つようになってきた。研究開発に膨大な資金が必要とされるために，特許権益などの形でその対価を示すことが必要とされるようになったことがこのことを後押ししている。また，その成果如何では個人的にも大きな利益が上げられ，研究開発は富の獲得手段と位置づけられるようにもなったことも，研究開発者の気質を変化させることに結びついている。[5]
こうした動きは，特許重視として，研究開発の体制を律するものともなりつつあり，科学技術知識の先取権に関する競争状況は，獲得した知識の所有化，その権益化へとつなげることが強く求められることによって，今日の科学技術研

究開発を特徴あるものにしている。

5．21世紀の科学技術研究のあり方

5.1 成長主義の見直し

　どの時代であれ，研究開発者の世界では夢が語られ，大きな構想が問われる。21世紀においてもこれは変わらない。脳に近づく人工知能，コンピュータがもたらすサイバー世界，自己複製するヒューマンロボット，情報伝達の高度化につながる量子通信，ナノサイズ物質のサイエンスとそれに基づくナノテクノロジー，宇宙探査と地球外知的生命の探査，また，ゲノムサイエンスを軸にした疾病治療，長寿命化，食糧生産など，数多くの夢が語られている。そういえば，核融合発電は20世紀から持ち越した課題であり，大規模な国際熱核融合実験炉の建設が政治問題化している。その実用化は早くても30年後といわれているから，明らかに21世紀の科学技術の問題である。

　しかし，21世紀の社会においては，こうした提案を受け入れるに際して，それがもたらす効能だけでなく，その副作用にも共時的に眼を向けることが求められることとなろう。実質的な効果を生み出すまでに巨大な投資を必要とするばかりでなく，ひとたび走り出せばその威力を抑えることは容易でなくなるからである。その負の効果も当然大きく深刻になると考えられるので，そうなる前にその科学技術がもたらす弊害にどのようなものがあるかが問われなくてはならなくなっている。[6] 生命関係の技術では，人間性に干渉する側面が明らかであるのに，未だ人文科学あるいは哲学・倫理学にはそれに応える用意がなく，その立ち上げすらも容易ではないレベルにある。科学技術と人文・社会科学の整合が望まれているが，果たして両者が並行する構図が実効あるものとなるか疑わしくさえある。むしろ，科学技術そのものの中に人文・社会科学が担うべきものが織り込まれるよう科学技術のあり方に変化するよう求めるべきかも知

れない．

　21世紀に入って，世界が求めているものとしてHuman Sustainability（人間の持続維持）がある．これは科学技術に対して人間に安全・安心をもたらすものであって欲しい，あるいは，それ自身が安全で安心なものであって欲しいという願いに結びついている．[7] こうした流れは，開発主義の下に一途に走り続けた20世紀の科学技術がもたらした結果を見ての反省とも取れるもので，20世紀の開発学に代わって，21世紀には安全学が表に立つべきと考えられている．[8] 20世紀を通して見られた成長主義・開発主義を見直し，地球規模で世界の構造を大きく変える可能性のある科学技術の開発に慎重であることが求められている．しかし，だからといって，いま研究開発の手を止めることが，この求めに応えるものとはならないというディレンマがある．また，知的欲望に支えられた人間の本能にも根ざす，研究開発を止めることは不可能といわなくてはならない．従って，当面する課題は研究開発を如何に方向づけするかにあるというべきであろう．

5.2　環境主義に立つ研究開発

　20世紀後半より，社会から科学技術に向けられる目が変化しつつある．21世紀における研究開発を，無邪気に夢を語るような舞台に見ることはできなくなっており，科学技術が見せる表の姿の背後にあるものにも共時的に目を向けることが要請されている．役者の舞い様だけでなく，その結果生じる背景の変化を見過ごさないことが必要とされるのである．20世紀には，原子力技術がもつ闇については，見て見ぬ振りをし，それについての考慮を後回しにすることが通用したが，21世紀には，そのもたらすものの周りの状況にも，共時的に目を向けなくてはならなくなっている．地球環境問題はそうしたことの必要性を明示するものにほかならない．21世紀において華々しく展開されようとしている遺伝子操作技術は，また，異質の闇を孕んでおり，慎重な対処が望まれるものになっている．

自然・風土などを「狭義の環境」とすれば，弊害の部分にも目を向けることは，対象とするものを取り巻く周りのものに眼を向ける，いわば，「広義の環境」に配慮することに対応するといえよう。原子力についてその例を見るならば，その事故に伴う放射線の放出は，人間の生活を破壊し，微弱な場合でも生活状況を劣化させることに結びつくし，長期にわたって影響を及ぼす放射性廃棄物を出すことは未来世代に負の付けを回すこととなる。空間的に眼前に並べられるものの表裏への関心だけでなく，時間的と共に立ち現れるものをも，共時的に視野に入れることが避けられなくなっている。石油資源によるエネルギーなど，その副産物によって地球環境を劣化させているものについては，その問題を除去できるか著しく低減できる見通しが立てられなくてはならない。グローバル化し総体としてメガスケールの影響力を持つに至った科学技術には，そのいずれのレベルにおいても，それがもたらす副次の効果を視野に入れ，それがのさばることがないよう対処されなくてはならなくなっている。こうしたスタンスを標語的に表現するならば「環境主義に立つ研究開発が求められている」といういい方となるのではあるまいか。21世紀における研究開発は，人間の安全と安心につながる環境主義の下に立たなくてはならない。

5.3　科学研究の本性としての多様化

　ところで，科学技術の弊害の部分を予め特定できるならば，戦略的な計画立案によって，研究開発がもたらすものを安心して受け入れられるものとすることが可能となると思われる。防御策を同時並行的に研究開発させ，それでもって対処することが出来るからである。しかし，弊害たるべきものには，様々な関心や利害が絡んでいるために，それが立ち現れるまでは見えにくいものとなることが常態となっている。樹木状の構造を持つ科学技術体系の中で偶然的に近づきあった部分が相関しあう中でもたらされるものが少なくないことも視界を遮りがちにする。また，発展してゆく過程で顕在化するのであって，初めにあっては見え難いものとなっている場合もある。二酸化炭素が大気中に開放さ

れた後，地球の周りに留まって温室効果をもたらすとは，一般には，予期し難かった．その量が一定の閾値を超えて初めて感知されたのであり，研究開発の端緒において，結果を見通した上で対処策を立てることは実際的とはいい難い．しかし，問題が認識され始めたときにはそれへの対処の手がかりとなるものが用意されていることが必要とされる．こうしたことを可能とするには，研究開発を進めるに当たって，集中的なプロジェクト化によって焦点に向けて一途に走るのではなく，研究開発者の関心の多様性をも受け入れて研究開発のフロントを広げることが出来るようにしておくことが重要である．研究者は何事にも懐疑の眼を向けることを習性としており，その関心が活かされることによっていち早く弊害の部分が見出され，それが成長する前に，対処策を編み出すことが可能になることが期待される．また，広い視野の結果として，特定の問題が明らかになり始めたときにも，解決の手がかりになり得るものが，その中に見出せることになる．発展拡大の速度が著しい現代の科学技術にとっては早期における問題の認識とそれへの対処が重要となる．

　地球温暖化問題に結びついた二酸化炭素の温室効果については，既に19世紀半ばにアレニウスによってその可能性が指摘されていたといわれている．また，風力，海洋温度差などの自然エネルギーの利用による発電は，原子力が脚光を浴びているときには，エネルギーを定常的に供給するのが困難と思われたために疎んぜられ，ある意味で世の関心の外に置かれたものである．こうした好奇心による視野の拡大志向は，技術と一体化する前の科学の一形態である，アカデミック科学あるいは学術が持っていた姿勢の中に見出すことが出来る．これは科学が本性的に自己補完機能を持っていることを示すものであり，科学に内在する特性を承知し現実に生かすことが重要と思われる．科学の持つ多様化指向は，効率を重視して研究の前線を絞り主流を浮き上がらせるプラグマティズムに立つ戦略的研究の時代にあっては切り捨てられがちなものであるが，安全をもたらすための重要な拠りどころとなるべきものと考えられる．

巨大化し樹状化した科学技術では，真の解決のあり方は単一なものとはなり難いことにも注目する必要がある。地球環境問題では時間経過と共に立ち現れる種々のファクターとその成り行きのために，何年か後に到達するところについて，明快な因果論によって予知することが出来ないような状況推移があり，個々の問題を追跡し対処していくタイプの対応では解決に至らないと思われる。科学知識にはそれ自体不確かな側面を持つことは避けられないという認識もある[9]。さらに，複雑系の科学といわれる分野で強調されているように対象が的確に特定できない状況もある。こうした事情は，限られた知識の下での政治的決定により進められる戦略的な研究開発の危うさを明示している。科学の持つ多様化指向とそれに基づく自己補完性を生かせるよう，進めるべき道を幅広にしておくことが安全学につながることとなろう。

5.4　還元主義を越えて

　ギリシャに端を発した科学，その成長によりたどり着いた科学技術の底流には西欧科学思想がある。これをもとにした科学文明は，人間を自然の制約から解放し人間に福祉をもたらすことに貢献してきたが，人間の安全・安心の観点からは，望ましくないものも生み出してきた。科学技術は状況によっては暴走する可能性があるものとも取られるようになり，フランケンシュタイン怪物のようにその生みの親である人間に襲い掛かることもあり得るというのである。科学技術の進展には資金・マンパワーのような資源が求められ，影響力が大きくなるほどその求めるものが巨大化するという特徴があることに目をつければ，科学技術政策による資源の配分を通じてそのあり方を統御（ガバナンス）出来る可能性があるといわれるが[2,3]，21世紀初頭のいま，社会の中に深く織り込まれ始めた，情報科学・生命科学には，資金による制御は有効とはならない可能性がある。社会における近年の富の偏り・変動が大きくなったために，企業あるいは個人が必要とされる資金をカバーすることが可能となっている部分が少なからず見られるようになっているためである。巨大で多彩なものが並ぶ科学技

術には，奇怪な生物を作ってそれを忍び込ませても，その当初には気づかれないという問題もある。

　こうした危機的な状況を回避するために，科学技術者と研究開発の方向づけに関わる管理者に理知的な行動規範を求め，彼等あるいは彼女等のモラルに訴えることが必要ではあるが，それだけで有効な結果が得られるとは考え難い。そうした時，科学技術の出自を見直すこと，すなわち，西欧近代の機械論あるいは還元主義に徹した科学技術が見直されることが必要ではないかと思われるのである。また，こうした問題提起を待つまでもなく，現実に現在の科学技術とその方法はある意味で壁に行き当たっていると考えられる。物理科学における複雑系への指向はその問題意識の一つの現われであろうし，その詳細に立ち入る余裕はここには無いが，究極のコンピュータの実現しようとするナノテクノロジーを，社会の中に普及させ得るような成果は，単に現在の方法論を突き進めた先に可能となるのではなく，未だ見ない新しいソフトウエアと構築法があって初めて現実のものとなると考えられる。このようなオルタナティブな，未だ手にされていない，科学が求められている状況に関連して，要素還元系に対する統合的なアプローチや，従来の科学が先送りしてきた非線形・非平衡性への取り組みがなされている。あるいは，脳の科学やホログラム的な方法にその克服の切っ掛けを求め，また，西欧思想に対峙させるように東洋思想が提案されている。しかし，その方向はまだ見えていない。

6．結　言

　ヒューマン・セキュリティと科学技術の関係を考えるに当たって二つの立場がある。その一つは，人間の安全・安心を確保するために科学技術を活用しようとする，即ち，科学技術を手段とする行き方である。感染症のような問題に科学的に対処しそれを抑えようとするやり方，サイバーテロがあればそれを回

避する技術システムを考え出す，あるいは，台風・地震への備えを科学技術での予報・防災によって果たそうとするのもこの行き方に相当する。これに対し，本稿においては，副作用などによって負の効果をもたらす科学技術自体について，それが研究開発によって進歩し更新し続けることを本性としていることを勘案し，望まれるこれからのあり方に関して述べた。

　また，研究開発のあり方を考えるに当たって，研究開発成果の受容者であり且つ研究開発推進のための資源提供者である社会のサイドから，研究開発者に注文をつけ，あるいは資源配分によって誘導する行き方がある。科学技術のガバナンスといわれている。科学技術と社会の相関が強くなった今日，こうしたことは当然の成り行きのように見られている。しかし，科学技術には知識を基に一定の機能を果たすものを創出する技術的・工学的なものと，科学知識を獲得する科学的・理学的なものとがある。科学技術の技術サイドと科学サイドというべきであろう。ここで，技術サイドに対しては社会からのガバナンスは適切に機能する可能性があると思われるが，科学サイドについては研究者の好奇心などの内的な関心によって駆り立てられる側面があって，外部からの働きかけが機能し難いものとなっていることに留意する必要がある。本稿では，科学サイドに留意しながら，科学の生い立ち，その社会との関係の発展をたどりつつ，安全と安心を視野に入れる研究開発のあり方について考察した。社会からの注文をつけるにしても，科学技術の研究開発が備える内部構造を理解することなく，政治的に方向づけを強制しても，有意義な結果に結びつき難いと思われるからである。

参考文献

[1] 日本学術会議「ヒューマン・セキュリティの構築」特別委員会の報告「安全で安心なヒューマン・ライフへの道」（2003年3月17日）によれば，"human security" という概念は，国連開発計画（UNDP）が1994年の「人間開発報告

書」において,「恐怖と欠乏からの自由」を含意するものとして提唱されたとされている。しかし,時代状況の変化と共に,その意味するところが拡大され,国家安全保障の場面に限定されることなく,人間諸個人にとっての安全と安心という観点に立って,その生存基盤の構築に関わるものと捉えられ,その中に科学技術の発展が人類の安全・安心を脅かす事態に対処することが含まれるようになってきている。

［2］　市川惇信　『暴走する科学技術文明』　岩波書店　2000
［3］　吉岡斉　『科学文明の暴走過程』　海鳴社　1991
［4］　広重徹　『科学の社会史』　岩波現代文庫　学術94　岩波書店　2002
［5］　J.ザイマン著,村上陽一郎・川崎勝・三宅苞訳　『縛られたプロメテウス——動的定常状態における科学』　1995
［6］　加藤尚武・松山寿一編　『科学技術の行方』　ミネルヴァ書房　1999
［7］　村上陽一郎　「安全学の構想」『国際高等研究所報告書』　1998—010　1999
［8］　吉田民人　「安全学の基本構想——「大文字の第2次科学革命」という視点——」『国際高等研究所報告書』　1998—10　1999
［9］　R.ファインマン著,大貫昌子訳　『科学は不確かだ』　岩波書店　1998

（『同志社大学ヒューマン・セキュリティ研究センター年報』第1号　2004年　83〜99ページ）

住空間の安心・安全研究：序論

奥山 文朗

はじめに

　本序論は，人間の安全保障（Human Security）の視点に立って，住み心地の良い空間（Livable Space）の概念を具体化し，安堵住宅（secured house）・安心住区（safety community）・安全都市（humanized city）という新たな住空間モデルの構築を研究目的とする。「安心の住空間」を考究するために，今年度はまず全体像を明らかにするとともに，その研究手法や研究内容等を検討しておきたい。

1．WHO と UNDP の安全推進

① WHO と Safety Promotion

　世界保健機関（WHO）は，1948年の発足当初から感染症対策を重視し，1980年には天然痘根絶宣言を行い，現在もポリオ撲滅などに尽力している。1978年のアルマアタ宣言では，プライマリー・ヘルスケアを全ての人々に健康をもたらす鍵として採択し，また1986年のオタワ宣言では，ヘルス・プロモーションを中心課題に掲げ，世界的レベルでの健康水準の向上を目指している。

　さて，オタワ宣言を受け1989年の第1回事故・損傷予防制御学会において，「safety community に関するストックホルム宣言」が採択された。WHO は safety promotion の定義として「safety を発達・維持させるための，個人，コミュニティ，政府，企業，非政府組織等による地域的，国家的そして国際的レベルで適用される過程である。この過程は，safety に関連した態度や行動ばかりでなく，構造や環境（物理的，社会的，技術的，政治的，経済的，組織的な）の修正のため合意されたあらゆる努力を含む」と明言している。

② UNDP と Human Security

　一方で，国連開発計画（UNDP）が1994年に発表した「人間開発報告」の中で初めて"人間の安全保障"（Human Security）という表現が用いられ，「すべての人間の自由と可能性の実現を確保するような生活の条件を整備」することの重要性が唱えられた。それは4つの点で国家の安全保障を補完するとし，すなわち個人や共同体が中核である，国家ではなく人間の安全保障にとり脅威が存在する，NGOなど国以外のアクターの力に期待する，自ら守る力を付与するということである。

　2003年5月に緒方貞子，アマティーア・センを共同議長とする「人間の安全保障委員会」が国連事務総長へ提出した報告書によれば，「人々の生存・生活・尊厳を保障する政治的・社会的・環境的・経済的・軍事的・文化的なシステムの創造」こそが，人間の安全保障に求められる，としている。

　具体的には，個人やコミュニティに焦点をあて，人間一人ひとりの保護と能力強化（empowerment）の必要性を強調し，紛争の危険からの人々の保護，移動する人々の安全保障の充実，最低限の生活水準の保障，基礎保健サービスの完全普及，普遍的な基礎教育の完全実施などを掲げている。

③ 健康観と安全理念

　WHO憲章の前文に「健康とは，身体的，精神的および社会的に完全に良好な状態であり，単に疾病や病弱の存在しないことではない」と，健康を定義している。これは完全良好説といわれ，健康非病説（健康とは病気でないこと）を否定するものである。しかし，憲章制定の当時でも理想論に過ぎないとの批判が多くあった。

　そこで，前述のオタワ宣言を出した頃から，再び健康論議が活発に行われ，「健康こそ至上の目標である」（健康至上説）に対する反論から，「健康とは欲望の一種であり管理が不可欠となる」（健康欲望説），「健康とは自己実現を図るための手段である」（自己実現説），「健康とは生活の質を高めるための資源

である」（生活資源説）など多彩に展開している。

　また，1998年には当時の中嶋宏 WHO 事務局長が憲章改正を提案し，「魂の健康」や「動的状態」を付加しようとしたが，討議の結果，採用は見送られた。ただし魂の健康すなわち Spiritual Health には，賛同者も多く，わが国でも2010年を目標とする「健康日本21」運動の中に「いきいき！　やる気」といった表現で Positive Health や Active Aging の概念に活かされている。

　なお，WHO は1961年に居住環境の4つの基準として，安全性（safety）・保健性（healthy）・利便性（efficiency）・快適性（comfort）を掲げ，それに近年は持続性（sustainability）を付加している。この最初に掲げられた安全性については，防犯性や交通安全性など日常的な安全性と，風水害や地震など災害からの安全性，また公害など環境阻害からの安全性などが課題となる。

　一方で，UNDP のいう人間の安全保障は，個人やコミュニティ，NGO や NPO など自発的組織に立脚して，自らの生命，財産，また生活を保護するものであり，先進国と途上国の関係においても，国家間よりも市民レベルでの相互支援を基盤にしている。

　筆者は，国家による安全保障および自治体等による社会保障と相補しつつ，人間の安全保障がさらに不可欠であり，特に健康，経済および人間関係による不安からの解放を，社会システムとして構築する必要があると考えている。

　この場合，生命と財産の保障については，防犯・防災・自衛の自主組織などでの対応を想定するが，生活を保障するというのは，その範囲をいかに設定するか，どういう仕組みで保障するか，難問である。個人の安全に，他人や社会がどこまで立ち入るのか，その時の規範は何か，明確にしておくべきであろう。

2．感性福祉研究と感性論

① 感性福祉の共同研究

　筆者は，東北福祉大学において1998～2002年度の5ヵ年にわたり，文部科学省の学術フロンティア推進事業として感性福祉研究所の建設と，共同研究「生命科学を基礎とする感性と環境の相互作用に関する学際的研究」に参加した。本共同研究は，生命科学，環境，心理，福祉，感性情報，学術情報の6部門からなり，23の研究テーマ，102名の研究者の参加があり，これを母体に感性福祉学会も発足した。

　感性福祉とは，感性優位の福祉対応を活発にしたいという願いから，音楽療法，アロマテラピー，園芸療法など五感に訴え，感性を豊かにすることで福祉効果を得ようとするものである。すでに感性工学会や感性教育学会があり，連携しつつ感性を科学的に捉え，かつ応用することで生活の質を高めるという共通目標を描いている。

　また，当研究所が立地する東北福祉大学の第2校地には，痴呆介護研究・研修センター，特別養護老人ホーム，老人保健施設，グループホーム，デイサービスセンターなどがほぼ同時に開設され，入所者や通所者に感性福祉の成果を提供するという目的も抱いている。特に痴呆高齢者には，癒しの効果が実践的に確認されている。

② 人間環境の感性福祉研究

　筆者は，「人間環境の感性福祉研究」のテーマで環境部門に属し，この間に研究所年報3論文，学会2論文，同人誌報告4論文などを発表した。本研究は，人間環境について立地環境，屋外環境および屋内環境に区分し，環境ないし空間が感性福祉にいかに寄与するか，それを「居心地の良さ（well-living）」という尺度を用いて環境評価している。

　人間環境が福祉や健康にとって，いかに重要であるか，介護施設や病院の評

価基準および設計指針づくり，また「健康まちづくり」の評価法や計画方針の具体化を通して考察したものである。健康まちづくりは，WHOではヨーロッパ地域事務局が主導して"Healthy Cities Movement"として展開している。同事務局の都市健康センターは，1998年に政策立案の報告書を公表している。

拙稿では，3種の環境を10類型・33区分し，これらの景観映像を「擬似眺望 (V. E.) システム」を用いて，被験者に環境評価してもらい，その結果から属性と好まれる環境の相関性等を分析した。「環境映像による感性計測」を初めて実施し，介護施設や在宅介護における「福祉施設評価」「福祉サービス評価」「環境指標評価」などを併せて手法開発した。

③ **感性論と安心感**

感性福祉をまとめるに当り，共同研究者の間で"感性"の概念共有を図ったが，定義は困難を極めた。感性を単に知性ないし理性に対置する捉え方が多く，また感受性や直感が共通項として見出された。英語訳でも統一が図れず，結局kanseiとローマ字標記することにした（因みに感性工学も Kansei Engineering である）。

筆者は，心の働きは脳の機能であり，その総体としての知性は，理性，感性および意性からなる「知性三分説」という試論を提示した。すなわち理性が明示的，抽象的，一意性，直列逐次処理型，論理性重視に対し，感性が曖昧性，具体的，多義性，並列分散処理型，快・不快重視の傾向があり，意性は調整的，統合性，意図的，創発計画処理型，良・不良の選択重視の特性を持つという仮説である。

感性について合意形成ができるには至らなかったが，感性論議の深まりはあり，感性福祉の手法開発においては，多くの成果が得られた。五感に訴える療法がきわめて有効なこと（特に痴呆など），そして一種の環境療法が可能なこと，つまり「ふるさと回想法」や風景構成法，また箱庭療法の新展開に期待できると確信した。

ところで安心感というのは，ある種の感じ方であり，個々人の感性と社会環境に依拠している。人間関係を含む社会環境における安全の感じ方は，客観性を有する一方で，その受け取り方は個人においてきわめて主観的なものである。不安も個人的なことから，社会不安にいたるまで主体・客体の分離は，はなはだ難しい。安心感が感性の一種であるとすれば，不安の除去は感性を磨くことで克服できるかもしれない。

　人間関係を中心とするストレスに対して，ストレス・マネジメントによる対抗スキルは有効である。そこで〈セキュリティ・マネジメント〉を検討してみたい。不安を直視して対抗するとともに，積極的に〈安らぎ（ease）〉を求め，その確保に向けて行動変容するのである。その意味では，感性だけでなく筆者のいう意性の動員も必要となる。

　筆者の試案では，①何が不安か（健康，老後，経済力，住環境，人間関係，人類の未来など），②何に安心を覚えるか（財産，子ども，友人，故郷，国家，人類の英知など），③不安を除去するために何をするか（運動，貯金，住宅改善，性格改造，学習など），④安心確保のために何をするか（蓄財，投資，帰郷，政策要求，科学技術支援など），⑤セキュリティ・パワーアップのために何が必要か（目標設定，基準指標化，達成評価，継続判断，目標修正など）を具体化したいと考えている。

3．住空間の安心感と安全性

① 「安」と security について

　安は，『新字源』（角川書店・改訂版）によれば「家の中に女がすわっているさまにより，静かにとどまる，ひいて，やすらかの意を表す」となっている。英語の security の語源は，ラテン語の securus ないし securitas に求められ，欠如を意味する接頭辞 se と，cura（care や cure と同義）からなり「気づか

いしない」の意味である。さらにギリシャ語の否定辞 a と tarasein（混乱させる）の合成語で「心の平静」という意味となる。

　この「アタラクシア」は，エピクロスなどは人間が到達すべき理想の状態とし，セキュリティはアタラクシアにまで遡ることで，主観的な意識としての安全性（日本語の安心に対応か）という意味が内包される。

　したがって安心・安全を論じるには，その主体が誰か（誰にとっての安心か），どのような環境における安全か（平時か戦時かなど），対象は何か（暴力や飢餓など）を明確にする必要がある。逆にいえば不安を直視することであり，それの除去，回避，対応策などが求められる。気づかいしないの語義からは，主として人間関係の不安が想起されるとともに，生きることの意味を喪失するといった生の根源にかかわる不安にも逢着する。

② **住空間（livable space）について**

　住空間は，人間の住まう機能を充足する空間であり，安心・安全であることが最重要な前提条件である。筆者が，住空間を living space という客観対象ではなく，あえて評価価値を持つ livable space を用いるのは，安堵・安心・安全はそもそも主観的な価値概念だからである。単に住むのではなく，〈居心地良く住む〉ところから出発している。

　住む空間は，居室・住宅から，近隣地区，都市圏，国土，地球，さらに近年は火星移住も視野に入れたテラ・フォーミング（地球外居住）も研究計画が具体化しているようである。心安らかに住める空間づくりをしたいと願うのは誰しもである。そこでの主体はあくまで住み手であり，時には訪問者も含まれ，環境は場所性を持った空間であり，対象は家族や隣人，市民など人間関係を含む安心・安全を支える社会システムであると考えられる。

　この序論においては，住空間のうち住宅，住区および都市に焦点を当て，人間の安全保障すなわち Human Security System を構築しようとするものである。筆者は，こうした社会システムを内包した住空間として，安堵住宅，安心

住区および安全都市を構想する。

③ **安堵住宅について**

　安堵とは，本領安堵などと使われるように，旧領地（所有地）の所有権が元通り認められることであり，堵の字義は，内外をさえぎる土のかきの意味を持つ。住宅における安堵感には，自分の持ち物といった所有意識と不可分のところがある。わが国の徹底した持家資本主義は，マイホーム主義といった時代精神にも反映されている。

　安堵住宅を実現するためには，次の3点が必要だと考える。第1に住宅または居住施設（病院や介護施設等）の立地条件が自己の好みに適っているか，第2に住宅や居室のデザインや持物収納などが自己の思い通りか，第3に同居の家族や同居者との人間関係が好ましい状態にあるか，このどれが欠けても安堵できる住まいとはならない。

　防災性や耐震性，また防犯性あるいはバリアフリーやユニバーサル・デザインなども必要だが，どれだけ防御や対応したからといって安堵できる訳ではない。建物は維持管理や改修・改善をどれだけ丁寧に行うか，それによって愛着度や満足度がどれほど高まるかが重要である。住宅・居室の安堵指標を高める（住生活の質を高める）具体的な方法をまとめたいと考えている。

　筆者の試案では，①住宅・居室に安堵できるか（所有，利用，行動自由，構造強度，衛生，防犯，防災など），②家族・同居者は安堵できるか（自己尊厳，相互扶助・支援・介護，好悪感，別居選択など），③安堵内容は強化できるか（住宅改善，支援外部化，行動変容，関係発展，情報交信，見守り強化など），④住様式は洗練されるか（趣味活動，室内外美化，静謐確保，交流発展，文化発信など），⑤住宅内不安を解消できるか（部屋閉じこもり，家引きこもり，虐待，孤立，依存など）を想定している。

　また，安堵住宅（secured house）の研究方法としては，①わが国の居住者の住宅安堵度合はどれほどか（主観・客観評価の指標化など），②同じく住

安堵に求める特性は何か（住宅か家族か・静謐か交流かなど），③それは属性によって異なるか（年齢・性別・地域・居住年限・満足度など），④諸外国と比較してどうか（既存調査・協力機関・家庭内事故例調査など），⑤安堵住宅の実現手法検討（安堵住宅基準・設計指針・家族関係マニュアル・不安解消・事故防止など）が考えられる。

吉田寿三郎は，〈家原病〉という言葉を用い，人間関係を含む広範な住まいの条件が，多くの病い（精神病含む）を生み出すと警告している。筆者は〈長生きする家〉や〈健康になる住宅〉の調査研究の指導を受けた。

④ **安心住区について**

安心住区とは，小学校通学区くらいの規模で，居住者が安心して暮らせる社会環境が整備され，社会システムが構築され，安心ネットワークが広域に張り巡らされているコミュニティをいう。旧村単位というのは本来，小学校を維持できるだけの規模や財力を条件としたため，この考えにある程度は合致するが，大都市部では京都の元学区や神戸の震災後に開発された「防災福祉コミュニティ」くらいに実態が見られる程度で，わが国ではほぼ無いか崩壊していると思える。

上田篤は，その著作において「日本でもたいていの町に町内会や自治会がある。しかし，いまそれはほとんど行政の下請け機関になっている。このさいそれを拡大して平均人口5000人ていどの学区とし，新しい自治体として日本の国の生活空間の基礎単位に位置づける。すると日本はおよそ2万4000の学区からなる国となる。」と書いている。筆者も同意見であり，コミュニティ論を繰り返すより，小学校区のコミュニティ醸成運動を進めるべきである。

安心住区（safety community）の成立要件としては，①地域施設の整備（小学校，公民館，図書館，近隣公園，体育館，運動場，デイセンターなど），②自治組織の運営（自治体または自治連合会，防災組織，防犯組合，福祉協議会，生涯学習講座，老人クラブなど），③地域計画の作成（地域憲章，課題抽

出，将来像，目標設定，計画推進，地域協定など），④広域連携の確立（広域資源活用，広域防災協定，住区比較調査，人材派遣など），⑤住区醸成の運動（住区の基礎調査，歴史・文化の発掘，自然・社会特性の把握，安心マップの作成，コミュニティ・オーガニゼーションの応用など）を考えている。

また，安心住区の研究方法としては，①わが国の住区（コミュニティ）の安心度はどれほどか（安心指標・近傍住区比較など），②同じく安心住区に求める特性は何か（住区構造か近隣関係か・自然か文化かなど），③それは属性によって異なるか（大都市部・中小都市部・農山漁村部・居住履歴・愛着度など），④諸外国と比較してどうか（コミュニティ実態調査・大都市比較・災害支援事例など），⑤安心住区の実現手法検討（安心住区基準・計画指針・近隣関係マニュアル・不安課題抽出・防犯対策など）が想定できる。

コミュニティ論は，花盛りであるが，コミュニティ形成の実用に資するものは皆無といってもいい。地方改革論議の中心議題とすべきであり，市町村合併の前に近隣住区の効用，あるいは喪失の不利益を真剣に指摘しておきたい。

⑤ **安全都市について**

都市の安全度という視点から見ての適正規模とは，どれほどであろうか。現行のわが国地方財政制度のもとでは，いくつかの研究成果からほぼ人口30〜40万人とする説が有力である。筆者もこれ位の規模であれば，教育文化施設や医療福祉施設もある程度は揃えられ，中心市街地の形成など一定の賑わいも得られると思う。

都市の安全性には，警察署，消防署，保健所，福祉事務所が必須であり，安心住区による基礎単位との連携が不可欠で，60〜80の住区連合であれば調整もそれほど難しくないと考えられ，100住区を超えると困難であろうと予想される。50万人を超える大都市なども行政区などで細分化する必要があると考える。しかし自治力を有する安心住区の構築なしで合併しようが，細分化しようが無意味である。

さて，安全都市の条件を列記すると，①安全都市の構造（都市防災，都市警備，交通安全基盤，保健医療施設，福祉介護施設など），②安全政策の推進（安全優先対策，不安箇所抽出，安全政策点検，安全目標達成など），③安全組織の活性化（住区連携，NGO・NPO協力，安全マップ作成，安全運動推進など），④安全都市の保障（安全都市宣言・憲章・条例，都市課題と未来像，セイフティネット構築，情報公開と説明責任など），⑤人間の安全保障実現（生活水準の保障，ヘルスケア・サービスの普及，教育文化の高質化，途上国支援など）が想定される。

また，安全都市の研究方法としては，①わが国の都市安全度はどれほどか（安全基準・安全指標・都市比較など），②同じく安全都市に求める特性は何か（都市構造か市民社会か・制度や政策か市民運動かなど），③それは属性によって異なるか（人口密度・土地利用・産業構造・都市史・自然度など），④諸外国と比較してどうか（交通事故・災害・犯罪発生比較・安全意識調査など），⑤安全都市の実現手法検討（安全都市基準・計画指針・安全強化マニュアル・都市問題抽出・社会不安対策など）が想定できる。

1995年1月17日の阪神・淡路大震災によって，筆者など都市プランナーは，根本的な反省に迫られた。近代都市計画批判をしてきた者も含めて，実際の都市づくりにおいて，市民の生命・財産を守れなかった無力を恥じている。老朽木造住宅の危険，木造密集市街地の脆弱さを認識し，改善を試みもしたが，震災後においても抜本的な安全対策は講じられていない。政策不在か専門家の非力か，市民の無理解か，多分その相乗悪によるものであろう。安全都市の実現こそ急務であり，諦める訳にはいかない。

4.「人間安全学」の構築に向けて

① 『安全学』について

　村上陽一郎は，その著作で「安全という概念が価値である以上，それは『科学』とは馴染まない」とし，「安全学が，安全工学や安全についての科学的アプローチを超えたメタ科学である」と唱え，「系の安全」を考えれば「このような系が生命体もしくは生命系に類似する」と指摘している。

　ここで，筆者なりに安全科学と安全学の相違，見方について述べておきたい。価値中立性を科学の前提とするよりも，常識的には安全科学は安全工学や都市安全学など安全をめぐる既成学問の集積であり，安全学というなら安全を総合的に科学する新しい学問構築が不可欠となろう。その意味では，村上陽一郎の〈安全学〉は新たな視点の提供はあるが，安全学の体系化には至っていないと思われる。筆者は試論的だが，安全学の構築には次の5つの視点，つまり安全哲学，安全教育，安全文化，安全工学，それに安全社会システムが必要ではないかと考え，そして安全への社会システム的アプローチが最重要と考えている。

② 5つのアプローチ

　第1の安全哲学では，「安全とは何か」「なぜ安全を求めるのか」「安全はどうして達成できるか」といった根源的な問いかけが求められる。健康論議でもあったように，安全も単純に目的や目標とすると監視など袋小路に嵌るおそれがある。では健康と同様に手段や資源かというのも，何か不足しているようである。安全は，欲望というよりも生存本能に近いものであろう。「人間は不安を持つ存在である」という前提から，不安からの解放を求めつつも，不安を抱えながら生を全うする精神基盤が不可欠と考える。それを宗教に求めるだけではなく，まさに科学的に納得できる説明を見出すことではないだろうか。

　第2の安全教育では，安全倫理をまず確立し，高度な安全意識に立ちつつ，不安から逃避しない，危機や危険を直視・分析する，不安や危険を手なずけコ

ントロールする，安全達成の社会プログラムを作成し，実践するなどが求められる。安全はお題目だけでは確保できない。安全は，いわば生活習慣として身につけるまで，訓練・教育を要するものである。しかし，合理的な安全教育プログラムが必ずしも確立していない。筆者は，前述のように〈セキュリティ・マネジメント〉を行動科学の手法に学んで体系化したいと考えている。自己達成目標を明確にし，市民合意のもとに指標化し，アウトカムを実現する方式である。

　第3の安全文化では，安全を優先価値とし，政策上位に常に置き，人間関係を安全を機軸に再構築する，安全であることが誇りとされる文化を築く，一方で監視や過度の管理を排除する，安全な社会システムづくりがその基礎をなすと考える。安全の国際比較や地域比較を本格的に実施したいと願うが，安全レベルは国や地域によってかなり異なると予想される。個人の性格の違いというよりも，属する社会の安全の捉え方，文化の違いが大きいように思われる。しかし地球人類として，必要最小限の安全基準は，全ての人に享受されるべきであり，それこそ国の安全保障，自治体の社会保障と並ぶ人間の安全保障の課題であり，総じて安全文化の発展に資するものである。

　第4の安全工学では，今までの蓄積からリスク・マネジメント，ヒューマンエラー・コントロール，潜在危険の掘り起こし，都市工学による防災都市論，防犯システム，コミュニティ形成（福祉などの成果も）等が課題となる。安全管理の技術的・心理的成果は，大きいものがある。筆者は，環境心理学に関心があり，安堵・安全・安心をヒューマナイジングの視点から設計応用できると見ている。

　第5の社会システムでは，人間の安全保障の概念明確化がまず求められ，安全社会の評価指標づくり，安全基準達成の手法開発，安全範囲の社会合意（最低保障含む），安全政策の政治・経済的な効果判定などが不可欠である。安全は，個人がどのような安全を望むかから出発して，それを社会が保障（制度あ

るいは自発的な支援活動等）するシステムづくりと評価が不可欠だと考える。
③ 人間安全学について

　人間安全学において，まず人権に基づく安全保障とは何かを明らかにすべきであり，国家安全保障および社会保障では達成できない，個々人の安全生活や安全社会とはどのようなものか，個人の生命および財産が守られるのは当然として，個人の人間関係を含む生活の安全確保を社会がいかに実現可能なのか，あるいはどこまで立入ることができるのか，これらを明確にする必要がある。

　それには，安全を第一義とした新しい家族のあり方や，コミュニティの再築，都市社会の再生が不可欠である。安堵できる家族とはどういうものか，安心コミュニティの具体イメージは何か，安全社会と確信できる都市の姿はどんなものか，まさに安堵住宅・安心住区・安全都市を物理的構造のみではなく，人間関係を軸とした社会構造や社会システムとして分析する視点が重要であると考える。

参考文献・資料

『Safety Promotion とは？』（反町吉秀・渡邊能行，東京医学社，2002年8月）

「人間の安全保障とは？」（安藤仁助，『京都新聞』記事，2003年9月）

『21世紀の健康づくり・10の提言』（マーモット他，日本医療企画，2002年10月）

「人間環境の感性福祉研究」（筆者，『感性福祉研究所年報』第4号，2003年3月）

「住空間の安心感と安全性・その1」（筆者，同人誌『れんじ』第6号，2003年9月）

「住空間の安心感と安全性・その2」（筆者，同人誌『れんじ』第7号，2004年1月）

『都市と日本人』（上田篤，岩波新書，2003年9月）

『最適都市規模と市町村合併』（吉村弘，東洋経済新報社，1999年12月）

『安全学』（村上陽一郎，青土社，1998年12月）

『健康への欲望と安らぎ』（森下直貴，青木書店，2003年8月）

『健康の本質』（L.ノルデンフェルト，時空出版，2003年8月）

『再び健康な建築』（内井昭蔵，彰国社，2003年8月）

『不安な高層・安心な高層』（湯川利和，学芸出版社，1987年4月）
『安全と再生の都市づくり』（日本都市計画学会，学芸出版社，1999年2月）
『安全・安心のまちづくり』（児玉桂子他編著，ぎょうせい，2000年2月）
『住環境』（浅見泰司編，東京大学出版会，2001年11月）

(『同志社大学ヒューマン・セキュリティ研究センター年報』第1号 2004年 100〜114ページ)

ヒューマン・セキュリティのための社会的安心へのアプローチ

中谷内 一也

1. ヒューマン・セキュリティを構成する安心と安全

　本稿では，生命や健康，財産の損失など望ましくない事態の生起確率がより低い状態，あるいは，生起した場合の被害規模がより小さな状態をより安全な状態と呼ぶ。いいかえると，相対的に，客観的なリスクの低い状態を安全な状態と呼ぶ。また，人々が主観的に，そういった望ましくない事態からより守られていると感じる状態をより安心した状態と呼ぶことにする。そうすると，安全とは客観的，物理的な問題であり，一方，安心とは主観的，精神的世界の問題となる。そして，一見，両者はある程度，個別の問題であるように思われるかもしれない。しかしながら，現実の政策立案を考えると，安全政策の実現にはそれによって安心な状態がもたらされるという，一般の人々の期待が必要になる。たとえば，放射性廃棄物の最終処分に関して専門家が安全であると考える方法が，処分予定地の住民に安心をもたらすものではない場合，事実上，施設建設は困難であり，専門家が考える安全な処分方法は実現されない。同様に，BSE対策について，専門家にとっては過剰と思われる安全策であっても，消費者がそれによって安心を得られなければ牛肉の消費は回復しない。これは**図1の第4象限**にあたる部分であり，今日の日本では円滑な政策の受容が期待できない部分である。一方，第2象限に属する政策は人々を安心させるものの安全を低下させる政策である。仮に，白装束をまとえば有害な電磁波から身を守れると人々が信じているとして，そのような状況で政府が白装束を無償配布して国民を安心させておき，同時に，無防備に高リスクの電磁施設建設を町なかで進めるとすれば，その政策はこの第2象限に位置する。この例からも明らかなように，科学的評価が政府や産業界のみならず公衆においても重視されている今日の状況にあって，第2象限の政策の進め方は非現実的といえる。また，

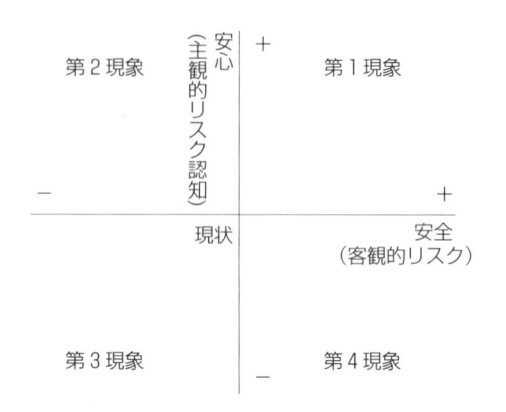

図1　安全と安心による政策の分類

（図：縦軸「安心（主観的リスク認知）」、横軸「安全（客観的リスク）」で、第1象限～第4象限に分類。横軸上に「現状」の記載あり。）

　個人が特定のイデオロギーや信仰に基づいて自分の行為を決定する自由はあるとしても，政府が意図的にこのような方針を採るならば，それは非倫理的である。第3象限に属する政策は客観的な安全も，主観的な安心も低下させるものであるから，社会的費用を始めとする他の条件が一定ならば立案される動機づけのない領域である。したがって，そもそも考慮する必要はない。残る第1象限が安全と安心を両立させる政策領域である。そして，第4象限の説明として先述したように，今日では安心が安全に先行する。かつては，専門家による科学的なアセスメントにも基づいて，政府が安全政策を進めることに信頼がおかれ，安心が安全に後続して生まれていたのかもしれない。しかし，今日では安全を実現するにはそれに先んじて安心へのアプローチが必要となってきた。本稿では，次節以降，その流れについて論じたい。

　ところで，筆者が考えるヒューマン・セキュリティの充実した社会というのは第1象限の政策が目指され，実現する社会である。それは，専門家や政府が独善的に安全政策を押しつける社会ではなく，逆に，国民が納得しさえすれば当の国民を危険にさらしても良いという安心至上の心理主義に陥るものでもない。政府や産業界は科学的な評価に基づいて安全政策を立案し，国民や消費者

への説明責任を果たす安心政策を進めながら社会的な合意形成を進め，客観的な安全を向上させるというものである。

また，図1の分類は，基本的に安心と安全が独立していることを想定している。もし，安全され実現されれば人々はそれを認識し，線形に安心が高まるというのであれば2つの軸を想定する必要はない。つまり，安心政策など考える意味はない。しかし，実際にはそうではないことがリスク認知研究の知見として蓄積されているし（Slovic, 1987），むしろ，各種技術発展の恩恵を享受し，医療も発展して平均寿命が延びている先進諸国でこそ安心が低下し，農薬や原子力などの科学技術に対して根強い抵抗が示されている。すなわち，世界をマクロに眺めると安全と安心の間には負の相関すらあるようである。現時点で，両者の関係性に関して確定的な結論を導くことはできないが，少なくとも，「安全さえ高めれば安心も高まり，したがって，政府や専門家は安全政策のみに注力すればよい」という議論は排除できるものと思われる。

2．安全のための安心へのアプローチは円滑に進んできたか？

人々の理解を得る安全政策の推進のためには，そもそも，人々がどれくらいまでのリスクを受け入れるのか，また，人々はリスクをどんなふうに捉えるのか，といった点を明らかにし，それを政策に組み入れることで人々の安心を得ながら安全政策を立案する必要がある。すなわち，人々のリスク受容レベルとリスク認知についての心理学的研究を進め，得られた知見を政策に反映させることで社会的な合意形成を進めるというアプローチである。こうして，1970年代の後半以来，リスク認知研究が盛んになり，さまざまな知見が得られてきた。その内容を紹介することが本稿の目的ではないので，ここでは詳述しないが（リスク認知研究の蓄積については，中谷内，2003；Slovic, 2000, などを参照），結果的にそれらの研究成果を取り入れて，たとえば，先端科学技術の導入の是非をめ

ぐる議論が円滑に進むようになってきたかといえば，その答えは否である。そして，なぜ，合意形成がうまく進まないかについて，専門家側は，公衆が実現不能なゼロリスクを要求しすぎており，また，リスクの捉え方が非合理的なので健全なリスク政策への支持が得られない，と主張することが多い（たとえば，Breyer, 1993 ; Collman, 2002）。そこで，次にそういった主張の根拠となる心理学研究の知見を確認し，"ゼロリスク追求者"，"非合理的リスク認知者" という公衆像の妥当性について検討しよう。

3．公衆のゼロリスク要求とリスク認知の非合理性

　リスク心理学の実証的研究では，人の判断や意思決定に影響する要因の効果を検討するために，条件を操作した架空の事態を提示して判断を求める実験を行うことが多い。たとえば，Slovic, Fischhoff & Lichtenstein（1982）は，以下のような架空のワクチンについて2種類の質問を用意し，回答者の接種意図を比較している。
　質問A：人口の20％が感染すると予測されているウィルス性伝染病がある。あるワクチンの注射を受けることにより，半数は感染を予防することができる。
　質問B：同じ症状を示す2種類のウィルス性伝染病があり，それぞれ人口の10％が感染すると予測されている。あるワクチンの注射を受けると，一方を完全に予防することができるが，もう一方にはまったく効果がない。
　2つのワクチンはいずれにせよ，20％の感染リスクを半減させるものであるが，質問Aでは40％の実験参加者が注射を受けると回答したのに対して，質問Bではその比率が57％に上昇した。これは，質問Bでの "完全に予防" の表現に惹かれたためと解釈される。つまり，回答結果は，実際にはゼロリスクを達成するものではなくとも，部分的にそれを感じさせる表現によって選好が

高くなる「疑似確実性効果（Tversky & Kahneman, 1981）」を示しているのである。

　また，Nakayachi（2000）では，ダイオキシンによる発ガンリスク削減を題材とし，人々がゼロリスクに高い価値をおくことを示している。具体的には「ダイオキシン対策プログラムAによって，ダイオキシンによると評価されているガン死者数を，現状の75％に減らすことができる。プログラムの費用はすべて税金でまかなわれるとしたら，あなたはいくらまでの税金の上昇を受け入れられるか」ということを学生に尋ねた。これが，現状のリスクを25％低下させるためのWTP（Willingness to Pay）の金額ということになる。同時に，死者を現状の50％に減らすプログラムB，死者を現状の25％に減らすプログラムC，さらに，ダイオキシンによる死者を現状の0％とし，ゼロリスクを達成するプログラムDを提示して，それぞれの増税受容金額を尋ねた。そして，プログラムBに対する増税受容金額からプログラムAに対する増税受容金額を引くことによって，現状の75％の死亡者を50％にするときの25％のリスク削減に対するWTPを求めた。同様に，プログラムCへの増税受容金額からプログラムBへの増税受容金額を引いて現状の50％の死亡者を25％にするときの25％のリスク削減に対するWTPを，プログラムDへの増税受容金額からプログラムCへの増税受容金額を引いて現状の25％の死亡者を0％にするときの25％のリスク削減に対するWTPを求めた。その平均値を示したものが図2である。図から明らかなように同じ25％のガン死者削減に対して支払ってもよいと考える金額は同一ではなく，最後のゼロリスク達成時が一番大きくなっている。つまり，人の命の価値は均一ではなく，ゼロリスクを達成するときが一番重い。同様の結果は，震災における家屋倒壊のための死亡リスク削減を材料として，社会人にWTPを尋ねた別の実験でも得られている（中谷内，1999）。これらの研究結果は，先の疑似確実性効果と同様に，人々がゼロリスクを求める傾向を示すものといえる。

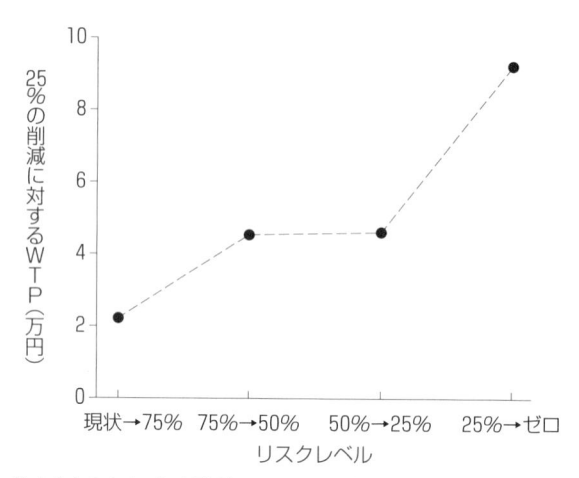

図2 ダイオキシンによる発ガンリスク削減のためのWTP〈並列型手続き〉

さらに，人々のリスク削減についての非合理的判断を示す根拠として，架空のアジア病問題（Tversky & Kahneman, 1981）を紹介しよう。シナリオとしては「600人の死亡が予測されている特殊なアジアの伝染病に関して2つの対策が考えられている」というもので，下に示す2つのプログラムからどちら一つを選択せよという課題であった。

プログラムA：このプログラムが採用されたら200人が救われる。

プログラムB：このプログラムが採用されたら3分の1の確率で600人が救われるが，3分の2の確率で誰も助からない。

選択率はプログラムAが大幅に高く72％であった。次に，別の実験参加者に対して，同じシナリオに続いて，以下のプログラムC,Dが示された。

プログラムC：このプログラムが採用されたら400人が死亡する。

プログラムD：このプログラムが採用されたら3分の1の確率で誰も死なずにすみ，3分の2の確率で600人が死亡する。

この課題に対する選択率はプログラムDが大幅に高く78％であった。とこ

ろが，最初の予測が600人の死亡であるから，そこから200人を救命するプログラムAは，死亡者を400人にするプログラムCと同じことである。同様に，全員救出の確率が3分の1であるプログラムBとプログラムDは同一のものである。しかし，救命数から記述した最初の選択課題と，死亡者数から記述した後の選択課題とでは，本質的には同じ内容なのにもかかわらず選好が逆転してしまっている。このような選好逆転は意思決定課題の記述のしかたが判断の枠組みを規定するフレーミング効果として解釈されている。フレーミング効果が意味するのは，リスク削減のための人々の選択は一貫したものではなく，同じ内容でも，ちょっとした表現の変化によって判断が大幅に覆ってしまうということである。

　以上，ゼロリスクを求める傾向に関する研究結果を2つと，判断の非合理性の根拠となる研究結果1つを述べてきた。このように，人々の判断のしかたが実現不可能なゼロリスクに固執するものであったり，一貫性のない非合理的なものであるならば，その意向を安全政策に反映させることは政策の質を低下させることになる。そのため，むしろ，人々が第一に望んでいるのはより安全な社会であるという前提から出発して，リスク評価とリスク管理は科学的専門家の手に委ねるべきという主張が生まれることになる (Breyer, 1993)。また，公教育を通じて公衆の科学リテラシーを高めることで，実現可能で健全な安全政策への支持を高めようという主張も，その論拠は現在の公衆のリスクや便益に対する判断が非合理的だからというものである。では，人々のゼロリスク追求傾向はどの程度の一般性があるものなのか，あるいは，人々が先端科学技術の社会的導入に抵抗を示すのは，その技術についてのリスク判断が非合理的なためなのか，といった問題を次に検討したい。

4．"公衆像"への反証

　先にダイオキシン削減のWTPを検討したNakayachi（2000）を紹介し，同じ25％のリスク削減であってもゼロリスク達成時に最も高い価値がおかれることを示した。しかし，その実験手続きは，回答者に対して25％，50％，75％，100％のリスク削減を並列的に示し，それぞれのWTPを尋ねるものであった。しかし，もし，現状のリスクから25％削減して，75％の状態にするためのWTPを尋ねられ，その次に，さらに25％を削減して50％の状態にできるとしてそのためのWTPを尋ねられ，という手順で漸次的にゼロリスクに近づける場合はどうなるのであろうか。Nakayachi（2000）では，そのような手続きでも実験しているが，結果は図3に示すように，先の手続きによる結果とは異なっている。図3から明らかなように，実験参加者は最初のリスク削減には高い許容額を回答しているものの，リスク削減の進行に伴ってWTPの平均金額は低下している。最後のゼロリスク達成時の値は若干上昇してはいるが，最初の25％削減に対する金額の半分程度にしかすぎない。この結果はゼロリスク達成時のWTPが最高値となる図2とは対照的である。人々は必ずしもゼロリスク

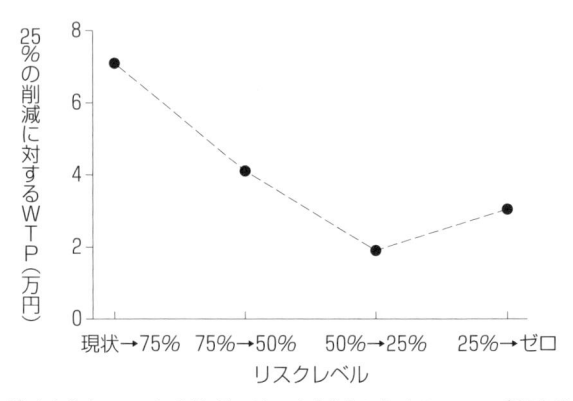

図3　ダイオキシンによる発ガンリスク削減のためのWTP〈漸次的手続き〉

にのみ高い価値をおくのではなく，むしろ，ステップ・バイ・ステップでリスクが削減される場合には，（ゼロリスクをもたらすのではない）最初の削減のためには大きな負担を引き受けるものの，徐々にその意思は低下するということである。そして，現実の安全政策を考えると，リスクの削減がそのリスクをもたらしていた活動や技術の便益を損なってしまうというリスク－便益間トレードオフや，あるリスク削減が別のリスク増大をもたらすというリスク間トレードオフのため，一足飛びにゼロリスクを達成することはどのような領域においても困難である。たいていの場合は，暫定的な目標値を定めながら漸次的にリスクを低下させていくしかない。こういったことを考慮すると，実験結果の現実への示唆という観点からは，むしろ，図3に示されるように，ゼロリスク追求者としての公衆像は正しいものではないと考えられるのである。

　また，Nakayachi（2000）のような架空の課題を用いた実験ではなく，現実の問題を扱った広範な社会調査の結果からも，公衆が必ずしもゼロリスクを追求しないことが示唆されている。アメリカと比較して，ヨーロッパでは遺伝子組み換え（GM）作物に対する拒否姿勢が強いといわれる。そこで，なぜヨーロッパではGM作物が受容されないのかを明らかにするため，イギリス，フランスなどEU6カ国において実施された社会調査の結果がそれである（Marris, Wynne, Simmons & Weldon, 2001）。調査の結果，明らかになったのは，人々がゼロリスクを可能と信じているわけではないし，また，それを追い求めてGM作物に反発しているのではないということである。むしろ，人々はゼロリスクが困難であることやリスク間のトレードオフを理解しており，だからこそ，リスク評価や管理にかかわる制度や組織，責任の所在などの問題に懸念を抱き，安全性に関する将来的な不確実性をゼロにすることはできないにもかかわらず，なぜ推進者が安全といい切るのか，そこに疑念をもつというのである（平川, 2003）。つまり，単純に科学技術に対する公衆のゼロリスク追求がGM作物を遠ざけているとはいい難く，むしろリスクがあることを前提としてしっかりと

した評価・管理体制の整備を望み，それが実現されないままでのGM作物推進に不安を抱いているのである。

　さらに，一般の人々が先端的な科学技術のもたらすリスクに対して必ずしも非合理的判断や感情的反応に終始するわけではないことを示す事例として，コンセンサス会議の事例が挙げられる（小林，2002）。コンセンサス会議は社会的論争の対象となっている科学技術に関して，素人である市民パネルが専門家との質疑を通じて意見をまとめ，その扱いに対して提案を行うというものである。日本では，これまで，遺伝子治療をテーマとしたものが大阪で，インターネット技術をテーマとしたものが東京で，それぞれ試行的に実施されていたが，2001年には農水省の委託研究を受託した農林水産先端技術産業振興センターの主催により全国規模のコンセンサス会議が遺伝子組み換え農作物をテーマに開催された。この会議において最終的に市民パネルがまとめた報告書は主催団体のホームページでも公開されているが（http://web.staff.or.jp），世界各国のコンセンサス会議の事例と同様に専門家の説明を消化した上で，当該科学技術のおかれている社会的状況を踏まえた水準の高いものとなっている。報告書をまとめた市民パネルは新聞広告などを通じた公募に応じ，抽選で選ばれた一般市民18名であった。つまり，コンセンサス会議の経過と報告書が示唆するのは，一般市民は決して，専門家による説明を理解できずに感情的反応に終始する存在ではない，ということである。

　もちろん，一般市民が特定領域の問題について専門家と同程度に科学的分析手法を理解し，さまざまなリスクや便益を把握しているとは考えにくい。日常的に研究を業務としている専門家であってさえも，分野が少し異なると，同じ学会での研究発表が理解できないというのは珍しいことではないのである。ましてや，科学者でもなく先端技術の生産者でもない一般市民がリスク分析に精通していると期待することはできない。しかし，では，素人は専門家の説明に耳を貸さず，あくまでゼロリスクに固執し，非合理的なリスク判断から逃れら

れないのかというと，上に挙げた実験や社会調査の結果，さらにはコンセンサス会議の事例などは，そういった"公衆像"が必ずしも妥当なものではないことを示しているのである。

5．安心へのアプローチでは何が重要問題か

では，社会的な安心が得られない理由が，公衆がゼロリスクを求めすぎたり，科学技術のもたらすリスクと便益についての判断が非合理的なためではないとすれば，いったい何が問題なのだろうか。これについて，今日のリスクマネジメントにかかわる研究領域で重視されているのが信頼の役割である。すなわち，人々がさまざまな科学技術や人為的活動の社会的利用に関して受容したり拒否したりするのは，当該技術や活動そのものの性質だけでなく，むしろ，それよりも，「誰が（リスク管理組織）」「どのように（社会的決定過程と導入後のモニタリングのしくみ）」その技術や活動の影響を評価し，管理するのかが問題という主張である（Lofstedt & Cvetkovich, 1999）。これは，公衆がゼロリスク社会が不可能であることを理解していて，かつ，科学技術や産業活動のリスクをコントロールすることは高度に専門的内容を含んでおり，直接の業務は専門家に委ねなければならないと認識しているのならば，当然のことといえよう。リスクが排除しきれないからこそ，信頼できる者や組織が，信任できる方法で，安全のためにアプローチしていると認識されることが安心の向上に必要である。この点，これまで政府や専門家はリスクコミュニケーションを行うにあたって，もっぱら科学技術や産業活動，それらに対する安全政策といった，対象そのものの性質にフォーカスしすぎており，そのメッセージを送る自身への信頼に関して配慮が不十分であったといえよう。とくに，中立性や，人々を守るために安全策をつくろうとしているという政策意図の側面に関して，人々が疑念を抱いている場合でも，適切な対策がとられてこなかったように思われる。

ところで，こういった，リスク管理組織への信頼や社会的決定過程への信任が重要であるという主張が強まってきたのは1990年代半ば以降であった。そして，わが国でも，ちょうど時期を同じくして情報公開や住民参加手法を取り入れた公共事業などが進められるようになってきた。この時期的な符合はどのような意味をもつのだろうか。筆者は情報公開や住民参加は，信頼問題への対応策として行われるようになってきたと考えている。なぜなら，公衆の側としては，リスク管理者を信頼できない場合，監視と不誠実な行いに対する制裁を用意することで，リスク管理者が自分たちに対して不利な決定や行為をできないように状況を設定したいと考えるだろう。そして，情報公開条例の制定や住民参加手法などは公衆によるリスク管理者に対する監視制度であると解釈することができる。これらを整えることによって，たとえ信頼できない相手でも不誠実な行為を行わないだろうと安心できるからである。一方，信頼されていないと自覚するリスク管理者の側も，情報公開の整備や住民参加の実施によって自らを監視の目にさらすことで，相手に対して不誠実な行為を行うことはないという評価を得て，円滑に業務を進めたいと考えるであろう。このように，情報公開や住民参加は，今日のリスクマネジメントにおいて最も重要とされる信頼問題への対応策として機能するのである。

　しかしながら，監視と制裁準備によって完全な安心を得ることはできない。たとえば，情報開示請求によって公開された情報の真偽はどのように担保されるのか。あるいは，住民参加といってもリスク管理者の一挙手一投足を監視することなどはできないし，仮にできたとしても，先に述べたように，高度に専門的な内容を含む業務の適切性を一般市民が判断することは困難である。こういった問題に対して，第三者機関による外部評価が導入される場合もあるが，そうなると今度はその第三者機関の第三者性を担保しなければならなくなる。そのためには，第三者機関の中立性を審査する別の第三者機関が必要になるが，これは問題を先送りしただけで，原理的には解決となっていない。しかも，そ

れぞれの対応策のために時間や金銭などの各種コストが必要になり，政策の効率を低下させることになるのである．このように，リスク管理責任者の裏切りの不確実性を解消するための対応策は，二次的ジレンマ，三次的ジレンマなど，際限なくジレンマを生み出すことになる．したがって，情報公開や住民参加によって完全な安全が実現し，安全政策への支持が得られて社会的な合意形成が進むという構図は，少なくとも原理的には描くことは難しい．どこかのレベルで，リスク管理者の不誠実な行為についての解消しきれない不確実性を残したままで，公衆が自分の利害にかかわる決定を相手に委ねる「信頼」が必要になるのである（山岸，1998）．では，そういった，安心政策ではカバーしきれない部分を埋める信頼はどのように構築することができるのだろうか．この問題は筆者の目下の関心事であり，研究の蓄積も進んできたが（中谷内・渡部，2002；2003a；2003b, Nakayachi & Watabe, 2002；2003a；2003b），それについては稿を改めることとし，本稿では情報公開や住民参加といった監視制度が，広い意味での安心政策の最終的な解決策とはなりえないことのみを指摘しておきたい．

6．まとめ

本稿では，客観的なリスクがより低い状態を安全と呼び，主観的なリスク認知がより低い状態を安心と呼んで，両者の関係を議論した．今日では安全政策の立案と遂行には公衆の安心の構築が不可欠であるが，それが円滑に進んでいるとはいい難い．その理由としてしばしば主張されるのが，公衆の過剰なゼロリスク追求とリスク判断の非合理性である．しかし，心理学的な実証研究や現実の科学技術の導入をめぐる社会調査の結果は，公衆が必ずしもゼロリスク追求者ではないことを示している．むしろ，重要なのはリスク管理者への信頼であり，その対応策として情報公開や住民参加が進められてきたことを論じた．しかし，それでもなお完全な安心の実現は原理的に困難であり，リスク管理者

の振る舞いについての社会的不確実性を前提とした信頼構築のための方法を模索する必要があることを最後に指摘した。

引用文献

Breyer, S. 1993 *Breaking the Vicious Circle : Toward Effective Risk Regulation*. Cambridge, MA : Harvard University Press.

Collman, J. P. 2002 *Naturally Dangerous : Surprising Facts about Food Health, and the Environment*. Herndon, VA : University Science Books.

平川秀幸　2003　「遺伝子組み換え作物規制における欧州の事前警戒原則の経験」『環境ホルモン』3, 103-119。

小林傳司　2002　「社会的意思決定への市民参加？　コンセンサス会議」小林傳司（編）『公共のための科学技術』玉川大学出版部, 158-183。

Cvetkovich, G & Lofstedt, R. E.（eds.）1999 *Social Trust and the Management of Risk*. London, UK : Earthscan Publications.

中谷内一也　1999　「ゼロリスク達成の価値におよぼすリスク削減プロセスとフレーミングの効果」『社会心理学研究』14, 69-77。

Nakayachi, K. 2000 Do People Actually Pursue Risk Elimination in Environmental Risk Management ? *Risk Analysis*, 20, 705-711.

中谷内一也　2003　『環境リスク心理学』ナカニシヤ出版。

中谷内一也・渡部幹　2002　「信頼の構築：人質供出の自発性による信頼関係の形成」『日本社会心理学会第43回大会発表論文集』110-111。

Nakayachi, K. & Watabe, M. 2002 Building Trust : The Effects of Hostage Posting under Uncertainty. *Paper presented at 2002 Annual Meeting of Society for Judgment and Decision Making*.

中谷内一也・渡部幹　2003a　「信頼の構築（2）：自発的人質供出の効果に関する追試研究」『日本グループダイナミックス学会第50回大会発表論文集』56-57。

中谷内一也・渡部幹　2003b　「信頼の構築（3）：信頼獲得に関する人質の供出と"実績"との比較」『日本社会心理学会第44回大会発表論文集』168-169。

Nakayachi, K. & Watabe, M. 2003a Building of Trust : The Signaling Effects of

Voluntary Provision of Monitoring and Self-sanction. *Paper presented at 2003 Annual Meeting of Society for Judgment and Decision Making.*

Nakayachi, K. & Watabe, M. 2003b Improvement of Trust by Voluntary Hostage Posting. *Paper presented at 23rd Annual Meeting of Society for Risk Analysis.*

Marris, C., Wynne, B., Simmons, P. & Weldon, S. 2001 *Public Perception of Agricultural Biotechnologies in Europe : Final Report of the PABE research project.*

Slovic, P. 1987 Perception of Risk. *Science*, 236, 280-285.

Slovic, P. 2000 *The Perception of Risk.* London, UK : Earthscan Publications.

Slovic, P., Fischhoff, B. & Lichtenstein, S. 1982 Facts versus Fears : Understanding Perceived Risk. D. Kahneman, P. Slovic, & A. Tversky (eds.), *Judgment under Uncertainty : Heuristics and Biases* (pp. 463-489). New York, NY : Cambridge University Press.

Tversky, A. & Kahneman, D. 1981 The Framing of Decisions and the Psychology of Choice. *Science*, 211, 453-458.

山岸俊男 1998 『信頼の構造』 東京大学出版会。

(『同志社大学ヒューマン・セキュリティ研究センター年報』第1号 2004年 115〜129ページ)

ライフサイクルアセスメントとしてのペットボトルリサイクルにおけるボトル－ボトル変換システムの検討

高野 頌・西村直也・伊藤正行

緒 言

　2000年4月から容器包装リサイクル法が完全実施されるなど，安心をもたらす物質ライフシステム（Suzuki, 2001）の重要性が認識され始めている。ライフサイクルアセスメント（以下LCAと略記）では，原材料調達，設計・製造，使用，リサイクル，ならびに廃棄のそれぞれの段階において排出されるすべての環境負荷を定量化し，廃棄物の可能な限りの有効利用や環境負荷の低減が検討されている。このように，大量生産・大量消費・大量廃棄という社会システムの抜本的な見直しが求められており，その際には戦略としての物質リサイクルの必要性や具体化や，社会基盤としての健康リスク評価など，さまざまな要因を議論しなければならない。

　循環型社会形成推進の観点から，現在，ペット（以下PETと略記）ボトルは容器包装リサイクル法（Kobayashi, 2001）に基づき市町村で分別収集され，さらに再生製品化としての「ボトルから繊維への再生」というマテリアルリサイクルが実施されている。主な再生製品としてはシート，ワイシャツ，靴下等の繊維製品が挙げられるが，再生製品の品質が十分でないことやコストが高いことから需要が伸びないなどさまざまな問題を抱えている。これらを解決するひとつの方法として，「ボトルからボトルへの再生」というケミカルリサイクルが注目されている。これは，回収されたPETボトルを化学的に分解して原料を分子レベルのモノマーにまで戻し，再びPET樹脂にするという方法である。これにより，バージン原料に劣らない高純度かつ高品位のPET樹脂が得られ，繰り返しPETボトルへのリサイクルが可能となる。

　現在，「ボトルからボトルへの再生」というケミカルリサイクルを目的とするいくつかの再生プラントが計画されている。しかし，このケミカルリサイク

ルの有効性や環境負荷の評価，あるいは処理に係るコストやエネルギー消費量の推算など，LCA という見地から指摘されるべき問題点は多い。そこで本研究では，LCA における「ボトルからボトルへの再生」という PET ボトルのケミカルリサイクルシステムを検討するために，要素間の相互作用を論理変数として定義する発展分方程式を用いてケミカルリサイクルシステムの有効性を検討した。ここでは，PET ボトルの回収から再生までのマテリアルリサイクル物量，処理に要するエネルギー消費量，ならびにそれらに係るコストを数値解析により求めた。さらに，ケミカルリサイクルにおける環境負荷の低減や処理エネルギー量の削減など，LCA 評価に必要な諸量を試算した。

1. リサイクルシステムのモデル化

1.1 解析モデル

ここでは Fig.1 に示すように PET ボトルのライフサイクルとしての物の流れ，処理に係るコスト，炭酸ガス排出換算基準としてのエネルギー消費量を加味したシステムをモデル化した。各要素におけるそれぞれの物流およびコストの関係を Table 1～Table 3 に示し，PET ボトル 1 t 当たりの炭酸ガス換算排出量と消費電力量を Table 4 に示した。これらからリサイクルシステムにおけるそれぞれの係数を決定した。そして，論理関数を用いた発展方程式を導いて数値解析を行い，そのシステムの有効性を評価した。

1.2 論理方程式の構成

解析モデルでは，PET ボトルのケミカルリサイクルシステムを検討するために，要素間の相互作用を論理変数として定義する一連の連立微分方程式により発展方程式を構成した。

発展方程式において，互いに関連性のある要素はそのレベルとその発展（要素の連続変数の増加又は減少の割合）として特徴づけられる。レベルそして発

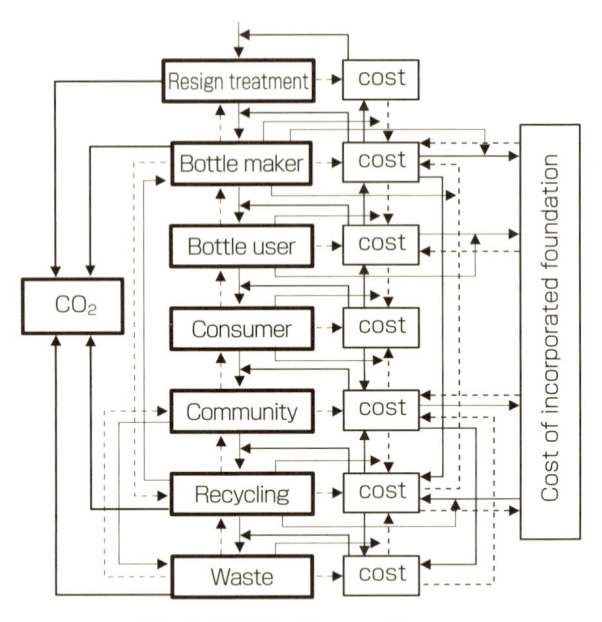

Fig.1 PET bottle recycling system

Table 1 Amount of materials in each year (unit: t)

	Resign treatment	Bottle maker	Bottle user	Recycling	Waste
1997	218,806	186,904	185,884	18,000	200,806
1998	281,927	226,403	204,536	30,000	251,927
1999	332,202	303,629	246,033	47,000	285,202
2000	361,944	333,171	277,208	102,000	259,944
2001	388,900	360,000	300,000	155,000	233,900

Table 2 Throughput and cost in each section (unit: yen/t)

Resign treatment	90,000	Material recycling	80,000
Bottle maker	2,612	Chemical recycling	150,000
Bottle user	17,706	Waste	15,000

Table 3 Price of PET bottle (unit: yen/kg)

Virgin material	Reproduction material	Bottle	Discarded bottle
125	125	625	10

Table 4 Carbon dioxide emissions in each section (unit: kg/t)

Resign treatment	Bottle maker	Material recycling	Chemical recycling	Waste
1,945	702	580	1,282	469

$$A = \overline{c}, \quad B = \overline{a}, \quad C = b$$

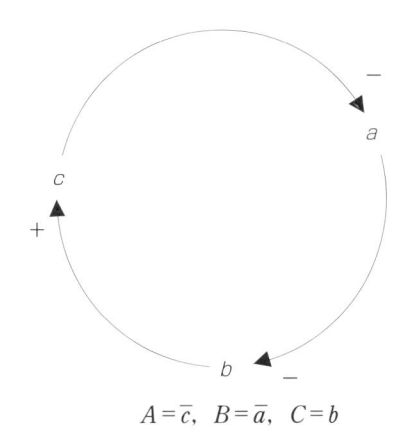

Fig.2 Logical structure as a closed system

展をそれぞれ論理変数そして論理関数と呼ぶ。論理変数を $(a, b, c \cdots)$ の値（1または0）は要素のレベルがある値を上回っているか否かであり、またその論理関数 $(A, B, C \cdots)$ の（1または0）は要素の生産が on または off かで決定される。

単純な閉じた論理システムを **Fig.2** に示す。この場合、論理関数の値は1あるいは0、すなわち相互作用が有る場合と無い場合に定義できる。ただし、0は全く相互作用が無いということを表しているのではなく、そのシステムにおける要素の発展がそのシステムにあてはまる閾値より下であることを表すもの

である。Fig.2は変数の論理的関係を示すものであり，この系の論理方程式は $A=\bar{c}, B=\bar{a}, C=b$ である。ここで ¯ は論理算における NOT を意味する。

例えば，次の論理方程式を考える。

$$A = a, \bar{b} + c \qquad (1)$$

ここで，a, b, c は連続変数 x_1, x_2, x_3 に相応する論理変数である。この論理方程式に相応する連続微分方程式は次のように示される。

$$\frac{dx_1}{dt} = k_1 F_1^{+}(x_1) \cdot F_2^{-}(x_2) + k_2 F_1^{+}(x_3) - d_1 x_1 \qquad (2)$$

k_1, k_2 は相互作用の大きさを示すパラメーターである。F^{+}, F^{-} は S 字関数であり次の式で表せる。

$$F_i^{+}(x_j) = \frac{x_j^n}{\theta_{ij}^n + x_j^n} \quad \text{(activation)} \qquad (3)$$

$$F_i^{-}(x_j) = \frac{\theta_j^n}{\theta_{ij}^n + x_j^n} \quad \text{(inhibition)} \qquad (4)$$

ここで，n は S 字関数の勾配をきめる Hill 係数，θ_{ij} は j 成分に対する i 成分のパラメーターである。

1.3 解析モデルの妥当性の検討

ペットボトルリサイクル年次報告書（PET‒Bottle Recycling Promote Council, 2001），LCA 手法による容器間比較報告書（Yasui, 2000），ならびに廃棄物処理に係る実務計算値（Motoda・Ohyama, 1999）のデータより，1997年から2001年の樹脂製造事業者から廃棄物事業者までのそれぞれの実際の物量と数値解析の物量を比較した。Fig.3～Fig.6に示すように，1997年から2001年においてそれぞれの事業者における実際の物量と数値解析の物量は類似しており，実際のリサイクルシステムをうまく再現していることを確認した。

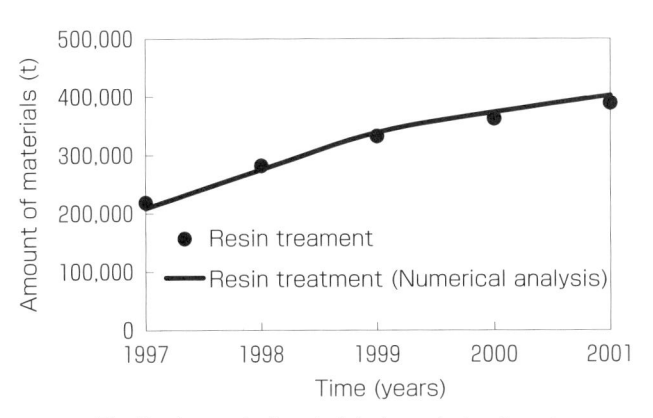

Fig. 3 Amount of materials in resin treatment

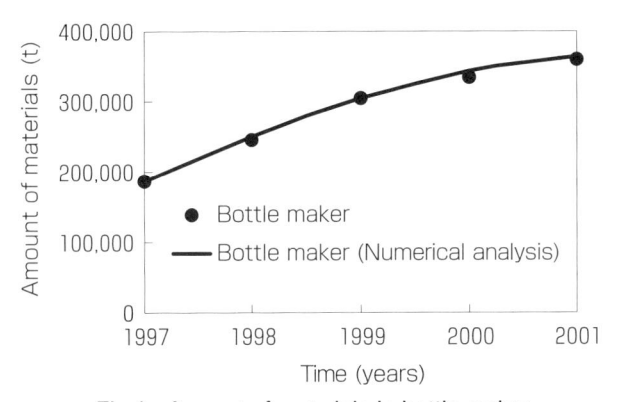

Fig.4 Amount of materials in bottle maker

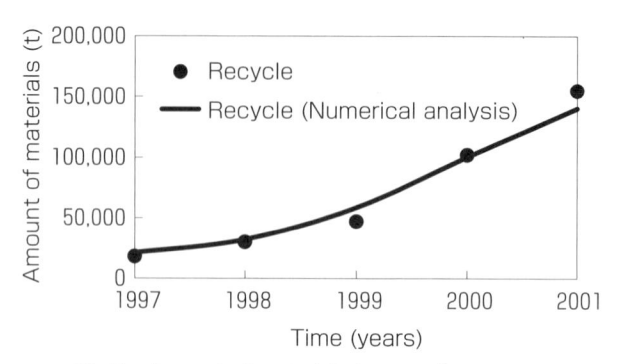

Fig.5　Amount of materials in recycling system

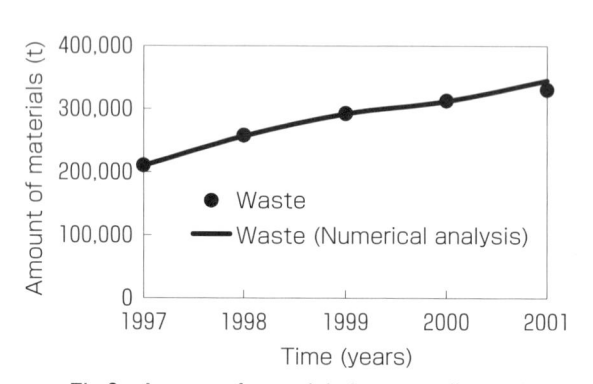

Fig.6　Amount of materials in waste disposal

2．解析結果と考察

2.1 各要素における物量評価

　リサイクルの物量という点から，「ボトルからボトルへの再生」というケミカルリサイクルの有効性を検討した。ここでは，まず実施されている「ボトルから繊維への再生」というマテリアルリサイクルと比較するために，例えば2002年からリサイクル率を増加させ2012年に約100%と仮定した場合と，逆に回収したすべてのPETボトルを焼却処理するとして2002年からリサイクル率を減少させ2012年に約0%と仮定した場合を考えた。これらの数値解析結果による推算値を **Fig.7**〜**Fig.9**に示した。

　ケミカルリサイクルにおいて，資源が循環することにより容器製造事業者から再商品化事業者への物量は増加していき，樹脂生産量，廃棄物処理量は減少した。つまり当然のことながら，再商品化事業者で生産された使用済みPETボトル原料を容器製造事業者に販売し，その原料を使用し再びPETボトルを製造するため，新たなバージン樹脂を使用する必要はなくなった。一方，使用済みPETボトルを含めたPETボトル生産の原料において，回収PETボトル原料の物量比率がバージン樹脂原料より増し，繰り返し原料を利用することで

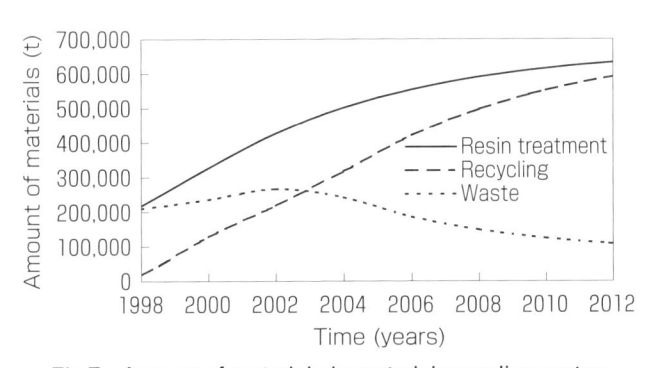

Fig.7　Amount of materials in material recycling system

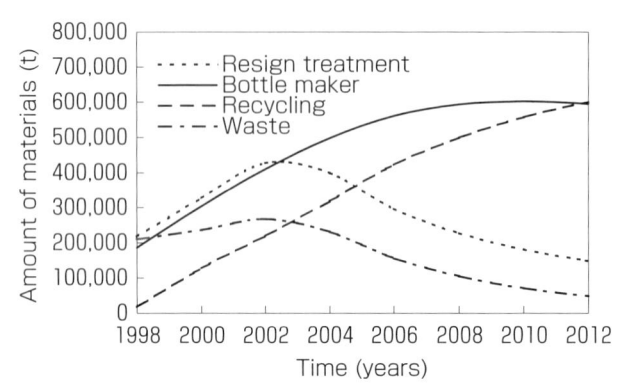

Fig.8　Amount of materials in chemical recycling system

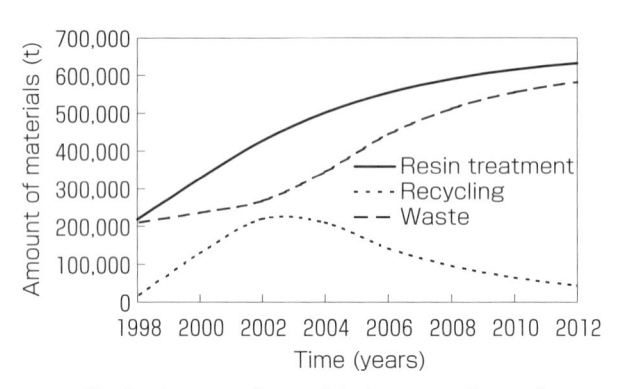

Fig.9　Amount of materials in waste disposal

資源の有効利用が可能となることがわかる。また，廃棄物処理量は減少した。これはケミカルリサイクルにおいてキャップ，ラベル，ならびに色付きボトルが同時に処理できるため分別する必要はなく（Nobuoka, et al., 2001），分別の手間が省けるためにPETボトルの分別収集が促進されることからリサイクル量が増すことにより，結果として市町村から廃棄されるPETボトル量が減少したためと考えられる。

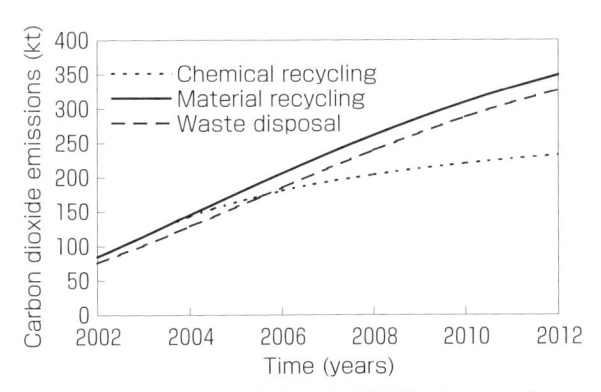

Fig. 10 Carbon dioxide emissions in PET bottle recycling system

2.2 環境負荷評価

　Fig.10に示すように，リサイクル率を増加させていくとケミカルリサイクルではマテリアルリサイクルに比べて炭酸ガス排出量が減少していき，リサイクル率がほぼ100％（2012年）に達する時点で炭酸ガス排出量基準の環境負荷は約30％減少した。これは，再生樹脂が再び原料としてボトル製造に利用されるため，新たなPET樹脂を製造しなくてよいことによる。つまり，バージン樹脂原料生産には多大なエネルギーを必要とするテレフタル酸製造が必要であり，したがってバージン樹脂原料の生産量の削減による効果として樹脂製造工程でのエネルギー消費量が減少するため，炭酸ガス換算排出量は結果的に減少した。一方，回収PETボトルをすべて焼却処理すると仮定した場合には，炭酸ガス排出量はマテリアルリサイクルとほぼ同程度の値をしめした。これは，焼却処理から排出される炭酸ガス量と再生処理から排出される炭酸ガス量がほとんど同じであるからである。

　Fig.11に示すように，再商品化事業者における変換効率を80％～95％まで上げると，エネルギー消費量としての炭酸ガス換算排出量は増加していった。これは，変換効率が増加したため，廃棄量は減少するが，PETボトル生成量が

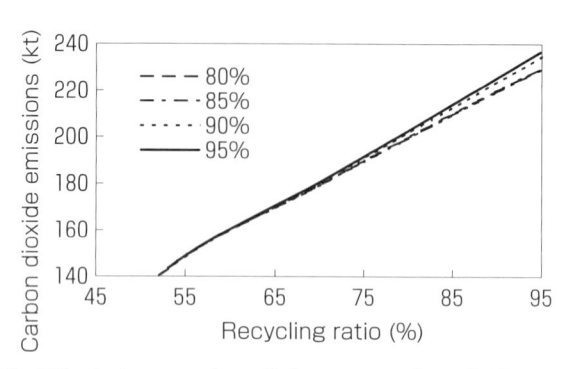

Fig. 11 Effect of conversion efficiency on carbon dioxide emission

増加するからである。言い換えると，ボトル生成に伴う炭酸ガス排出量が焼却に伴う炭酸ガス排出量より多いためである。

2.3 再商品化におけるコスト評価

再商品化事業者におけるコストのボトルネックを解消し，現状よりさらにコストを削減することが循環型リサイクルを促進するには重要である。ボトルネックとなることが明確になるようコスト収支をプラスとマイナスに分け，その差を利益とし，マテリアルリサイクルとケミカルリサイクルについて数値解析し比較検討した。プラスに作用するのは委託金（70円/kg）と再生原料（125円/kg）の売上金，マイナスに作用するのは再生処理にかかる総費用であると仮定した（Motoda・Ohyama, 1999）。

Fig.12に示すように，マテリアルリサイクルではリサイクル率が増加しても再商品化事業者のコスト収支はほぼ一定であるが，ケミカルリサイクルでは減少した。これは，マテリアルリサイクルでは，処理量の増加に伴って委託金による収入と再生原料の売上金による収入が増加するが，処理費用による支出も増加するため，コスト収支が一定になるためである。また，ケミカルリサイクルでは，マテリアルリサイクルより再商品化の処理費が高いため，コスト収支に差が生じたと考えられる。

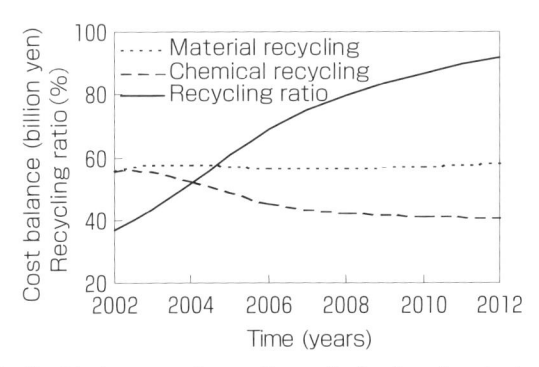

Fig. 12 Cost balance and recycling ratio for the chemical recycling

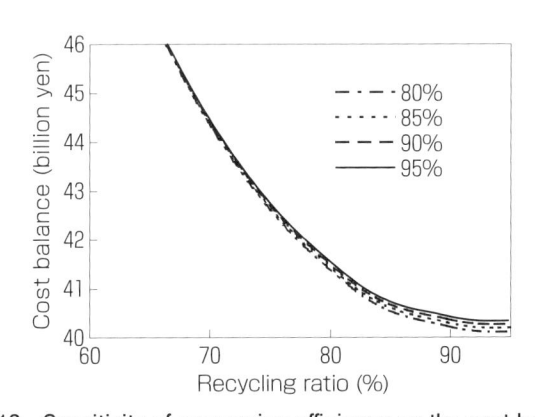

Fig. 13 Sensitivity of conversion efficiency on the cost balance

　循環型リサイクルを促進させるためには，コスト収支がリサイクル率に伴って改善していかなければならない．そこで，ケミカルリサイクルのコスト収支を改善させるために，PETボトル再生における物質再生の変換効率を変化させてそのコスト収支を検討した．Fig.13に示すように，変換効率を80%～95%まで変化させても，再生原料の売上金による収入が増加するため，リサイクルシステム全体のコスト収支を改善するまでには至らなかった．

　他方，例えば新たにデポジット制を採用してリサイクル率を増加させ，さら

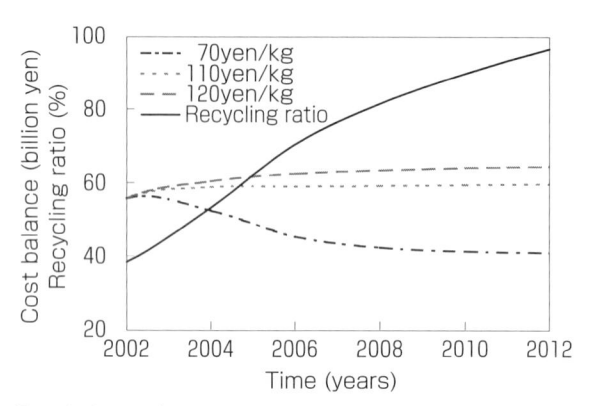

Fig. 14　Cost balance for a new deposit system in recycling organizations

にコスト収支を改善することも試案として積極的に検討されるべきであろう。Fig.14に示すように，委託金を70円/kg～120円/kgまで上げてコスト収支を数値解析した結果，コスト収支は110円/kg（500mlのPETボトルを31.8gで計算すると4円程度/本）以上で改善した。しかし，一般に委託金が高いほどリサイクル率は増加すると考えられ，この試案を実施する際にはさらに詳細なデータに基づいて適切な委託金額を設定する必要があろう。以上の結果より，ケミカルリサイクルにおけるデポジット制は，リサイクル率を高め同時にコスト収支も改善することから，PETボトルリサイクルにおいて極めて有効な手法のひとつであると判断される。

結　言

循環型社会形成に向けて，LCAという観点から容器包装リサイクルでは「クローズド・ループ」をもつリサイクルシステムが早急に整備される必要がある。本稿では，「クローズド・ループ」としてのPETボトルリサイクルの数値解析モデルを構築し，物量，コスト，エネルギー消費量という指標で整理して

リサイクルシステムの有効性を検討した。

　数値解析モデルによる試算結果から，PETボトルリサイクルにおいて「ボトルからボトルへの再生」というケミカルリサイクルシステムは従来の「ボトルから繊維への再生」というマテリアルリサイクルより，物量，コスト，炭酸ガス換算排出量基準のエネルギー消費量の改善という点で優れていることがわかった。またケミカルリサイクルは，PETボトルを焼却処理すると仮定した場合より有効であり，またマテリアルリサイクルと比較して炭酸ガス排出換算基準のエネルギー消費量の約30%削減につながるものと推算できた。

　さらに，リサイクル率を増加させコスト収支を改善するためにはケミカルリサイクルに併せて新たにデポジット制を採用すべきであるとの結論を得た。コスト収支の解析結果からデポジット制における委託金額は現状で110円/kg以上と考えられ，ケミカルリサイクルにおけるデポジット制はPETボトルリサイクルにおいて極めて有効な手法のひとつであると判断された。今後，デポジット制に関する詳細な検討と法律の整備が望まれるであろう。

参考文献

1) Kobayashi, Y.：Review and Circumstances of the Bottle Recycling after Legistlation (in Japanese), Gekkan Haikibutu, No. 7, 6-18 (2001).

2) Motoda, T. and C. Ohyama："Calculation Procedure for the Business of Waste Disposal and Recycling (in Japanese)," pp.78-101, Ohmu (1999).

3) Nobuoka, Y., K. Niizuma, M. Kurosaki and N. Nishimura：PET‐Bottle Recycle (in Japanese), Gekkan Haikibutu, No. 8, 35-47 (2001).

4) PET‐Bottle Recycling Promote Council："Annual Report of the PET‐Bottle Recycle (in Japanese)" (2001).

5) Suzuki, M.：Chemicals Life System for Producing "Anshin Society" in 21st Century (in Japanese), Chemical Engineering in Japan, Vol.46, No.1, 21-26

(2001).

6) Yasui, I : "Evaluation Report on the Comparison of Each Bottle for Life Cycle Assessments (in Japanese)," pp.33-53 (2000).

〔謝辞〕 本研究の数値解析において,計算を分担していただいた小池孝明氏に対し感謝いたします。また本研究は文部科学省学術フロンティア推進事業(2003-2007年度)「ゼロエミッション研究」,および一部は同志社大学ヒューマン・セキュリティ研究センターの援助により遂行されたものであり謝意を表します。

(『同志社大学ヒューマン・セキュリティ研究センター年報』第1号 2004年 130～144ページ)

Inauthenticity of Home, Insecurity at Heart : On the Ideology of Habitation in East Asia, from Tao Yuanming's *The Spring of Peach Flowers* to Satô Haruo's *The Sick Rose*[1]

Augustin BERQUE

> *Con alivio, con humillación, con terror,*
> *comprendió que el también era una apariencia,*
> *quo otro estaba soñandolo.*[2]
> Jorge Luis Borges, La Ruinas circulares.

1. Escaping from the city

In Taishô VIII (1919), the poet and novelist Sato Haruo (1892-1964) published *Den'en no yúutsu, aruiwa yameru sóbi* (*Gloom of the Countryside, or the Sick Rose*). This semi-autobiographical writing sets as its central figure a *kare* ("he") who decides, one day, to quit the city for settling in the countryside, not far away. Mayumi Kazuo, the author of the postface in the Shincho Bunko pocket edition (1951), precises that this experience is, down to the detail, that of Sato himself, at the time he wrote this text :

- Taishô III. He gives up his studies at Keiô University.
- Taishô IV, December. He sets up house with E. Y., an obscure actress.
- Taishô V, April. With "one woman, two dogs, one cat, an artist's gear reduced to paint tubes, ten books, and two kimonos", he moves to a hamlet named Kurogane, Nakazato village, Tsuzuki county, Kanagawa prefecture.

There, after much groping and wandering, he starts writing *Yameru sóbi* (*The Sick Rose*), a part of *Den'en no yúutsu* (*Gloom of the Countryside*).[3]

The text published by Sato in 1919 results, as a mater of fact, from the fusion of two originally distinct short stories :

> In sum, almost three years were necessary for piecing together, suspending, rewriting this work, which nowadays has become half classical as *Den'en no yúutsu*,

in its presently diffused form.[4]

...a labour during which it seems that two referential fields were in contention, one appealing to Europe through William Blake's (1757-1827) poem *The Sick Rose* - a title which is literally translated in the subtitle of Satô's work -, the other to China, through diverse quotations or allusions.

More than the quotations, it is the allusions which will interest us here. Through them indeed, all the author's work and, beyond, the experience he made when he left the city for the countryside, appear as an allegory of the life of Tao Yuanming (365-427), the "poet of the fields" (*den'en no shijin*, Chin. *tianyuan shiren*) who chose to return to his native rural place and work the land with his hands rather than carry on with an administrative career in the city. In the history of East Asia, Tao Yuanming is an archetypal figure, not only because he inaugurated the genre of "rural literature" (*den'en bungaku*) or "field poetry" (Chin. *tianyuanshi*), but because his very life illustrated the return to the land, or to nature, of literati who refused to serve as officials and chose retirement, or even anchoretism (*inton*, Chin. *yindun*).

It is evident that the *kare* of *Den'en no yūutsu* is haunted by this model, which shows through in the very title of the work. I shall here examine the manifestations of this obsession, by elucidating their ecumenal[5] (onto-geographical) constituents rather than their literary means. As a matter of fact, what is at stake here is grasping, through *kare*'s experience, the sense of a phenomenon of another scale, which is the evolution of the relation between city and country in modern Japan, its meaning in terms of sustainability (or, rather, *un*sustainability), and its incidence on the feeling of security, or insecurity, which this relation may foster in the heart of the Japanese.[6]

2 . Suburban rose

Suburbs (*kôgai*) in the present sense are, in Japan as elsewhere, entailed by the mechanization of transport, which made possible to separate home and work by wide distances, and induced, correlatively, an indefinite outward sprawl of cities. However, this evolution would not have taken place if it had not been underlied by a certain turn of mind, the diverse motifs of which can be analysed at various depths and time scales. In this respect, *kare*'s motivation provide a laboratory, since they reveal indirectly the introspection which Satô Haruo made of his own motivations ; a split between reality and fiction which, as will be seen, reminds of certain aspects of the work of Tao Yuanming himself.

Den'en no yûutsu, first, pertains to a literary vein which was initiated by Kunikida Doppo (1871-1908) with *Musashino* (1901), a work composed with a series of accounts of strolls he had made in the surroundings of Tokyo, and which had considerable repercussions. As a matter of fact, *Musashino* instituted the periurban countryside as an ideal landscape at the very moment when the capital, overflowing beyond the frame which it had kept since the Edo era, was beginning to expand into suburbs.[7] This artialisation,[8] transforming the countryside into a desirable abode, brought forth the concrete motifs of this movement. To be sure, the Edo era did not ignore the pleasures of outing in the country ; and touring about famous sightseings (*meisho*), in Japan, belongs to a long tradition.[9] However, as Higuchi Tadahiko[10] has shown, hiking to the *meisho* belonged to a topique in which it was not the countryside itself which was attractive, but only certain places, at certain moments associated with certain aesthetic themes (snow, cherry flowers, fireflies, etc.). That was what people went to see, within Edo or in its outskirts, whereas the countryside in general passed unnoticed, so to say. On the other hand, in the wake of *Musashino*, a real infatuation for rural landscapes developed. What Higuchi calls "a new vision of the suburbs" (*atarashii kôgai-ka*n)[11] was born, making them appear as an ideal environment, combining the advantages of the city with those of the country. Indeed, as Kunikida went into raptures over, "Is there anywhere else a place in which nature and life are brought so close together ?".[12]

The Western imagery - inherited from Rousseau, Thoreau, Tolstoï ... - did certainly play a part in this discovery of the countryside, conveyed by literature together with so many things which were, at the time, introduced from the West. *Kare*, as a matter of fact, will appear in the last pages as if possessed by a "voice", which exclaims : *Oo, sôbi, nanji yameri !* This is nothing else than William Blake's verse *O rose, thou art sick*. Yet *kare* himself does nor recognize this voice, nor the verse in question. This verse haunts his lettered unconscious, and it spurts out - more than ten times in the last five pages, which also are the last day - because, in fact, *kare* has discovered on the same day that the most beautiful rose in his garden was eaten by a worm. For all that, talking with his wife about that rose in the morning, it is quite consciously that he had quoted a Chinese poem :

- Hey, did'nt you notice ? This morning, a fairly good flower has come out. My flower. [...]
- Yes, I saw it. The one in blooming up there in the middle ?
- Right. That one, "solitary blooming at the heart of the garden".[13]

All this because, in fact, *kare* is making this experience through a literary model, here manifested by the quotation of a verse from Chu Guangxi (706-763).[14] Consciousness and deliberation, whose reference evinces his good temper and his self-assurance, then retrieved after the long train of gloomy days of an endless *tsuyu* (monsoon rain). That morning, indeed, the sky had become serene again, and *kare* had not yet discovered that his rose was sick ...

But the *tsuyubare* (respite of the monsoon rain) was a fleeting one ; and for the most part, it is without his knowing it that *kare* is haunted by his model. If, however, it is a verse coming from Europe which translates this possession, and which, with the subtitle, motivates one of the two initial short stories which composed *Den'en no yúutsu*, it is to Tao Yuanming that the general motif of the work refers.

3 . Premonition

It goes without saying that, in the reality lived by *kare*, the interferences of two referential fields - one tending to Western modernity, the other to mediaeval China - symbolize the insecurity (*fuan*) of the Japanese identity, historically groping for its own way between these two models. These torments are here kindled by the exemplification of *kare*'s character, whose whole existence, in this story, is caught within an allegory (a word composed with *allos* : other, and *agoreuó* : speak in public). Not only in the sense that, deliberately, a literary reference would give more depth to that which *kare* himself would intend to say or do ; nor even in the sense that, toward the end, it is somebody else's voice which speaks in his place :

He wants to light the lamp and strikes a match. At the very moment his hand is lit up,

- O rose, thou art sick !

Forgetting to bring the match to the wick of the lamp, he listens to that voice. The thin stalk of the match burns out, briefly becomes a red string, and drearily disappears just after. The blackened head of the match, solitary, goes down to the mat. Hasn't the air in this house become too gloomy, too wet, too rotten, for the fire to light up even a lamp ? He strikes one more match.

- O rose, thou art sick !

How many matches he strikes, how many.

- O rose, thou art sick !

That voice, where on earth does it come from ? Might it be a revelation from

Heaven ? Might it be a prophecy ? Anyway, the words pursue him. However far away, however far away (*Doko made de mo, doko made de mo*)[15] ... but because, from the beginning, he lives his own life within that allegory. In sum, his life is nothing more than a story said already by someone else[16], who has lived this life before him, and who is haunting[17] his own home.

This house, now, appeared in front of him (*Sono ie ga, ima, kare no me no mae e arawarete ki*ta)[18].

These are the first words of the story. A few lines further evoke *kare*'s walk toward this house, guided by a countrywoman and followed by his wife and his two dogs, under a scorching sun. Then,

- I have a feeling that it will be a good house.
- Yes, so do I.

He walked, his eyes set on that thatched roof. He even thought that, if it was that house, he had already seen it long before, maybe in a dream, maybe in a vision, or maybe through the window of a train running at full speed[19] ...

Kare will not be able to explain himself that feeling of *déjà-vu* ; but the reader, gradually, as the allusions go by, will guess that this story is an *ersatz* of the life of Tao Yuanming, reproduced in this country through the medium of literature. An indication is given further on, when *kare*, who has kept rehearsing, several pages long, the reasons which made him choose to live in the country, at last arrives in front of the house :

This house, now, indeed appeared in front of him (*Sono ie ga, ima, kare no me no mae ni arawarete kita no de ar*u)[20].

Without crossing the earthen bridge, absorbed in his thoughts, he gazed at it for a long time, that house which made one feel like humming *The three paths have run wi*ld[21].

These "three paths [which] have run wild" (*san kei kō ni tsuite*, Chin. *san jīng jiǔ huāng*) come from Tao Yuanming's famous poem *Gui qu lai xi* (*Let's come back!*)[22],which chants the poet's coming back home, in his native countryside. They symbolize loyalty, which for[23] Tao Yuanming signifies authenticity toward his roots and, above all, toward his own "spontaneous character" (*zhixing ziran*)[24]. But as for *kare*, he will not be happy for a long time in that house. The remaining part of the story describes his progressive disillusionment, his incapacity to set about his work, although he had thought he would find there the ideal conditions for writing, and the surge of strange obsessions, which will eventually make his stay in that house unbearable.

4 . The split of the house

That feeling of *déjà-vu* which, from the start, settles in *kare*'s mind, other people already had felt it before him ; for example Bai Letian (or Bo Juyi, 772-846) in front of Mount Lu, a central mountain in the world of *kare*'s motivations, especially as for the model of his habitation :

> When [I] saw [Mount Lu] in the autumn of eleventh year of the Yuanhe era [816], I loved it like the native place which one finds back after a long voyage, and I wanted never to leave it. This how I built a cottage near the monastery, facing the mountain. It was finished in the spring of the following year : a hall of three bays, two columns, two rooms, four windows, an orientation and a dimension relevant to my tastes as to my means. The door, to the North, allows for the wind to temperate the heat of summer ; the canopy, to the South, is high enough for the sun to come in during the cold season. The wood of the beams is just hewn without paint, the walls are just built without whitewash, the windows are paper-pasted, with bamboo blinds and rough canvas curtains. This simplicity suits me. [...] Soon my thoughts are absorbed by the landscape, I feel myself melting in the harmony which surrounds me. [...] I

see only one explanation, it is that I live here[25].

Yet if, like much later *kare* in front of his house, Bai Letian, in front of the Lu-shan, is caught within a system of literary references which, at once, make this landscape familiar to him, he not only has built his thatched cottage (*caotang*), but he precisely has made of it a paradigm, that after which was defined the type of inhabitation idealized by *kare*. Long after Bai Letian, indeed, it is this literary paradigm which was adopted and codified by the Japanese tradition of the *sukiya* taste, extolling its rusticity to the level of a refined art, particularly so in tea-arbours (*chashitsu*).

Now, hiding its true descent, this model looks as if it had directly stemmed from peasant houses in Japan itself:

[At the Taian][26] the cob is apparent on the surface of the walls. This can be seen, if one goes to the country, in cowsheds, stables and the like. For a humanly inhabited space, such a thing would ordinarily not come to the mind, but one can here detect Rikyû's aesthetic genius, which was to discern its interest. [...] It is the aesthetics about which Rikyû said : "Making something aesthetically interesting (*omoshiroi*) with aesthetically uninteresting (*omoshirokunai*) material"[27].

This is indeed what *kare* thought, convinced as he was to move into an authentic peasant's home ; but the reader learns later that, in fact, this house had been built a few years before by a rich retired man who intended to spend there his old age with a young mistress he had brought back from the city (and who, by the way, fled afterwards with a lover) :

He had had the annex (*hanare zashiki*) taken down and rebuilt on a piece of land just beneath his home. There was a four *ken* long verandah (*en*)[28], oriented so as to receive the winter sun from morning to evening. Once passed through the three-*jō*[29] vestibule (*genkan*), there was a six-*jō*[30] parlour (*chanoma*) in which he had a hearth (*irori*) sunken. The alcove post (*tokobashira*) made of black persimmon wood,

and the transom (*ranma*) of the main room (*zashiki*), with its paper slides (*shōji*) wrought with hemp leaf motifs, were so delicate that they set the people in the village all gazing at the house. The carpenter, stroking the second-hand pillars, praised them as if they were his own : here are pillars of our wood, the best among the best ! Not a single knar offending the eye ! ... And in lieu of those unfloored (*doma*) kitchens of peasant houses, vast like sanctuaries with their soot-blackened beams and ridges, in that house, the kitchen had a board floor, and the woman could there move along with her white socks (*tabi*) and train-dragging kimonos.[31]
But as the house had afterwards been rented to a poor farmer, all that luxury became hardly recognizable, and the garden ran wild.[32] *Kare*, for some time, will work at clearing it, but this toil will soon bother him ...

5 . The split of the hill

Kare, nevertheless, has cleared the view in a certain direction :

There was a hill.

When one looked from the verandah of the house, the branches of the pine and those of the cherry tree, extending toward each other, intertwined and formed a vaulted space, and the arch-like curb formed by the leaves and branches of the two trees was subtended by the straight line of the top of the hedge. That produced, so to say, a green frame. It was a picture frame. And in the depths of this space, to some distance, one could see that hill.

This hill, when did he discover it for the first time ? Anyhow, it attracted his sight. And he loved it extremely. In these times, these days and days of dreary rain, when, looking away from the agonies of life, he directed to the outside his eyes, windows of his depressed heart, each time, what was reflected in his eyes was that hill.

That hill, especially when he looked at it through the vaulted frame formed by the leaves and branches of the trees of his garden, attracted him spontaneously, like another world. It was just at a good distance, more fantasmatic than reality, more real than a fantasm, and moreover, according to the texture of the rain, he felt it now drawing nearer, now receding far away. Or sometimes it was indistinct, as if he was looking at it through a frosted glass [33].

Therefore, *kare* spends much time gazing at this other world (*bettenchi*), framed like an image. He finds there a sort of matricial bosom : "That hill, somewhere, gave an impression like that of a woman's flank ... " [34].

- What are you staring at like that ? asked his wife.
- Hmm. It is that hill. It is that hill, but ...
- What's the matter with it ?
- Nothing ... Isn't it beautiful ? I can't find the words (*Nan to mo ienai*) [35] ...

This *nan to mo ienai* is the most direct allusion - in fact, it is almost a quotation - referring to a certain poem of Tao Yuanming's, *Drinking wine* (*Yin jiu*) V :

Jie lu zai renjing	I have plaited my hut in the human realm
Er wu che ma xuan	But no racket of carts and horses
Wen jun he neng er	You ask : how can it be possible ?
Xin yuan di zi pian	When the heart is far away the earth itself is remote
Cai ju dong li xia	I pick a chrysanthemum at the foot of the Eastern hedge
You ran jian Nan shan	At leisure afar I see the Southern Mount
Shan qi ri xi jia	The breath of the mountain at sunset is auspicious
Fei niao xiang yu huan	Flying birds together return
Ci zhong you zhen yi	In this is authenticity
Yu bian yi wang yan [36]	I want to say it but I have forgotten the words

From that point, indeed, the clues abound, and it becomes evident that the hill is Mount Lu. Over there, *kare* observes some thatched roofs (*kusa yane*)[37]; now, Mount Lu is not only that mountain which evokes Bai Letian's famous verse : *Lu-shan caotang ye yu du*, "Alone by a rainy night in my thatched hut at Mount Lu", and in view of which Tao Yuanming had "plaited" his own. The expression *jie lu*, "to plait one's hut", has become since then a commonplace in "recluse literature", a vein which was later to flourish in Japan. To it belong such figures as Saigyô (1118-1190), Kamo no Chômei (1155-1216), Yoshida Kenkô (1283-1350), who exerted a considerable influence on Japanese aesthetics. To Saigyô's descendance, in particular, can be referred more or less directly the poetic genres of *renga*, then *haikai*, stone gardens, flower arrangement (*kadô*) and the art of tea (*sadô*), without which one could not understand some determinant traits of Japanese culture[38]. This is indeed more than only literature. The very word *Lu*, in "Mount Lu", is written with a sinogram which means "a thatched hut"[39]. And just like this "Mount of the Hut", the Lu-shan, is also, in the Taoist tradition, renowned as a *dong tian fu di*, a fairyland with caves (*dong*) reaching to the heaven (*tian*), *kare*'s hill "made him think of a fairyland"[40]. If, however, like in the 7th verse of Tao Yuanming's poem, the cosmic breath (*qi*) of Mount Lu rises in the sunset, from the thatched roofs on *kare*'s hill similarly rises the smoke of the evening meal, and if, like in the 8th verse[41], *kare* sees birds flying in the dusk, in his case, these are not auspicious birds : "Over the woods of the hill, there was a flock of crows"[42]. Nevertheless, like Tao Yuanming reaches a feeling of cosmic authenticity (*zhen yi*, 9th verse)[43], *kare*, too, gazing at his hill, reaches a "transcendental feeling (*chôetsuteki na kokoromochi*)"[44].

... Piteous transcendency, in fact ; for, after this sunset, *kare* sinks into the blues, haunted by evermore disquieting visions. For sure, he will see his hill again, and even, in the last evening, almost like into the Lu-shan at last eternity would have changed it, were it not that his rose now is worm-eaten, and the hill, meanwhile, has become malefic :

That hill, today, attracted his eye even more strongly.

"Am I not going to end by hanging myself, up there ? Up there, there is something beckoning to me." [...]

His phantasm suddenly makes him raise his hand. Just as if he was going to throw some invisible *obi* at some invisible branch, now, on the top of that hill ...

"O rose, thou art sick !".

6 . Inauthentic return

Drinking wine V remains one of the *kanshi* (poems in Chinese) most appreciated by the Japanese, and Tao Yuanming is kown first as "the poet of the fields" ; but it is with a tale in prose that he has most impressed the memory of Eastern people : *Tao hua yuan ji*, the story of the spring of peach flowers ; so much so that the country which he describes in this tale has become a common name in Japanese : *tōgenkyō*, which the *Kōjien* defines as follows : "Another world (*bettenchi*), secluded from this mundane world (*zoku seken wo hanareta*)". It is the story of a fisherman who, going upstream a river, reaches a strange place, planted with peach trees in bloom. Through a cave, he comes out into a magnificently cultivated plain, where peasants live in peace : five hundred years before, they have taken refuge there, and are unaware of what happened since then in the outside world. After a while, the fisherman returns to the world ; and neither he nor anybody else has ever been able to find back this ideal country.

The *Tao hua yuan ji* has long been considered as an instance of the genre - abundant under the Six Dynasties - of fantastic tales, called *shou shen ji* ("notes on the search of spirits"), a first collection of which was composed under the Jin by Gan Bao (317-420). It was even believed at one time that Tao Yuanming himself was the author of a second collection, the *Shou shen hou ji*. Later, following Wang Anshi (1022-1086), emerged the opinion that Tao Yuanming's tale, with its description of a peaceful, egalitarian and governmentless society, was above all a social utopia, fiction being at the time the only way to express a political criticism without risking death. It is this interpretation which was recently adopted and deepened by Ikkai Tomoyoshi's study *Tō Enmei* (*Tao Yuanming*)[48]. This study underlines that, in many of his works, the poet voluntarily played on the ambiguity between realism and fiction, so as not only to cloud the issues, but to split ironically his own character. For example, *Master Five-Willow's story* (*Wu-Liu xiansheng zhuan*) tells in the third person about a character who seems to be Tao Yuanming himself ; so much so that posterity nicknamed him "Master Five-Willows", and that one can find today a "Temple of the Five Willows" (Wu Liu ci) on the presumed spot of his cottage, facing Mount Lu. In some respects, one may consider *kare*, in his turn, as Sato Haruo's own "Master Five-Willows"...

Now, the poor *kare* totally lacks such irony. He is dispossessed from reality by literary images, the origin of which is already split between reality and fiction. These images have nevertheless a power of bewitchment which owes nothing to irony ; on the contrary, they carry a deep motivation, irrigated by a mythological stream which spans over millenia : the "semantic basin"[49] within which is located the relationship between town and country. As for China, Oomuro Mikio has shown that the *Story of the spring of peach flowers*[50] takes place in a descent, the origin of which is the myth of the "Great Identity" (*Datong*), equivalent to the myth of the Golden Age in Europe and to its continuation in the Arcadian pastoral. Oomuro surmises that the myth of *Datong* perpetuates the memory of the matriarchal communities which one commonly sees in the neolithic societies of the Yangshao epoch. He links, thus, this myth to a "maternal principle" to which, contrary to Confucianism, would belong Taoism.

Rather than *kare*'s pains, what will interest us here is a phenomenon of another range : the motivations which, pushing urbanites to idealize the countryside, are presently entailing vast changes in the settlement patterns of affluent societies. A remarkable aspect of this trend is that the countryside, there, is perceived under the sign of authenticity, contrary to the supposed vanity of urban life. People will talk for example about the "natural reunion of Man and the country"[51]. Now, it is well known that the country in question is an "invented country"[52], a product of the representations of an urban society rather than a properly rural reality ; so much so that the landscape, there, is more important than agriculture, or even opposes to it. It is less known that this countryside which is essentially experienced as a landscape[53], by people possessing an urban culture, was born with the very idea of landscape, in China under the Six Dynasties, from the brush of poets like Tao Yuanming and Xie Lingyun[54]. It is a product of lettered culture, that of hermitism (*yindun*), a representation which rejected the city but originated in the city, not in the country[55].

On this account already, the "authenticity" which should be that of choosing to live in the country rather than in the city deserves to be analyzed. In such respect, Tao Yuanming's work is exemplary, since the torments and reversals which he expresses were those of his proper life. Experience, and even ordeal, underlie the certitude which verse nine illustrates in *Drinking Wine V* : *Ci zhong you zhen yi*, "In this is authenticity". This authenticity, or "true intention" (*zhen yi*), beyond words (see last verse), combines in a cosmic junction the landscape with the the poet's life choice. On the other hand, in Satô Haruo's story, it is an inconscious built with words which dictates *kare*'s life ; and, like his rose was worm-eaten, this inauthenticity gnaws away at his very being.

But if it is true that representations always take part in the construction of human reality - that is, if reality always partakes of the predicativity of a certain world -[56], what then is authenticity ? Tao Yuanming's *zhen yi* puts us on the way. This locution comes from Taoism, in which *zhen* is a central concept[57]. As is illustrated by the parable of the enclosure of chestnut trees of Diaoling (*Diaoling zhi fan*) in the *Zhuangzi*[58], the matter is about finding a just balance in the interrelation of things, putting human behaviour in its right place within a cosmic order. This is what is expressed, in *Drinking wine V*, by the concord between the course of the sun, the breath of the mountain, the return of the birds (a metaphor of the poet's return to the country), the gesture of picking a flower (in which the poet naturally sees the mountain), and the overall feeling of peace and security which results thereof.

On the contrary, *kare*'s insecurity means : inauthenticity.

No less inauthentic is our present way of life, in which the longing for the country and for nature results in urbanizing the former and disrupting the latter.[59] Authenticity in this respect would consist in reducing the gap between our representations, our behaviour and the course of nature, by acknowledging the *urban* reality of our civilization.[60] It is in Athens, not in Arcadia, that was born the myth of Arcadia![61]

This is to say that, in today's world more than ever, and in direct contrariety to the reigning ideology of the individual consumption of individual goods - e. g. individually owned four-wheel-drive SUV[62] for escaping individually to individual thatched cottages -, enhancing the social overhead capital of the city is the clue to sustainability and, therefore, to human security. This is the very choice which might enable us to say again, in the XXIst century, *ci zhong you zhen yi* : in this is authenticity.

1) In the present text, Chinese and Japanese names are written in their normal order : patronymic first, given name second. A previous and partly different version of this article, in French, was presented to the Vth congress (19-21 December 2002) of the Société francaise d'études japonaises, Paris, under the title "De *La source aux fleurs de pêcher* à *La Rose malade*, ou l'Inauthenticité".

2) "With relief, with humiliation, with terror, he understood that he too was an appearance, that somebody else was dreaming him".

3) MIYAMI Kazuo, postface to SATÔ Haruo's *Den'en no yûutsu, aruiwa yameru sôbi*, Tokyo, Shinchô Bunko, 1951 (1919), p. 174-175. I use this same edition for the following quotations.

4) *Id.*, p. 176.

5) *Ecumenal* : relative to the ecumene, i. e. to the relationship of the human with the land ; from the Greek *oikoumené* (*gé*), inhabited earth. See Augustin BERQUE, *Être humains sur la Terre. Principes d'éthique de l'écoumène*, Paris, Gallimard, 1996 (*Chikyû to sonzai no tetsugaku*, Tokyo, Chikuma, 1996) and *Écoumène. Introduction à l'étude des milieux humains*, Paris, Belin, 2000 (*Fûdogaku josetsu. Bunka wo futatabi shizen ni, shizen wo futatabi bunka ni*, Tokyo, Chikuma Shobo, 2002).

6) This research is situated at the crossing of three projects : 1. *L'habitat insoutenable / Unsustainabilty in human settlements,* an international research program (2001-2010) which I am in charge of at the École des hautes études en sciences sociales, Paris ; *Nihon no sumai ni okeru fûdosei. jizokusei / Sustainability and mediance in Japanese habitation*, a team research project which I am to co-ordinate at the Nichibunken, Kyoto (April 2005-March 2006) ; 3. my associate project on the relationship between security (*anshin*) and mediance (*fûdosei*) at the *Human security research centre* of Dôshisha University, Kyoto.

7) See HIGUCHI Tadahiko, *Kôgai no fukei. Edo kara Tôkyô e*, Tokyo, Kyoiku Shuppan, 2000.

8) Determination of perception by art. On this concept, see Alain ROGER, *Nus et paysages. Essai sur la fonction de l'art*, Paris, Aubier, 1978.

9) See Jacqueline PIGEOT, *Michiyukibun. Poétique de l'itinéraire dans le Japon ancien*, Paris, Larose, 1982 ; CHIHÔ-SHI KENKYÛ KYÔGIKAI HEN, *Toshi. kinkô no shinkô to yusan. kankô*, Tokyo, Yuzankaku, 1999 ; and more generally Augustin BERQUE, *Le Sauvage et l'artifice. Les Japonais devant la nature*, Paris, Gallimard, 1986 (*Fûdo no Nihon. Shizen to bunka no tsûtai*, Tokyo, Chikuma Shobô, 1988).

10) *Op. cit.* in note 7.

11) *Op. cit.*, p. 47.

12) *Seikatsu to shizen ga kono yō ni missetsu shite iru tokoro ga doko ni aru ka*, a sentence which is reproduced on the cover of the Iwanami Bunko edition (Tokyo, 1939, 76th reimpression, 2000) of Musashino.
13) *Op. cit.*, p. 155.
14) *Kare* pronounces this verse *ikkei hitori hüdete teishin ni ataru*, Japanese reading of the Chinese *yi jing du xiu dang ting xin*.
15) *Op. cit.*, p. 166. These are the last words of the book.
16) I have presented this interpretation in "Le poème dit par un autre poète", *Po&sie*, 100 (2002), p. 286-291. One may also think, of course, of Maupassant's *Le Horla* and Stevenson's *Dr Jekyll and Mr Hyde*.
17) This verb, through the French *hanter*, comes from the Germanic root *haim*, which also gave the German *Heim* and the English *home*, and may be connected with the Sanskrit *kshéma*, security ; all from the Indo-Eeuropean root *kei-*, lie (hence also the Greek *keimai*, lie, and *koimeterion*, dormitory, cemetery).
18) *Op. cit.*, p. 5.
19) *Op. cit.*, p. 6.
20) *Op. cit.*, p. 9.
21) *Op. cit.*, p. 17.
22) Reproduced and commented in MATSUEDA Shigeo and WADA Takeshi, *To Enmei zenshū*, Tokyo, Iwanami Shoten, vol. II, p. 138-149. This verse is on p. 144.
23) By alluding to a public servant who lived at the time of Wang Mang's usurpation (9-25 AD), and who preferred to retire to the country rather than serving him.
24) As Tao Yuanming himself writes in the introduction of his poem (p. 140 in Matsueda & Wada's edition).
25) BAI Letian, *Lu-shan caotang-ji*, retranslated from Martine VALLETTE-HEMERY, *Les Paradis naturels. Jardins chinois en prose*, Arles, Philippe Picquier, 2001, p. 26-27. Another description of this "mountain cottage" (*sankyo sōdō*, Chin. *shanju caotang*) may be found in Bai Letian (Bo Juyi)'s following poem : *Xiang Lu feng* ["Mount Cassolette", i. e. one of the peaks of Mount Lu] *xia xin bu shanju caotang chu cheng*, "Chosen anew,

my mountain cottage at Mount Lu is completed", p. 263-264 in TANAKA Katsumi, *Haku Kyo*, Tokyo, Shueisha, 1996. Here the cottage is said to have three rooms (*san jian*).

26) The Taian ("Shack for waiting"), built in 1582, is the oldest remaining tea-arbour attributed to Sen no Rikyû.

27) IZUE Kan, *Sukiya no bigaku. Taian kara kinzoku no chashitsu e*, Tokyo, Kajima Shuppankai, 1996, p. 103. This commonly held argument is refuted by MIYAKAMI Shigetaka, "Chanoyu no eikyô", p. 110-112 in *Sumai no bunka-shi. Nihonjin*, Tokyo, Misawa Hômu Kenkyûjo, 1983. For an overview of the question, see Augustin BERQUE, "Nostalgie du Lu-shan. Note sur les schèmes esthétiques de l'habitat nippon", *Po&sie*, 100 (2002), p. 292-301.

28) Approx. 7.2 m.

29) Approx. 4.5 m^2.

30) Approx. 9 m^2. Contrary to the *genkan*, the *jô* here is not only a surface unit, but a real *tatami*.

31) *Op. cit.*, p. 22-23. A woman dragging a train (*suso wo hikizutta onna*, p. 23) is here a figure of immorality, a slut.

32) Needless to insist, all the details in the story of this house and its garden, put under the sign of inauthenticity, cynism and illusion, are the exact opposite of what Tao Yuanming's paradigm symbolizes with its garden run wild, etc.

33) *Op. cit.*, p. 86-87.

34) *Sono oka wa dokoka ni onna no wakibara no kanji ni nite ita*, p. 87.

35) *Op. cit.*, p. 89.

36) Poem reproduced in MATSUEDA Shigeo and WADA Takeshi, *To Enmei zenshû*, Tokyo, Iwanami Shoten, 1990, vol. II, p. 142-143.

37) *Op. cit.*, p. 88.

38) On this cultural trend, see ISHIDA Yoshitada, *Inja no bungaku. Kumon suru bi*, Tokyo, Kôdansha, 2001 (1969).

39) This sinogram is also read in Japanese *iori* (same meaning). The mountain's name comes from a legend : under the Zhou dynasty (XIIth-V[th] c. BC), a hermit, Kuang Zu,

retired there. King Ding (r. 606-586) bad him to return and serve in his government (praying the anchorite to come back is a classical theme in Chinese literature) ; but when the king's envoys reached his hut, it was empty : he had already disappeared in the mountain, transformed into an immortal, *xianren* (this is another classical theme). Therefore, the Lu-shan is also called Kuang-shan (Mount Kuang) and Kuang-lu ("Kuang's Hut").

40) *Sono oka wa, kare ni wa huearii. rando* (fairy land) *no yó ni omowareta*, p. 92.
41) *Op. cit.*, p. 93.
42) *Op. cit.*, p. 91.
43) In this "true intention", *zhen yi*, coincide the poet's own choice of returning to the countryside, the natural movement of the birds returning home, and the auspicious harmony of the earth and sky (symbolized by the haze rising from Mount Lu in the sunset).
44) *Op. cit.*, p. 92.
45) An *obi* (sash), in Japan, may be used for hanging oneself, if need be.
46) *Op. cit.*, p. 163.
47) This poem is ranking 8th in a survey made by the journal *Sinica*, which published its results in his October 2002 issue, p. 14-15. In the ranking of poets, Tao Yuanming comes 6th, after Li Bai, Du Fu, Bo Juyi (Bai Letian), Du Mu and Wang Wei (*ibid.*).
48) IKKAI Tomoyoshi, *To Enmei, kokyó no shijin*, Tokyo, Iwanami Shoten, 1997.
49) I borrow the expression *bassin sémantique* from Gilbert DURAND, who defined it in his *Introduction à la mythologie. Mythes et sociétés*, Paris, Albin Michel, 1996, p. 85.
50) In his *Tógen no musó. Chúgoku no han-gekijó toshi*, Tokyo, Sanseidô, 1984. Yet, Oomuro defined this mythological frame in a preceding book, *Gekijó toshi. Kodai Chúgoku no sekaizó*, Tokyo, Sanseidô, 1981. See in particular, in the latter, the table on p. 426. More recently, in *Getsurai gen'ei. Kindai Nihon fúkei hihyó-shi*, Tokyo, Chûkô Sôsho, 2002, the same author has shown how deeply the literati of the late Edo period were penetrated by this tradition, which made them conventionally perceive their environment as if it was those same landscapes which the poets of the Chinese classics had been looking at.
51) As is literally expressed by the title (the content is in keeping) of a recent book by

Bernard FARINELLI, *L'Homme et la campagne. Des retrouvailles naturelles*, Paris, Sang de la terre, 2001.

52) Fom the title of the now-classical study of two sociologists, Michel MARIE and Jean VIARD, *La Campagne inventée,* Arles, Actes Sud, 1977. More recently in the same vein, see Jean-Didier URBAIN, *Paradis verts. Désirs de campagne et passions résidentielles*, Paris, Payot, 2002. Contrary to a generally accepted idea, the majority of the people who buy a house in the country do not "come back" to the land of their fathers ; they settle in a place which suits them. And contrary to another generally accepted idea, they do not become rural for all that ; it is the country which becomes urban, or at least residential.

53) As has shown the survey made by Bertrand HERVIEU and Jean VIARD, *Au Bonheur des campagnes*, La Tour d'Aigues, Éditions de l'Aube, 1996.

54) Indeed, if the Roman *otium* aims at the *locus amoenus*, it does not comprise the notion of landscape properly said, so much the less a theory of landscape ; whereas the latter appears in China around 440 with Zong Bing's *Introduction to landscape painting* (*Hua shanshui xu*). In Europe, one has to wait for the Renaissance for such phenomena to occur.

55) On this question, see Augustin BERQUE "On the Chinese origins of Cyborg's hermitage in the absolute market", p. 26-32 in Gijs WALLIS de VRIES and Wim NIJENHUIS, eds., *The Global city and the territory. History, theory, critique*, Eindhoven University of Technology, 2001.

56) I. e. reality is S/P, where S is the logical subject (or substance) and P the predicate (or accident). The predicativity of worldliness (*sekaisei*) was put into light by Nishida Kitarô in *Basho* (1926, collected in *Nishida Kitarô zenshû*, Tokyo, Iwanami Shoten, 1966, vol. IV). Yet Nishida absolutizes P, which in my eyes is only capsizing the modern paradigm, which absolutizes S. Neither can explain the reality of human worlds, which in my eyes proceeds, as Heidegger suggests, from the "strife" (*Streit*) between *Earth* (or S) and *World* (or P). On this question, see my *Écoumène, op. cit.* above in note 5.

57) See OHAMA Akira, *Soshi no tetsugaku*, Tokyo, Keisô Shobô, 1966, partic. chapter X ("The meaning of *zhen*").

58) In chapter XX ("The mountain tree"), vol. III, p. 99 *sqq.* in KANAYAMA Osamu's

edition, Tokyo, Iwanami Shoten, 1994. In this parable, Zhuangzi (Zhuang Zhou) is seen aiming at a magpie which has its eye on a mantis which has its eye on a cicada which is looking for the coolness of the shade of a tree, before he himself is pursued by the warden of the enclosure, who mistakes him for a chestnut robber ; i. e. one only sees one's direct profit, forgetting one's place in the cosmic reciprocity of beings.

59) This is the object of the research program *Unsustainability in human settlements* mentioned above in note 6. See Augustin BERQUE, "L'Habitat insoutenable. Recherche sur l'histoire de la désurbanité", *L'Espace géographique*, XXXI (2002), 3, p. 241-251.

60) It has become definitely clear, for example, that in terms of ecological imprint, compact cities are more sustainable than the present sprawl. See for instance *Cahiers du CLIP (Club liaison ingenierie prospective)*, XIII (April 2001), *Habitat et développement durable*.

61) On this subject, see Nicole LORAUX, *Né de la terre. Mythe et politique à Athenes*, Paris, Seuil, 1996. By taking in a cave, at the foot of the Acropolis, in the Vth c. B. C., the god of pastoral expanses, Pan, "Athens integrated the Arcadian [i. e. Pan] into the civic space of the autochthonic [Athenian] myth" (p. 69). The cave symbolized wildness and wilderness. Indeed, "in Arcadia, a cave is a cave, but outside Arcadia the cave shelters Pan, because it 'signifies Arcadia'" (p. 67). In other words, symbolicity (i. e. the logic of the predicate : *S is P*) enabled the Athenians to integrate the country into the city. The problem for us is that the modern absolutization of *S* tends to make this impossible : we want to consume Arcadia itself, where *S is S* ("a cave is a cave"), and by doing so destroy Arcadia, because we are not Arcadians, but Athenians (urbanites) : in this consumer's world of ours, like in Satô's novel, Arcadia (i. e. nature, or the Earth) can only be gnawed away by inauthenticity. What we should do instead is, like the Athenians, make Pan inhabit the city itself ; e. g. with ecologically rich and symbolically profound *public* gardens and parks.

62) "Sport and Utility Vehicles", a category which developed since the late seventies for getting round the 1975 regulation restricting the consumption of gas of private cars in the USA. Pretending to satisfy their buyers' love for nature, the SUV in fact were specifically invented for wasting energy, i. e. destroying nature.

Social Welfare & Human Security in Asia

Muthu RAJENDRAN

This paper will discuss the major issues in social welfare in Asia in the context of (a) charity and paternalistic approach (b) rights based approach and (c) human security. It will also attempt to examine whether human security provides a viable alternative to the rights based approach in Asian social welfare and social work or otherwise.

Introduction

Asian social welfare systems with the exception of Japan are primarily paternalistic and based on charity.[1] Social welfare in Asia (except Japan) could be seen as measures undertaken by public and voluntary organizations including self-help groups to provide specific services to : (a) enable individuals to cope with social problems mainly in the light of changing socio-economic conditions and (b) restore individuals and groups to useful social activity. The term social welfare that refers to the traditional functions of 'service delivery' is becoming less popular. Instead terms like social services, social development, community development etc are gaining more currency and this trend is increasingly becoming evident in the region.

Unlike Japan and the developed nations, the countries in the region do not provide social services and care as matter of right for citizens but on the basis of charity and needs depending on the resources available for such 'caring' activities.

Priorities for economic growth and development have reduced the focus on the provisions of a formal security net. Moreover a welfare state was rejected because such a system would increase the burden of taxation. In addition the element of work ethics also appears to be a major consideration for the rejection of a welfare state.

Consequently, welfare services were given low priority in national development. In addition, social care and services is one of the last agenda for most of the nations in the Asian region. The situation is worse in Laos, Kampuchea, Myanmar, Nepal, Bhutan, etc, which are some of the poorest countries in the world. As such welfare services in most countries in the region (with the possible exception of Singapore) are subjected to tight financial limitations and shortage of professional and skilled personnel etc. This is reflected by the provision of limited financial assistance, rehabilitative services and care (including institutional care) to the needy and vulnerable segments of society who have fallen outside the network of regular support systems.

Rapid Economic Growth & Social Issues

Social welfare objectives have obviously taken a backseat in the region where preeminence has been given to economic development and growth thus undermining social care and services. Many governments in the region neglected social security and more importantly the welfare of many marginalized groups including indigenous and minorities, children and women in difficult circumstances etc. For most of the states in the region social welfare was associated with rising growth rates, per-capita income, reduction of poverty (with minimal focus on distribution of income) , expanding employment opportunities, education, health facilities etc. Although some of these countries like Singapore, Malaysia and even Thailand have achieved rapid economic growth, most of the governments (with the possible exception of Singapore) hardly provided any kind of social security provisions like housing, pensions and health insurance thus bringing about much untold hardships for the underclass, underprivileged and marginalized.

Moreover, social issues and social justice for these classes as well as those who are oppressed and suppressed could not be discussed publicly in most of the nations in the sub-region which imposed severe restrictions on freedom of expression and assembly thus bringing into question issues like social action, social justice and human rights. Autocratic leaders like Suharto, Marcos, Lee Kuan Yew, Mahathir Mohamad and Musharaf Pervez as well as the leadership in Myanmar, Vietnam etc have suppressed freedom of expression, assembly as well as the media.

Countries like Malaysia and Singapore have strict laws like the Internal Security Act or ISA (detention without trials) while Myanmar is well known for suppressing democratic movements) thus imposing severe restrictions on civil groups and NGOs campaigning for social rights. This is a major impediment for the underclass, underprivileged and marginalized as well as for those who champion their causes to mobilize public support for the betterment of the above mentioned disadvantaged groups.

Notwithstanding the above shortcomings, rapid economic growth, uneven distribution of income (among citizens and sectors within national economies) as well as accelerated industrialization and unplanned urbanization gave rise to complex social changes. This led to a host of social problems and ills thus imposing severe strains on limited social services and care in most of the countries of the region.

Moreover, welfare systems in most countries in the region have many problems and limitations. These include, weak or inadequate social welfare legislation, poor enforcement of laws, bureaucratic red tape, corruption etc. In the light of these constraints, welfare authorities in most Asian societies are finding it increasingly difficult to cope with the complex and rising tide of social problems in their countries. In this respect much of the activities of these welfare agencies are 'reactive' i. e. providing assistance, care and relief to meet the immediate and minimal needs of the various target groups. Consequently there is little planning and strategizing, or to focus on preventive and developmental aspects of social problems as well as social work.

Other Measures

Regional governments have largely neglected social welfare, which is often the last agenda on national development policies. Nations in Asia should give some priority to social welfare in national planning and development. Another area that deserves some consideration is the issue of social management, which is essential in managing current social problems, and the emergence of new ones. It requires effective social engineering, coordination and interdisciplinary management. In this respect, intra-ministerial rivalry and bureaucratic encumbrances has undermined effective cooperation in the management of social problems in many regional countries. These issues need to be addressed in the light of social problems and issues like Aids, addictive behavior, prostitution, drugs, street children, undocumented migrants, ethnic minorities etc. which, require high levels of interdisciplinary management particularly at national as well as international levels.

Globalization

Globalization, the growing integration of economies and societies around the world resulting from increased flows of trade, capital, people, and ideas.[2] have brought about socio-economic advantages as well as disadvantages. Growing differentials in the distribution of resources and income between the richest and poorest countries in the world, environmental degradation as well as cross border issues like undocumented migration, trafficking, prostitution, pornography, drugs, rapid spread of Aids etc has been aggravated by globalization.

Social Exclusion : Trade Vs human rights

At the international level ASEAN (Association of Southeast Asia also called the ASEAN 10) which is represented by all the ten countries in the sub-region has also been confronted with issues of human rights (particularly in Myanmar), labor standards, free collective bargaining, child labor etc.

One of the reasons for the controversy was the low cost advantages enjoyed by developing countries like China, India and the ASEAN nations which have penetrated Western markets for labor intensive products. In this respect lower wages, less extensive social security benefits as well as less aggressive unionization, higher motivation for work and strong work ethics enabled manufactured exports from these countries to penetrate the markets of the developed nations. Meanwhile many developed nations accuse the South of unfair competition or social dumping since the developing countries 'capture markets' by denying their workers basic rights coupled with poor working conditions and low wages. Developing countries have countered by insisting that attempts by many developed nations to link human rights and international labor standards to trade was merely an excuse to protect high cost economies of the West from international competition. In short this represented protectionism by the back door or social protectionism by the developed nations.

While developing nations in Asia deserve greater excess to the markets of the developed nations (on the basis of fair trade competition), there is an urgent need to remove draconian laws like the ISA which stifle freedom of expression and assembly thereby impinging on the basic rights and civil liberties of the citizens which are essential for social action and justice. Meanwhile the global community should tread with caution on the issue of human rights and trade since it involves developed and the developing nations as well as multilateral agencies like the UN, ILO, World Bank, IMF etc. In this respect, certain safety barriers or exclusion clauses should be enforced to address the relationship between trade, global human rights and labor standard. This is crucial to ensure that developing nations including those in the ASEAN region as well as the Indian sub-continent and China are not subjected to social exclusion by some 'global gangsters' with sinister motives of protecting their own markets as well as to 'legitimize' or rather impose their hegemonistic will over the globe by linking these issues.

Major Social Issues and Problems

(i) Prostitution

Prostitution is a major problem in Asia. Given the nature of this problem, it is not possible to get accurate figures but it has been estimated that there are between 10-12 million sex workers in the region. The Coalition Against Trafficking in Women-Asia Pacific (CATW-AP) listed the following figures.[3]

(i)India : 7,936, 509 (ii) Indonesia : 500,000 (iii) Thailand : 300,000-2.8 million (iv) Nepal : 300,000 (about 100,000 Nepali sex workers are in India). Some experts believe that more than 200,000 Nepali girls are involved in the Indian sex trade, the busiest slave traffic of its kind in the world. (vi) Bangladesh : (about 200,000 women and girls have been trafficked into Pakistan (vii) Malaysia : 142,000 (viii) Japan : 150,000 non-Japanese women are involved in prostitution. Some experts have estimated the figure to be around 200,000-300,000.

The lucrative sex industry in Japan accounts for 1 % of its GNP while total revenue from prostitution in Thailand is about 60% of the nation's annual budget. Southeast Asia is the No. 1 world destination for sex tourism.

(ii) Children Under Difficult circumstances

Children are one of the most exploited and abused groups in many developing nations in the world including Asia. The World Declaration on the Survival, Protection and Development of Children issued at the World Summit for Children on 30 September 1990 stated thus "Each day, countless children around the world are exposed to dangers that hamper their growth and development.

They suffer immensely as casualties of war and violence ; as victims of racial discrimination, apartheid, aggression, foreign occupation and annexation ; as refuges and displaced children, forced to abandon their homes and their roots ; as disabled or as victims of neglect, cruelty and exploitation"[4].

a. Child Prostitution

UNICEF estimates that there are at least 1 million child prostitutes in Asia with the greatest number in India (300,000-400,000), Philippines 60,000, Thailand (50,000 according to Government estimates), Taiwan 40,000-60,000, Sri Lanka 30,000 etc.[5]

A large number of child prostitutes are sold by their parents or guardians for about US 200-500 to agents or procurers. In some Asian countries e. g. Sri Lanka, Thailand etc. children from some orphanages are forced into prostitution.

b. Child Labor

ILO estimates that there are 246 million child laborers in 2002 in the world with Asia having about 127 million child workers. India alone has 20-50 million child workers.[6] Of this figure about 15 million children are Dalits or untouchables who work as bonded laborers in conditions of forced servitude. Meanwhile Thailand has about 200,000 child workers mainly from Laos, Cambodia, and Myanmar etc. Child laborers are also a common feature in many other developing countries of Asia.

c. Child Soldiers

About 300,000 children are serving armies and rebel's forces in the world. In Myanmar which has the worst human rights records in Asia, about 20 % (or 70,000) of the nation's army estimated at 350,000 are children. Opposition armies e. g. United Wa

State Army, Karen National Liberation Army etc also use child soldiers. Children were also recruited or conscripted by Afghan warlords and the Liberation Tigers of Tamil Eelam in Sri Lanka, although these children have been demobilized to a large extent.

d. Street Children

The worldwide population of street children (between 3-18 years old) is estimated at around 100-150 million.[7] Of these 40% are homeless while 60% work in the streets to support their parents and guardians. 25-40 million children live and work in the streets of Asian cities. India has the largest concentration of street children e. g. Delhi alone has about 100,000 street children. Philippines has about 1.5 million while Thailand, Indonesia, Vietnam etc have hundreds of thousands of street children.

e. Other Children under Difficult Circumstances

Apart from the above categories of children subjected to gross exploitation and human rights abuse, millions of children in Asia are victims of violence e. g. about 15-20 million children in Asia suffer from abuse and neglect while millions of girls have undergone some form of genital mutilation / cutting. The number of children who are orphaned or affected by HIV / AIDS are also increasing rapidly in countries like India, Thailand, Vietnam, Cambodia etc.

(iii) **Drugs**

Drug abuse, a major scourge is an alarming issue in many countries in the world including Asia.[8] Worldwide statistics indicate that 180 million persons are addicted to illicit drugs like cannabis (144 million) and amphetamines (29 million), cocaine and opiates.

Asia has about 54 million cannabis and 12.6 million amphetamines abusers.[9] The highest levels of abuse in Asia (exceeding 15 % of the population aged 15 years and above) are in Laos, Iran and Pakistan. Meanwhile in terms of absolute numbers India has the largest number of abusers (about 3 million) while the Philippines has about 500,000.

In some Asian countries, 60% of drug abusers are youth. Amphetamine-type stimulants (ATS) abuse is increasing rapidly. Over 50% of worldwide ATS abuse is in Asia.

Millions of Asians inject drugs and share needles thus aggravating the AIDS pandemic in many countries e. g. China, India, Malaysia, Nepal etc. Moreover drugs have a major impact on sexual abuse and sexual exploitation e. g. many sexual workers are hooked to drugs. Drugs are also given to many young sexual workers and even to children to get them to engage in commercial sex work.

(iv) AIDS

HIV, the most devastating disease ever recorded in modern history has practically infected every nation in the world. 40-42 million persons are infected with HIV / AIDS in the world and a least 8000 people die of AIDS every day. 50 % of those infected are women and more than half of those inflicted with this disease are under 24 years old. In Asia about 8-10 million people are infected with this scourge and the most affected sub-region is South and Southeast Asia with about 4.6-8.2 million sufferers. India has by far the most cases with about 3.8-4 million persons with AIDS. China has 1 million cases. By 2010 China and India will have 10 million and 20-25 million cases respectively. Registered infections are rising sharply in China, Indonesia, Malaysia, Thailand, Philippines and Malaysia due to HIV transmission through injecting drug usage and unsafe sex. AIDS which has brought about untold miseries and sufferings as well as huge loss of human and social costs requires massive resources, political will and unconventional strategies to combat this global epidemic.

(v) Migration

Global migration including refugees and displaced persons (but excluding undocumented migrants) has undergone major changes in post-war history. Migration according to the International Organization of Migration (IOM) has been shaped by multiple pull and push factors including economic development and its disparities, population trends, the existence of migratory networks, access to information, the ease of travel today, armed conflicts, environmental deterioration and human rights violations[10].

Migrants comprised about 175 million or 2.9 % of the world population in 2000. Almost 50 % of the migrants were women. The annual flow of migrants including undocumented migrants ranges between 5-10 million and the scale of migration varies significantly between world regions. This figure also includes 700000-2 million trafficked women and children.

In 2000, 49.7 million Asians migrated to a number of countries e. g. Japan, Australia, Canada, Italy, France, US etc. The bulk of these migrants were Chinese and Filipinos. Apart from intra-regional flows of refuges and displaced persons[11] (totaling about 7 million), undocumented / irregular migrant workers are also a major source of contention in the region. Countries like Japan, South Korea, and Malaysia etc which are facing declining fertility rates as well as suffering from labor shortages are major sources for both documented and undocumented workers from Asia. Most of the irregular male migrants are manual workers while females are mainly domestic helpers or sex workers.

(vi) Indigenous / Ethnic Minorities

Indigenous communities[12] account for between 300-500 million people in the world.

Some 190 million of these people live in Asia including 75 million in India. Of the 950 indigenous communities in Asia, Indonesia alone has 300 ethnic groups. Indigenous groups from Thailand and Indonesia to India have been subjected to enormous exploitation and depravation. Continuing plunder and expropriation of native lands, destruction of homelands, frequent displacements, violation of rights, trafficking of indigenous women and children, forcible assimilation into mainstream societies and brutal treatment by state security forces in some countries like Bangladesh, India etc have reduced most of these minorities to almost servitude in their own lands.

Caste system, one of the cruelest forms of social stratification is still practiced in a number of societies in Asia. Dalits or Adivasi (the untouchables)[13] of India finds corollaries in other parts of the Indian subcontinent e. g. Nepal, Bangladesh, Sri Lanka and Pakistan. Japan's Burakumin or Eta also reflects the prevalence of a caste system in the country.

But the discrimination towards the Burakumin pales the enormous sufferings endured by 160 million Dalits who comprise about one-sixth of the population in India. The Dalits (who represent India's hidden apartheid) are almost completely ostracized to the point where they cannot even use the same wells or drink from the same cups used by the upper castes. The Dalits in Nepal (who number 4.5 million) are subjected to a similar treatment by upper cast Nepalis. Despite the enactment of laws and policies to alleviate the sufferings of the Dalits, the deeply entrenched caste system continue unabated in India, much to the chagrin of human rights proponents in India and elsewhere.

(vii) **Elderly**

The world's elderly (people over 60) is expected to grow from 600 million in 2000 to 1 billion within 20 years. Populations around the world including Asia are ageing because of declining fertility rates and longer life expectancy levels. In the year 2000, the elderly accounted for 5.9 % of Asia's total population and this figure is expected to reach 17 % by 2050. Several countries had high graying populations in the region e. g. Japan 19 %, China 10 %, Thailand 8.1 %, Indonesia 7.6 % etc. Aging societies in the developing nations of Asia are largely marginalized since they have poor access to social provisions apart from enduring much economic insecurity and indignity. In this context, the plight of the rural aged and more significantly impoverished senior citizens merits effective intervention by the state and civil societies in the region.

(viii) **Persons with Disabilities (PWDs)**

Persons with Disabilities are one of the most marginalized communities in many societies. Often, this group is the poorest of the poor in most of the developing countries in the world. It is estimated that of the 600 million PwDs in the world, the Asia-Pacific region is home to about 160 million. 40 % of the PwDs in the region are living in poverty. China alone has about 60 million PwDs. In many Asian countries PwDs have been subjected to a great deal of exclusion. They have been prevented from accessing entitlements available to other members of the society, including health, food, education, employment and other basic social services and from participating in community decision-making processes[14]. One of the rays of hope for the PwDs in the region was the inception of the 1st and 2nd Asian and Pacific Decade of Disabled Persons, 1993-2002 and 2003-2012 respectively. The Biwako Millennium Framework (BMF) which was initiated following the 2nd Asian and Pacific Decade of Disabled persons provided a clear and concise framework for action towards an inclusive, barrier-free and rights based society for PwDs in the region[15]. The BMF is a small albeit important step in the long and arduous battle to redress the exclusion of PwDs from mainstream societies particularly among developing nations in the Asia-Pacific region.

Rights Based Approach

The rights based approach in social welfare took roots with the inception of the human rights movement which culminated with the Universal Declaration of Human Rights (UDHR) on 10 December 1948. The UDHR among others articulated the right to life, liberty and security of person apart from reiterating guarantees of freedom (of thought, conscience, opinion, expression and peaceful assembly), justice and equality for all human beings irrespective of race, color, sex, religion and political or other opinion. The right to a standard of living, education and health were also enshrined in the UDHR.

The rights based approach provided a framework that focused on human rights and responsibilities. It was a paradigm shift from the provision of care, services and goods based on welfare, charity, relief and development (in the case of developing nations) to one that stressed the rights of any person to access such services, care and goods equitably and irrevocably.

A rights based approach recognizes any individual, group or community that is marginalized and excluded from mainstream development as having inherent rights to secure their livelihood and to participate as full citizens in their societies. In this respect women and children under difficult circumstances, indigenous populations, migrants, persons with disabilities etc. have inherent rights and equal access to all services, care and resources to enable them to secure their livelihood with dignity. It also allows these individuals, groups and communities to claim and exercise their rights and fulfill their responsibilities as full citizens.

The center point of a rights based approach in social welfare is the elimination of discrimination of a section of society that is vulnerable, marginalized or discriminated against. Such an approach also aims at empowering the discriminated by enhancing the civil and political rights as well as socio-economic rights of the marginalized. Root causes of discrimination as well as strategies (based on international human rights laws) and standards which address these underlying causes of discrimination were also given emphasis.

Such underlying causes of discrimination included exclusion, poverty, lack of access to resources e. g. education and health, lack of laws and enforcement, lack of awareness, security, transparency, accountability, governance and political will. Social and cultural factors as well as practices have also been cited as contributory factors for the perpetuation of discrimination against marginalized individuals and communities.

The rights based approach which provided a framework for social welfare and social work has been used by many global, regional and national agencies and organizations in Asia to promote as well as coax and 'pressurize' national government to initiate policies and programs aimed at empowering marginalized and exploited groups and communities in the region. This approach also offered a common avenue for like minded segments of the civil society e. g. NGOs and self help groups to work collectively for the betterment of the above mentioned individuals and communities. Moreover these agencies, NGOs etc found it useful, politically, because the global community and more specifically practically all governments in Asia have been signatories to a series of international instruments including UDHR and Conventions of the Rights of Women, Children etc.

There are however a number of problems and issues that are yet to be resolved including setting standards for economic, social and cultural rights, setting indicators, targets and benchmarks etc. Standards applicable to rights have not yet been agreed largely because of different political, social, economic and cultural contexts. An action plan as well as legal instruments to curb or redress human rights violations for individuals, groups and communities has not been provided by the signatories of the UDHR.

Moreover, reality lags behind rhetoric in the sense that concerted commitment and action in terms of legislation, resources etc have been conspicuously lacking as mentioned earlier. Poor countries in Asia and elsewhere did not have the capacity to implement a rights based approach and more significantly the rich countries were not forthcoming with funds and personnel to realize the goals and objectives of this approach. In addition the role of national governments, global actors (including United Nations) and civil sector in reducing and eliminating discrimination and human rights violations have not been defined and clarified. In short the rights based approach has a number of shortfalls. Despite these setbacks, the approach has been gaining support (albeit slowly) in global social work and welfare including Asia.

Human Security

This leads us to the issue whether the human security approach provides an alternative framework for social welfare in Asia or otherwise. Human security which was initiated in 2001 has been labeled as a new human-centered approach to advance the twin goals of "freedom from want" and "freedom from fear."[16] The Commission on Human Secretariat (CHS) stated that its goals are : (i) to promote public understanding, engagement and support of human society and its underlying imperatives ; (ii) to develop the concept of human security as an operational tool for policy formulation and implementation ; (iii) to propose a concrete program of action to address critical and pervasive threats to human security.

The CHS has identified two areas for further research and deliberations i. e. (i) human insecurities resulting from conflict and violence with a major focus on individuals or communities facing extreme situations like displacement, discrimination and persecution and (ii) links between human security and development with a primary emphasis on insecurities related to poverty, health, education, gender disparities, and other types of inequality.[17]

The human security approach seeks to establish a framework based on protection (i. e. to protect the freedom of communities from internal and external insecurities including politico-security and socio-economic threats) and empowerment (i. e. to empower individuals and communities to mitigate the impact of insecurities). In short protection shields people from dangers while empowerment enables people to develop their potentials and become full participants in decision making. Human rights and human development (in terms of human lives and well being) were postulated as core strategies in protecting and empowering communities.

The protection-empowerment framework stresses that governments / states are unable to meet the multiple security needs of the people who live in these states. As such these people should be empowered (through better access to education, wealth and health) to deal more effectively with such insecurities as well as to play a greater role in their own security.

Can the human security approach based on the protection-empowerment model provide an appropriate framework :

(i) to address the root causes for various social ills and

(ii) to redress the exclusion of marginalized individuals and communities e. g. displaced persons, children under difficult circumstances, impoverished elderly, persons with Aids and disabilities, indigenous populations, etc.

Social welfare issues particularly in the developing nations of Asia and elsewhere, are invariably undermined by a range of adversities including discriminatory policies and practices, poverty, poor education and health indicators, human rights violations, poor governance, conflicts, extremist social movements, infectious diseases like HIV / Aids and SARS, environmental pollution etc.

Conflicts and economic insecurities especially poverty has seriously undermined Asian and world security and development. Conflicts including ethnic and tribal cleansing and terrorism (which perpetuates the culture of fear) has brought about grave social and economic consequences including untold miseries and sufferings to many societies. More significantly conflicts have displaced million of people and perpetuated heinous crimes against children and women. The world community including states and international organizations failed to create appropriate mechanism to prevent major conflicts or to intervene effectively in conflict resolution. The September 11 terrorist attacks brought the culture of fear right into the United States to illustrate that no nation was immune from such attacks. Terrorism continued to haunt many Asian states as evident by the Bali, Riyadh and Istanbul terrorist attacks.

Conflict prevention and resolution inevitably requires world attention. If conflicts are not resolved and if individuals and communities are not protected from dangers, it will hamper development and undermine the efforts of communities to develop their socio-economic potentials. Moreover it will have adverse effects on the marginalized e. g. displace persons, increase poverty, crime etc. Thus the protection aspect of the human security approach calls for fresh initiatives to develop appropriate process and institutions to resolve conflicts.

The second major component of the human security approach lays much emphasis on empowerment which is the key factor in alleviating economic insecurities especially depravation. In this context economic insecurities particularly poverty as well as institutionalized discrimination has brought about debilitating effects on impoverished and marginalized communities in Asia.

More than half of Asia's population is poor. Poverty in Asia has been manifested by a number of factors including, lack of income, uneven distribution of resources, lack of productive resources, lack of access to land ownership and credit, hunger and malnutrition, lack of access to basic education and health services, poor housing, unsafe environment, social discrimination and exclusion especially of women and children from mainstream development and society, armed conflicts as well as unfair trade and market disparities arising from the challenges of globalization. The poor also lack participation in politics, decision-making, economic and cultural life.

Poverty could be alleviated through a number of ways including massive investments in infrastructure, skills training, technology transfer, agriculture, water, sanitation, community development, micro-enterprises, basic education, primary health care, family planning, environment, policy development, free-market economic reforms, gender equity, peace-building, human rights, good governance and accountability by governments etc. In this context, a comprehensive and integrated approach is essential to tackle global poverty.

Empowerment (as envisaged by the human security approach) stressed that efficient and equitable trade arrangements, economic growth reaching the extreme poor and a fair distribution of benefits are essential factors in addressing depravation. It also emphasized the significance of education and health in empowering communities. Empowerment also enhances human potentials and furthers human development as well as the rights of individuals and communities.

Can the human security approach provide an appropriate framework to minimize economic insecurities, conflicts and discriminatory policies and practices…… issues which are crucial in social welfare and social work in Asia and elsewhere.
Alternatively, should the world community pursue the current human rights approach more vigorously to provide an adequate framework for the achievement of the above objectives ?

The rights based approach which emphasized civil and political rights has widened its scope to included economic, social and cultural rights especially since the 1970's. Although it has lacked a clear focus on security issues especially state security and international conflicts e. g. terrorism, this approach has gradually gained grounds over the last 40 years. The rights based approach as in the case of human rights espouses a set of rights that is fundamental and universal.

In spite of the fact that many aspects of human rights including economic, social and cultural rights have not been universally agreed by member states of the United Nations, and that this approach has encountered problems like standards setting etc (which were mentioned earlier), the rights based approach did not have a parallel until the inception of the human security approach in 2001.

Given the difficulties encountered by the rights based movement, it would not be presumptuous to assume that the human security approach should be given some consideration. This approach is appropriate given the global insecurities arising from depravation e. g. pervasive poverty and a range of maladies including ill health, illiteracy as well as discrimination, gross violation of human rights and violent conflicts The world community need to address the nexus between conflicts and depravation and as such the human security approach largely based on the protection-empowerment model offers an alternative or rather a new vision for human development and security. In this respect, human rights could constitute the core denominator of the protection-empowerment strategy within the human security approach. Such an approach could also be useful tool in Asian social welfare and social work as well.

Conclusion

Human security could offer a new and practical vision in addressing a range of issues from conflicts to development to social-economic protection. But it is the individual states that have to provide the right environment in which citizens and communities could live in peace and exercise their political, economic and social rights. Understandably political, economic, social and cultural rights can only be achieved by states and people working together within borders as well as across, in an environment of great political, socio-economic, cultural and ideological diversity. It is in this context that human security as a human centered approach could offer a new framework in bridging the differences and to forge a common ground for the world community to seek solutions to political, social and economic adversities as well as marginalized individuals and communities —— issues that are dear to all social workers in the world.

1) Asia is a vast continent divided into several regions i. e. East Asia, South Asia, Southeast Asia, West Asia, and Central Asia. 50 countries and territories are represented in the Continent and they are : Afghanistan, Arab Emirates, Armenia, Azerbaijan, Bahrain, Bangladesh, Bhutan, Brunei, Cambodia, China, Taiwan, Georgia, Hong Kong, India, Indonesia, Iran, Iraq, Israel, Japan, Jordan, Kazakhstan, North Korea, South Korea,

Kuwait, Kyrgyzstan, Laos, Lebanon, Macau, Malaysia, Maldives, Mongolia, Myanmar, Nepal, Oman, Pakistan, Palestine, Philippines, Qatar, Russian Federation, Saudi Arabia, Singapore, Sri Lanka, Syria, Tajikistan, Thailand Turkey, Turkmenistan, Uzbekistan, Vietnam and Yemen. The 51st and the newest country (in the world) is East Timor.

2) See The World Bank Annual Report 2002, p. 15.

3) CATW-AP located in Quezon City (Philippines) is an international network of feminists groups, organizations and individuals who are waging a relentless campaign against sexual exploitation of women globally.

4) See Document on World Summit for Children by UNICEF

5) Contrary to this figure, The Center for the Protection of Children's Rights (CPCR) located in Thailand estimated that there are at about 800,000 children (under the age of 18) who are involved in prostitution.

6) 'Concern for Working Child' a Bangalore based private group estimated that there were about 100 million working children in India.

7) UNICEF estimates that there are about 100 million while other experts have estimated the street children population at around 150 million.

8) Asia is also home to opium production. Afghanistan, Myanmar and Lao PDR are the three largest producers of opium in the world. These countries accounted for more than 95% of global illicit opium production in the last few years.

9) Figures were obtained from the World Drug Report 2000, United Nations Office for Drug Control and Crime Prevention.

10) See World Migration 2003, Managing Migration Challenges and Responses for People on the Move, International Organization for Migration, Geneva, 2003.

11) As for refugees and displaced persons (including internally displaced persons), millions of people in Asia continued to flee repressive regimes, conflicts, natural disasters, economic deprivation etc. Human Rights Watch reported that as many as 5 million refugees and more than 2 million people were displaced within their own countries in various parts of Asia. At the beginning of 2002 there were 2 million Afghan refugees in Pakistan and Iran and over a million displaced persons inside Afghanistan. See Human Rights Watch

World Report 2003 : Asia : Overview

12) The indigenous people have been called tribal, hill tribes, scheduled tribes, aboriginal peoples, and hill or mountain peoples at different times. But they are often referred to as Indigenous, a term which is not well received by many Asian governments which are often run by majority migrants who have literally usurped much of the rightful lands of the indigenous population.

13) The untouchables fall outside the Varna system which consist of four major castes i. e. Brahmin (priests and Teachers), ksyatriyas (rulers and soldiers), vaisyas (merchants, traders and farmers) and shudras (artisans and laborers).

14) See, Yutaka Takamine, The Past, Present and Future of disability policy of UNESCAP, International Comparative Study on Disability Policy and Programs in Asia and the Pacific, 21st Century, Social Work Research Institute, Japan College of Social Work, Tokyo, November, 2003, p. 10.

15) The BMF identified seven priority areas : (a) Self-help organizations of persons with disabilities and related families and parents organizations, (b) women with disabilities, (c) early detection, early intervention and education, (d) training and employment, including self-employment, (e) access to built environments and public transport, (f) access to information and communications, including information, communication and assistive technology and (g) poverty alleviation through capacity building, social security and sustainable livelihood programmes. Ibid. p. 7.

16) Following the articulation of the twin goals by the UN Secretary General, Kofi Annan, the Commission on Human Security (CHS) was established with the initiative of Japan.

17) See Commission on Human Security, CHS Secretariat, United Nations, and New York.

Bibliography

1. ADB Key Indicators 2003, ADB, Manila, 2003.
2. Asian Development Outlook 2003, Competition in Developing Asia, Oxford University Press, Hong Kong, 2003.
3. Gender Dimension of Population and Development in South East Asia, Economic and

Social Commission for Asia and the Pacific, Bangkok.
4 . Migration and Development, International Organization for Migration, United Nations, Geneva, 1999.
5 . Promoting Women's Rights as Human Rights, Economic and Social Commission for Asia and the Pacific, United Nations, New York, 1999.
6 . Takamine Yutaka, The Past, Present and Future of Disability Policy of UNESCAP, International Comparative Study on Disability Policy and Programs in Asia and the Pacific, 21st Century, Social Work Research Institute, Japan College of Social Work, Tokyo, November, 2003.
7 . World Bank Annual Report 2002, Vol. 1, World Bank, Washington D. C.
8 . World Drug Report 2000, United Nations Office for Drug Control and Crime Prevention, Oxford University Press, Oxford, 2000.
9 . World Labor Report 2000, Income Security and Social Protection, International Labor Organization, Geneva.
10. World Migration Report 2000, International Organization for Migration, United Nations, 2000.
11. World Migration 2003, Managing Migration, Challenges and Responses for People on the Move, International Organization for Migration, United Nations, 2003.

(『同志社大学ヒューマン・セキュリティ研究センター年報』第1号 2004年 166〜187ページ)

例会報告

REPORT OF MONTHLY MEETING

国際人権保障とヒューマン・セキュリティ

安藤 仁介

Ⅰ．はじめに

　この報告では，いわゆる国際人権保障とヒューマン・セキュリティの関係について考えてみたい。そのため，まず国際人権保障の内容を検討し，ついでヒューマン・セキュリティが何を意味するかを明らかにしたうえで，最後に両者の関係を分析することを試みてみよう。

Ⅱ．国際人権保障とは？

　21世紀に入った今日でも，人権の保障は国家の手に委ねられている。ここに人権とは，狭義では人間一人ひとりの生命・身体・財産の安全といった生存の基礎条件を，広義ではかれらの自由と可能性を最大限に実現できるような諸条件を意味し，それを確保し保障することは国家という人間集団の役割になっている。

　現在この地球上には，63億の人間が住んでいるが，63億全体がまとまりのある集団ないし共同体を構成しているわけではない。ここに共同体とは，それに所属する個々の人間が共属感情を持ち，構成員の生存の基礎条件つまり基本的な人権を保障する"力"を備えた人間集団をいう。しかし21世紀の今日でも，そうした力を備えた世界政府，世界議会，世界裁判所，世界警察ないし世界軍は存在しない。63億の人間は，200ばかりある主権国家のいずれかに分属し，それぞれの国家が個々の人間の人権を保障するためのルールを作り，それを維持する力を備えている。この力は通常，各国家の政府が国家の議会の作った法に従って行使し，国家の裁判所がその行使を監視する。そして政府による力の行使には，国家の警察が関わり，必要となれば国家の軍が関わってくる。このように63億の人間の人権保障は個別国家の手に委ねられているのである。

　けれども，人権保障を個別国家の手にのみ委ねておくことは，たとえばナチス・ドイツによるユダヤ人迫害や南アフリカのアパルトヘイト政策のように異

常な事態が発生する危険を伴う。ナチス政権下のドイツでは，政府の政策として議会の法に基づいて，つまり合法的にユダヤ系市民の財産を没収し，かれらを収容所に送り込み，人体実験の対象とし，最終的にはガス室でその生命までも奪ったのである。また南アフリカでは白人の少数支配を維持する目的で，憲法以下の国内法に基づき，つまりここでも合法的に，圧倒的多数の有色人国民の参政権に差別を設けたのである。いずれの場合も，もともと個々人の人権を保障すべき国内法のシステムが，一部または多数の国民の人権を制限・抹殺するために，乱用されたのであった。こうした危険を排除し，乱用を防止するのが，国際人権保障の目的である。

　国際人権保障は二つの要素から成り立っている。その一つは，国籍を問わずすべての人間に適用されるべき普遍的な人権の基準を設定することであり，もう一つは，各国が国内法のシステムを通して普遍的な人権基準を実施することを，国際的に監視（モニター）するシステムを構築することである。今日までのところ，前者としてはそれぞれ1948年と1966年に国際連合総会が採択した「世界人権宣言」や「国際人権規約」を挙げることができる。また，後者としては国際人権規約や人種差別撤廃条約，女性差別撤廃条約などに規定された国家報告や個人通報の審査制度を挙げることができよう。

　世界人権宣言を条約化した国際人権規約は，生命・身体の安全と自由の保障および不当な制限の禁止，良心・信教・表現など精神活動の自由のような"自由権"，労働・教育・休息の権利や生存権のような"社会権"，さらに政治参加の権利や公正な裁判を受ける権利のような"手続的権利"を具体的な人権として規定している。他方，国際人権規約や人種差別撤廃条約，女性差別撤廃条約などは，当事国の政府に国内における人権の実施状況を国際的な専門家委員会に報告することを義務付け，委員会がそれを審査して必要な勧告を提供することを認めている。さらに当事国が同意する場合には，個人が政府の人権侵害について委員会に通報し，委員会がその是非を審査して必要な勧告をすることも可能になっている。

Ⅲ. 人間の安全保障（ヒューマン・セキュリティ）とは？

かつて安全保障という言葉は，「国家の安全保障」つまり国家の領土保全と政治的独立の保持を意味するものとして用いられていた。しかし，1994年に国連開発計画（UNDP）がその報告書のなかでヒューマン・セキュリティという言葉を使って以来，国家の安全保障は個々人の安全をもたらしてこそ有意義であることが強調されるようになった。それは一つには，とくに20世紀後半以後，国際的な戦争よりも国家内部の紛争や内乱によって個々人の安全が脅かされる事態が急増したためである。また一つには，国家の安全が保障されていても，それが貧困，飢餓，疾病のように個々人の安全を脅かす要因の適切な処理に必ずしも繋がらないことが認識されるようになったためである。その意味で，「人間の安全保障」をきわめて広く解釈すれば，人間の福利と同意語となり，「国家の安全保障」との関係が不明瞭になりかねない。ただし人間の安全保障の論者は，人間の安全保障にとって国家の安全保障が不必要だと述べているわけではない。ここでは，2000年9月の国連事務総長の呼びかけを契機として設立された「人間の安全保障委員会」が，二年後に同総長へ提出し，公表された報告書から引用しておこう。

報告書によれば，人間の安全保障とは，すべての人間の自由と可能性の実現を確保するような生存の条件を整備すること，を意味する。より具体的には，生命にとって不可欠な自由を保護すること，人びとを危険で広範な脅威や状況から保護すること，そのために人びとの力と願望に基礎を置く手続（過程）を活用すること，そして人びとの生存・生活・尊厳を保障する政治的，経済的，社会的，軍事的，文化的なシステムを創造すること，を意味する。そして，このような「人間の安全保障」は，四つの点で「国家の安全保障」を補完するものである。第一に，それは国家よりも個人とその共同体（communities）を中核としている。第二に，それは国家の安全保障にとって脅威でなくても，人間の安全保障にとって脅威となるものがある事実を明らかにする。第三に，それは国家以外のアクター（行為主体）の力が必要なものであることを示している。第四に，それは人びとが保護される必要と並んで，人びと自身が自らを守る力を身につける必要を強調する。

Ⅳ. 人権とヒューマン・セキュリティ

　以上に見たように，人権の概念とヒューマン・セキュリティの概念とは密接に関わり合っており，後者は前者を補完する側面を持っている。たとえば，「人間の安全保障委員会」の共同議長の一人，緒方貞子＝元国連難民高等弁務官は，「人間の安全保障とは，安全保障を人権，人道，保健衛生，開発，環境，教育など幅広い営みの側面から考えようとするものである」と述べて，人間の安全保障を考えるに際し，人権が不可欠の要素となることを認めている。また，もう一人の共同議長であった，アマーティア・セン＝ケンブリッジ大学教授は「人間の安全保障の考え方は，種々の不安からの自由を確認する作業を通じて，規範的な人権概念に内実を与えることができる」と強調している。いずれにせよ，両概念は完全に重なり合うものではないが，相互に補完しあうものであることは明らかであろう。

（2003年7月12日報告）

（『同志社大学ヒューマン・セキュリティ研究センター年報』第1号　2004年　190～193ページ）

社会情報環境の安全化の研究

渡辺武達・柴内康文

　本研究は以下のスタッフにより，年ごとの中間報告と2007年度の最終報告をふくむ，全5か年にわたる共同研究を予定したものである。
　〈研究スタッフ〉
　　代　表：渡辺武達（同志社大学教授兼メディア・コミュニケーション研究
　　　　　　センター長）
　　副代表：柴内康文（同志社大学助教授兼同上センター研究員）
　　その他の参加者：同上センター嘱託研究員および関係院生，他
　本研究は二つの作業部会から成る。第一は，現代の社会情報環境のなかにあって，人びとの「安全・安心感」とそれをおびやかす言語環境を，その関連概念としての信頼感，不安感等とあわせ，それらの表現を収集し，情報伝達システムとの関連のなかで解析するもの，第二は，人びとが「安全」とその反対語としての「不安」や「危険」といったことばを生活上どのような意味合いで受け取り，使用し，感じているかを社会調査によって明らかにしようとするものである。
　以上の方針を立て，初年度はその研究課題として「安全・安心感に関する社会情報環境の研究――メディアの提供情報の解析と改善の提言――」とのテーマ設定をした。
　第一点については，日本のメディア（主として放送と新聞，雑誌等）にはオーディエンス（視聴者・読者）の安全感・安心感をおびやかす情報提供（報道や広告等）が多いというこれまでの研究蓄積から導き出される仮説から，その関連用語（安全・安心・不安・心配・危険等）のメディアによる使用例を調査し，その類型化とメディアの情報送出メカニズムの改善の方向性を，メディアの編集綱領，倫理綱領等の改訂への提言とあわせ問題提起する。
　現代社会，とくにその政治，経済は「安全」「セキュリティ」ということばを多用し，「安心」と「不安」がキーワードとなって運営されている面が指摘

できる。その典型が2001年における「米中枢同時多発テロ事件」以降に見られる現象で，アメリカでは国家安全保障省（Department of National Security）が新設されるほどの高まりを見せ，アフガニスタンへの空爆，そしてイラク戦争への突入という事態も，自国と自分の生活への不安とその関連現象としてとらえることができる。こうした状況は日本にも大きく影響し，2002年9月の朝鮮民主主義人民共和国（北朝鮮）トップによる日本人拉致の告白と核兵器開発の宣明が日本のメディアによって報道，拡大伝播され，自衛隊の増強とイラクへの派兵を可能にする世論醸成の根底となった。

　生活レベルの話題でも類似の現象が起きている。2004年2月2日付のある全国紙は，第一面で「どうする暮らしの安全」（副題に「年金第一部，年金危機」）とのタイトルを掲げ，中見出しには「長命化加速の誤算」とある。お年寄りがこれを読めば，「安心して長生きはできない」というメッセージとなり，一方でそのメッセージは生命・健康保険業界等への奉仕となる。だがこのおなじ新聞がそうした現象の根本原因としての，日本の政治における国家財政の赤字累積600兆円以上がどうして出来上がったのかの責任と改善のための議論はほとんどしない。

　このようなメディアによる世論操作は健康食品と医療関連商品についてもみられる。高橋久仁子などの研究によれば，現在の日本の健康食品というもののほとんどは，意図的に健康不安をあおることによって成立している商品である。たとえば，人体に必要とされる微量な栄養素は従来は問題にされなかったが，口から食品を摂取できない人たちのために，栄養剤が調合されるようになってはじめてその正確な計算が必要になり具体名が取りざたされるようになった。そういう栄養素は普通のひとが普通の生活をして，米と肉・魚，野菜・果物などをとりまぜた食事をしておれば，それらの食品に含まれているもので健康上の問題にはならない。つまりサプリメントといわれる健康食品などは必要でない。ところが，「皆さんの食事には○○が欠けている」といった宣伝，広告がさかんになされ，それがテレビを中心としたメディアによって流布され，健康不安が醸成され，それが「不必要な健康食品」産業を成立させている。

　だが，これが医薬品のたぐいとなると話は深刻になってくる。代表的なもの

が「末期ガンから生還した」などとうったえる商品で，広告費目当ての大手新聞や雑誌で宣伝されると，加療の効果があまりないガン患者がわらにもすがりたい心境からこうした「まがい医療」法に頼り，大きなビジネスとなる。

　これらがメディアによる不安ビジネスの典型例だが，日本のメディアの特徴は国際的にもいえる。日本新聞協会は1982年から日中記者交換をはじめたが，それ以前からも両国新聞を比較して日本の新聞には読者の不安をあおる事件報道・記事が多いことに注目している。私たちも2003年度において，日中の新聞におけるSARS（重症急性呼吸症候群）報道を例に日中の見出しの付け方の比較を行ったが，かつての日本新聞協会の記述とほぼおなじことを確認した。

　人間には時と場所，年齢等による制約があるものの，どのような情報にもアクセスする権利がある。そしてメディアは社会を構成する人びとに正しい情報を提供するという責任をもち，その保障として「言論・表現の自由」を与えられている。だがときとしてメディアは自由だけを主張し，その社会的責務を忘れがちであり，そうした問題についても私たちは安心できる暮らしの実現という観点から，メディアと社会の関係枠のトータルな解明を試みたい。

　第二の「安心感，安全感」についての総合的，継続的調査の可能性について以下の提案をしておきたい。

　安心感や安全感の構造を分析し，またその向上に向けての示唆を得るためには，そもそも，人びとがどのような対象に安心感を覚え，また不安感を感じるのかに関する基礎資料が欠かせない。ランダムサンプリングによる代表性のある社会調査データを取得することは，個人研究による推進が容易ではなく，ヒューマン・セキュリティ研究のプロジェクトにおいて，多様なアプローチによる研究者の共同参加によってなされるべきものであると考えられる。

　データ取得においては，安心感，不安感そのもののみならず，(1)それに影響を与える原因となる要因（独立変数群）としての，デモグラフィック変数，またパーソナリティ変数，社会的ネットワーク，コミュニケーション，マスメディア接触，といった心理・社会的諸変数，および(2)安心感・不安感の高低が原因として，影響を与えることが想定される心理・行動変数（従属変数群）を同時に測定することによって，安心感や不安感に関する総合的なモデル構築を行

うことが可能となる。さらに，これらのデータを一定間隔をおいて，できうるならば同一対象者に対する追跡調査として時系列データを得るならば，加齢を始めとした個人要因，また社会変化に伴う要因により，安心感や不安感がどのように変化するのかに関する因果分析へと分析を展開することができるようになる。近年では，例えば社会心理学での山岸俊男による安心と信頼の区別に関する議論など，日本の社会システムや経済行動的観点からも着目されている。このように蓄積されつつある概念整理などは，質問項目の検討にあたっては参考になるところが多いと思われる。

　昨今，日本版 General Social Surveys（JGSS）などにより，大規模データをプロジェクトとして取得し，公開データとして自由な分析のために研究コミュニティに還元することが多く見られるようになってきた。信頼性の高いデータの収集と，中長期的な目標としてのその公開は，この領域の研究を活性化させることになり，重要な基礎データとして，ヒューマン・セキュリティに関する広範な研究に資することになるであろう。

　最後に研究の経費だが，研究全体としては，資料代，調査費，報告書刊行等に，年2,000,000円程度が必要であり，信頼度の高い，社会各層にわたる大規模な調査等を考えれば，年間4,000,000円程度が必要となるであろう。

(2003年7月12日報告)

(『同志社大学ヒューマン・セキュリティ研究センター年報』第1号 2004年 194～197ページ)

外国人労働者の目から見たヒューマン・セキュリティ

金　東勲

1．はじめに——外国人の法的社会的脆弱性と human security

　外国人とは，ある個人がその所在する国家の国籍を保持しない者の総称であるが，滞在する目的と形態そして法的地位は，一時的訪問者（visitors），定住者（resident aliens），移住労働者もしくは外国人労働者（migrant workers or foreign workers），さらに難民（refugee）など極めて多様であり，その宗教的文化的および民族的アイデンティティもさまざまであるため，外国人をめぐる問題は一層複雑化している。こうした外国人の多様化と複雑化は，いわゆる国際化の潮流と共に激増してきた人びとの国際的移動に基因することは周知のとおりである。なかでも，雇用もしくは就労を目的として国際的に移動する労働者，すなわち移住労働者（migrant workers）は，欧米先進諸国と日本その他いくつかのアジア諸国の高度経済成長の過程で東南アジアと南アジアそしてアフリカの発展途上国から，雇用もしくは就労を求めて合法的にまたは非合法的に移動し滞在する労働者の急増がその主流をなすことになる。そしてこれら移住労働者は，彼（女）はその国籍国を離れ所在する国の国籍を有しないことに基因する法・制度的脆弱性に加えて，人種的または民族的マイノリティ（racial or ethnic miorities）の立場におかれ，当該社会のマジョリティによる偏見と差別にさらされるなど，その安全，つまりヒューマン・セキュリティを脅かされつづけている。そのために，ナショナル・セキュリティ（national security）ではないヒューマン・セキュリティ（human security）に照らしてこれら外国人労働者の人権を検証することは極めて重要な意義を有すると思われる。以下，個人の人権を国際的に保護もしくは保障する努力すなわち国債人権法に照らして外国人労働者のヒューマン・セキュリティを吟味する。

2．国際労働機関（ILO）と外国人労働者

　自己の国籍国を離れて他の国に就労または雇用の機会を求めて労働者が移動

する国際的現象は，第一次大戦後の西ヨーロッパ諸国間に顕著にみられた。そして第一次大戦後に人類史上初めての国際平和機構として設立された国際連盟が，公平かつ人道的労働条件を確保するために必要な機関として設立を予定した国際労働機関（連盟規約23条）はこれら移住労働者の処遇と権利を保護するために勧告と条約を採択することになる。つまり，移住労働者と内国民との処遇平等の促進をその目的の一つとして掲げたILOは，災害補償の平等，年金に対する権利に関する条約をいずれも1935年に採択し，1939年には雇用目的の移住に関する条約と勧告を採択している。しかしその採択後まもなくして第二次世界大戦が勃発したことから労働者保護の国際的基準として日の目を見るのは国連の専門機関として再出発するILOの活動をまたねばならなかった。いいかえると1949年のILO総会において，1939年の条約と勧告を改正した雇用目的の移住に関する条約（97号）と勧告（86号）を改めて採択した。

この97号条約は，本条約と三つの付属文書から構成され，締約国の出入国管理に関する政策と法律および雇用と労働条件ならびに生活に関する正確な情報を移住労働者に提供すること，そして報酬，社会保障および組合活動など労働条件につき内国民待遇と本国への送金を保障している。また，第一付属文書は民間レベルの募集，斡旋と雇用条件を定め，第二付属文書は政府による募集，斡旋に関して規定している。たとえば，移住労働者が雇用地国に向けて出発する前に，契約書のコピーを渡され，労働条件と報酬の提示を義務づけ，不法出国を助長する者の処罰を求めている。他方，1949年勧告（86号）は，5年以上滞在する労働者には雇用の制限を設けないこと，雇用市場の不況を理由に出国を強制しないこと，そして国外退去が認められる場合でも失業手当など移住労働者の権利がすべて解消されるべきであることなど，先の条約よりも詳細に謳っている。

以上にみたような労働者の国際的移動の適正化をはかり移住労働者の権利を保護するILOによる努力は，1970年代に入ってさらにその強化拡大が求められることになる。つまり，西ヨーロッパ諸国の高度経済成長に伴う国内労働力の不足をトルコ，ギリシャそして北アフリカからの移住労働者で補うために二国間協定の締結など必要な措置が取られる。そして，中東の産油諸国には，フ

ィリピン，韓国などアジア諸国からの労働者が，労働者本国の外貨獲得政策もあずかって，急増することになる。こうした労働者の国際的移動は，雇用地国と送り出し国など関係締約国間の調整と合意など，合法もしくは適正な手続に基づく移動ばかりでなく，非適正もしくは非合法的な方法による移動いわゆる「不法」な移住労働者も増加することになる。

　以上のような非合法もしくは「不法」な状況にある移住労働者と共に非熟練労働者もしくは単純労働者の急増は移住労働者問題が惹起する新しい事態への対応を迫られることになる。こうした事態に当面したILOは，1975年に新しい条約（143号）と勧告を採択した。まず，この75年条約はその第一部で，非正規または非適法な状態にある者を含むすべての移住労働者の人権尊重を義務づける一方，労働者の秘密裡な移動と不法な雇用の抑止を求めている。他方，非適法な状態にある労働者には社会福祉と再雇用の権利は規定せず，雇用に関連する賃金の不払いと訴訟の提起に関連する規定に止っている。またその第二部では，雇用の機会と処遇の平等を適法な移住労働者に限定しているが，雇用と就業，社会保障，労働組合および文化的権利などの内国民待遇を保障するために必要な措置を求めている。さらに1949年条約（97号）が定めなかった，家族との再結合，契約終了後の雇用の自由な選択に関する規定を新しく設けている。また，この条約とセットで採択された勧告も，機会と処遇の平等，社会政策および雇用と居住に関する労働者の権利とこれに対応する所在国の義務を謳っている。

　以上かいつまんで触れたように，移住労働者の人権と雇用に伴う権利の保障を条約と勧告の中で詳細に定めたILOの努力は刮目すべきものであるが，条約の締約国は極めて少なく，勧告の内容を国内法制に導入する国も少なく，その実効性の確保は低迷の状態にあるのが実状である。他方，二国間協定に基づく移住労働者の移動を調整していた西ヨーロッパ諸国間の場合は，先のILO条約に触発されてか，1977年5月に「移住労働者の法的地位に関するヨーロッパ条約」を採択して，労働者の国際的移動と雇用・就労に伴う権利を詳細に保障するようになったことは注目される発展と評価される。

3．国際人権法の発展と移住労働者の権利

　人権と基本的自由を人種，民族および国籍などいかなる理由による差別もなくすべての個人に普遍的に保障することを基本的理念もしくは目的とする国際人権法は，当然のことながら移住労働者を含む法的社会的に脆弱な立場にある人びとの人権保障にとってとりわけ重要である。周知のように，社会権と自由権を保障する国際人権規約のA・B両規約は内外人平等を含む非差別平等を基本原則としている。その結果として，A規約が保障する労働と労働者に関連する基本的権利，社会保障と教育・文化に対する権利およびB規約が保障する生命・身体の安全，法の適正手続，外国人が国外に追放されない権利，そしてマイノリティの言語と文化および宗教に対する権利などの平等な保障は，規約締約国の義務となり，移住労働者すなわち外国人労働者のヒューマン・セキュリティの確保にとって重要な意義が認められる。

　また，集団殺害の抑止と処罰に関するジェノサイド条約，人種主義に基づく差別と暴力の処罰を含むあらゆる形態の人種差別の撤廃を義務づける人種差別撤廃条約そして女子差別撤廃条約と子ども権利条約は，所在国においては宗教的・人種的そして民族的に多数者と異なるマイノリティの立場にあり，所在国の法制上の差別的処遇だけでなく，社会的偏見と差別の対象になる外国人労働者の身体の安全すなわちヒューマン・セキュリティにとってやはり重要な国際人権基準である。

　そしてこれらの主要条約は，200に近い国連加盟国の3分の2を超える締約国を擁しており，本報告のテーマである外国人労働者のヒューマン・セキュリティの確保を可能にするものと期待される。しかし，国連は，こうした一般的もしくは普遍的な人権条約による権利保障をより確かなものにするために，子ども，難民，女性などと同じく外国人労働者の権利保障を直接目的とする条約を採択し発効させることになった。

　国連の人権活動の分野で移住労働者問題に対する具体的行動は，先にみたILOの条約と勧告採択よりも早く，1972年7月に経済社会理事会が不法および秘密裡の取引による労働者の搾取に関する問題の検討を国連人権委員会に指示したことにはじまる。そして，国連総会も1974年に採択した決議の中で，す

べての国家が合法的に入国した移住労働者に自国民と平等な処遇を与え，労働者の不法取引をなくすために二国間協定を締結し，さらに自国に密入国した外国人労働者の人権確保のために適切な措置を要請した。そして，国連人権委員からその検討を求められた人権委員会が特別報告者とワーキング・グループを設けて条約草案を策定し，1990年12月には「すべての移住労働者及びその家族構成員の権利に関する国際条約（「国連移住労働者権利条約」と略称）を採択した。これにより，移住労働者とその家族の権利を国際条約によって保障する法的枠組ができあがり，国際的に移動し就労する労働者の人権保護に関する国際的基準が成立することになった。

　この条約は，まずその前文の中で「……移住労働者に関する人道問題が，非適法な移住の場合にさらに深刻であることを認識し，そのために移住労働者の秘密裡な移動と不正取引を防止・除去するために，基本的人権の保護を確保し適切な行動を奨励すべきである……」と謳って，やはり非適法状態にある移住労働者の人権保護を主要な目的の一つと掲げている。そして，証明書を所持しないかまたは非適法状態にある労働者を含むすべての移住労働者が享有する権利を保障すると共に証明書を保持しているか適法な状態にある移住労働者とその家族に保障する権利を別個に定めている。これらの権利に詳しく触れる余裕はないが，特徴的な事項に限ってみると，移住労働者の文化的アイデンティティの尊重，労働許可証と旅券など滞在と雇用に欠かせない証明書の押収・毀損の禁止さらに緊急医療に対する権利は，日本国内においても頻発する権利侵害の事象に照らしてみても重要性が認められる。また，適法状態にある移住労働者に保障される権利は，その出入国，滞在および報酬活動に関連する権利を詳細に規定し，組合などの結社の自由と職業選択と再雇用の権利および子どもに対する母語教育と雇用地国の社会参加に関連する権利を保障している。

　さらにまた，この条約制定の背景および条約の内容が特別な関心が払われた「非適法状態にある移住労働者」を減少もしくは廃絶するために，労働者の国際的移住の人道的および適法状態の促進に必要な締約国間の協力を求め，労働者の秘密裡な移動と雇用を防止・根絶するために協力し，制裁を含む措置による不法な募集と権利侵害の防止を求めている。

その後この条約は発効に必要な締約国数を確保し2003年7月1日にはその効力を発生した。しかし，日本を含む移住労働者をその国内社会に抱える殆んどの国は締約国になっていないために，移住労働者の人権保護という条約目的の達成はまだ遠い将来のことであるといわざるをえない実状にある。そのため，国際人権規約その他の人権条約の国内的需要と実施がそうであるように，この移住労働者権利条約が日本国内に所在する移住労働者つまり外国人労働者の人権尊重を確保し，そのヒューマン・セキュリティを保障する条約として機能するために，NGOおよび一般市民の関心と努力が必要である。

（2003年10月25日報告）

（『同志社大学ヒューマン・セキュリティ研究センター年報』第1号 2004年 198～203ページ）

〈安心・安全〉と愛と社会保険と

加地 伸行

　「安心」，あるいは「安全」と言うとき，現代日本語における両者の語感は異なる。

　すなわち，「安全」の場合は，たとえば災害とか交通とか治安といったときにおける，身体上の危険を避けるためといった折に使われることが多い。一方，「安心」の場合は，老後の生活とか，病気の発症とか，そういった漠たる危険に備えたいといったときに使われているのが一般的である。いわば，具体的な恐怖への対応が「安全」であり，やや抽象的な不安への対応が「安心」であると言えよう。

　これは，もちろん最終的には死につながるので，〈死への恐怖〉と安全，〈死への不安〉と安心，これが現代日本語における語感であると考える。

　こうした語感は，ことばの基幹であり，感情を表現する重要な要素である。すると逆に，感情の検討を通じて〈安心・安全〉の構造の一端を見ることができるのではなかろうか。

　もとより，感情の領域は広く，簡単に分析できるものではないので，感情の一つ一つについて検討するほかあるまい。そこで，ここではまず，愛という感情を材料に検討してみることにしたい。愛は安心・安全と深く関わる代表的感情であるからである。

　この愛について，西洋におけるその意味等に関しては，山形頼洋教授の研究論文が今号で同時に掲載されるので，そこに譲る。本稿では，その西洋における愛とは異なる，東北アジアにおける愛を手掛かりとしたい。

　西洋の愛の社会的性格には普遍的な愛の感情がある。おそらくその背後には，キリスト教における，神の普遍的な愛があり，人間はそうした普遍的な愛に一歩でも近づくことが，より善き生きかたになるとするのであろうと考える。

　すると，こうした普遍的な愛の，人間社会における具体的現われを見る必要

がある。その現われを代表するものは，たとえば保険であろう。保険の場合，最初は対物的な保証という具体的なものであったであろうが，近・現代社会においては，その対物的保険に社会性や国家性を与え，社会保険というものが登場している。社会保険は，年金や健康保険などであるから，それは社会福祉と密接な関係があることは言うまでもない。

　この社会保険を道徳的見地から言えば，こういうことであろう。人間一人一人は弱い存在であるので，相互扶助が必要である。そこで〈不特定多数〉の人間が，金銭を掛金として長期にわたって拠出し，それらをまとめて一つの基金とする。そして，病気や生活などで困窮した人が出たとき，あるいは高齢となって労働ができなくなったりした人のために，この基金を配分して生活を支援する。そういったことが社会保障の目的であろう。

　そこには，普遍的な愛の精神の実質化を見ることができる。しかし，そのキリスト教的な愛は，本来，無償のものであるから。掛金を支払い続けて，自分がそれによってどうなるかという損得を計算する必要はない。極端に言えば，自分は掛金を掛けるものの，基金の世話にならなくてもかまわないという奉仕の精神がある。換言すれば，寄附の性格に近い。

　すなわち，社会保険は，不特定多数の者によって形成される基金を，困窮した者に配分するシステムであり，それは，無償の奉仕の精神や普遍的な人間愛といった感情に基づく道徳的行為の制度化されたものである。こういうシステムとは，根本的に西欧的所産である。

　この社会保険が東北アジアに受容される。それは西欧化しようとする，いわゆる近代化路線の一環であり，東北アジアにおいては，日本がその最初の受容をしたのである。

　その西欧文化受容において，重要なことが二点ある。第一点は，西欧の保険に類するものがまったくなくて，全面的にそれを受容したのかどうかという点である。第二点は，西欧の保険に類するものがすでにあり，その応用として受容したかどうかという点である。

　東北アジアの場合は，第二点ということができる。それはどういうものであるか。

西欧の保険の背後に愛があったごとく，東北アジアの〈社会保険〉にも，やはり東北アジア独自の愛があったのである。ただし，愛のその内容はまったく異なる。そこで，まずその，東北アジアの愛の性格について述べる。
　キリスト教はもとより一神教であり，その神の普遍的な愛を根本に置く。しかし，東北アジアには一神教はない。多神教である。儒教も道教も，そして〈儒教の死生観〉を取りこんだ中国仏教も，また中国仏教に由来する朝鮮仏教，日本仏教，そして神道も，すべて多神教である。多神教のそれぞれの神は相対的なものであるから絶対性はない。だからその神は絶対最高存在者として人間社会を規律しえないのである。一神教の神が人間社会を規律するのとはまったく異なるのである。
　そこで，多神教の社会では，規律を神が行なうのではなくて，人間自身が行なうことになる。人間が人間を規律するわけである。するとだれが規律するかということになる。当然，国家といった領域がまだ登場しない前は，血縁集団が社会の単位であり，その血縁集団の指導者が規律者となることは言うまでもない。
　では，その規律はどういう原則になるかと言えば，血縁集団の結束である。こうした血縁集団の感情やそれに基づく規律の意味などを体系化したのが，東北アジアでは儒教なのである。
　その儒教における愛とは何かと言えば，血縁集団に基づくのであるから，血縁集団の組織員に対する愛なのであって，見ず知らずの他者に対しても愛するという普遍的な愛というものはない。すなわち，血縁集団，その基礎単位は，実際には三世代世帯ぐらいが単位であるので，世帯内の愛が最も重視される。その中でも，最も親しい感情を持つ，子の親への愛，逆に親の子への愛，そういったものが基本である。それは普遍的な〈博愛〉と異なり，家族に対してという，区切られた区別された限定的な愛であるので，〈別愛〉と称しておく。
　この別愛の前提は，〈特定少数〉であることだ。兄弟姉妹，親族など血縁者ならびに配偶者が愛の対象である。そして，その愛が充実したあとにはじめて他者に対して愛を広げることになる。それが，儒教における〈汎愛〉であり，〈博愛〉なのである。

教育勅語における「博愛　衆ニ及ホシ」という言葉の意味は，儒教的汎愛，博愛なのであって，キリスト教的博愛ではない。しかし，博愛という同一語を使うことによって，西欧（キリスト教文化圏）の博愛と東北アジア（儒教文化圏）の（別愛の拡大である）博愛とがいみじくも重層しているのである。教育勅語の草案起草者である井上毅（こわし）（儒教的教養に加えて開明的な西欧文化の理解者）と元田永孚（ながざね）（儒教的教養人）との合作による苦心の文であった。

　さて，別愛であるから，自分がよく知っている者をまず集める。すなわち〈特定少数〉の信頼できる者である。この特定少数の者が一定期間（特定期間）を定め，掛金を掛けて集積し，基金を作る。その間，組織員において病気など困ったことが起ると，その基金から金銭を借りることができる。ただし，掛金は継続し，かつ借金は利子をつけて返済する。そのようにして一定期間が到来すると決算をして，利子総額を，無借金の者を筆頭にして（各人の借金なども一定比率で計算し）配分する。そして解散する。その後，また新しく始める。これは，いわゆる無尽や講と呼ばれるシステムである。朝鮮半島では契と称するとのことである。

　この無尽・講という互助組織が，日本ならびに東北アジアにおける一種の社会保険であった。その特徴は，〈特定少数〉の信頼できる知人に限定し，期間を定め，拠出金は必ず参加者に返済され，かつ一定比率で利子がつくシステムであり，それは投資あるいは蓄財の意味も有している。この東北アジア的社会保険と，西欧的社会保険とを整理すると表のごとくである。

	西　欧	東北アジア
名　称	社会保険	無尽・講
構成者	不特定多数の知らない人々	特定少数の信用できる知人
期　間	なし	特定期間
拠出金	返還なし	返還あり（利子のつくこともあり）
利　益	無償	利子がつくこともあり投資・蓄財的
道徳性	博愛	別愛
運　営	国家など	民間

こうした相違はあるものの，日本では形式として西欧的社会保険を取り入れた。しかし，拠出金は必ず返ってくるという感覚のまま，（家族に対する場合は無償の愛であろうが）他者に対しては博愛の精神はなく，運営してきたのである。すると，元来が低い掛金であるのだから，社会保険は必然的に赤字となってゆく。当然，それに対処する案を出しているが，運営する日本人に拠出金をできるだけ多く取りもどそうとする感覚がある限り，どのような案であろうと，赤字は永遠になくならない。

　だから，たとえば，近ごろでは，これからの若い人が青・壮年期に掛けた年金掛金分は，年金で受け取れず，〈損〉であるとする議論が横行している。この損得勘定は，東北アジアの無尽・講の感覚で社会保険を運用するからである。ここに社会保険をめぐる老後の〈不安〉が露呈されてくるのである。

　こうした〈不安〉が起きるのは，愛のありかたの相違という，いわば，道徳のありかたの相違が大きな原因である。だから，赤字に対して財政的に政治的にいくら巨額の補填をしても，絶対に黒字にならず，不安が続き，〈安心〉は得られない。もし，その安心を得ようと思えば，すべて西欧方式にして，拠出金は返ってこないという無償の精神，普遍的愛を教育によって培うことになろうが，キリスト教文化の土壌のない日本においては，それは無理である。

　とすれば，われわれ日本人の場合，東北アジアの感覚に基づき，たとえば，掛金を掛けた者のみが返還を得られるとか，その掛金を証券にして抵当に入れたり売買することができるとか，蓄財的にするという方法でなければ，年金をはじめとする社会保険問題の解決を得ることはできないであろう。

　このように，安心・安全，とりわけ安心は，道徳性，それを支える感情と一体化された文化概念なのであって，地域の特性や感情と切り離して安心・安全に接近することは困難である。

　附言するに，大野裕（慶応大学医学部教授）著『弱体化する生物，日本人』（講談社，1999）による，アメリカ人学者の研究の興味深い，次のような紹介がある。

　人間の行動は脳内の化学物質の働きに大きな影響を受ける。ドーパミンという化学物質の場合，その第四受容体なるものの遺伝子の中に，アミノ酸の配列

がくりかえされているが，その配列回数は人によって異なる。この回数が多いほど新奇なもの追求する傾向がある。日本人のほとんどは四回配列までだが，アメリカ人は七回配列が多い。

また，セロトニンという化学物質の場合，ℓ遺伝子とs遺伝子とがあり，s遺伝子を持つ人は，ℓ遺伝子を持つ人に比べて，不安で神経質な傾向がある。日本人の7割はs遺伝子型であり，アメリカ人の場合，s遺伝子型が2割で，両遺伝子混合型が5割。ℓ遺伝子型は，両国人ともに3割とのことである。

もちろん，これら遺伝子だけで決定するわけではないが，大きな傾向として，生物学的に，アメリカ人は明るい性格で，いわゆるアメリカンドリーム型であるが，日本人はもともと保守的にして不安・神経質的であるらしい。

これは日本人の不安の根源を考える上において，傾聴すべき説である。

（2003年10月25日報告）

（『同志社大学ヒューマン・セキュリティ研究センター年報』第1号 2004年 204～209ページ）

西欧近代の「自然」概念と安全学
―― 村上陽一郎の思索をもとに ――

今井 尚生

　我々が取り組もうとしている安全学の扱う問題領域は実に広範多岐にわたる。社会システムの安全性，医療技術や医療制度の問題，都市の安全や食の安全など，凡そ人間の学問的な営みは何らかの意味において安全の問題と関連していると言えなくもない。安全学を提唱している村上陽一郎が，細分化し有機的関連性を喪失している現代の諸学問を「安全」という観点から再編成しようとする構想をもっている所以である。しかし，科学文明という呼び名が象徴するように，現代の文明は本質的に科学との連関の内に成立しており，それ故我々が考えるべき安全の問題も何らかの意味で科学技術との関係を有していると言うことが出来る。そこで，ここでは現代の科学技術の前提にある「自然」概念の考察を通して，安全学の考えるべき基本的問題を認識する。

　今日，我々が「科学」と言うとき，そこでは「自然科学」が念頭におかれている場合が少なくないし，また技術と結び付いた科学，即ち「科学技術」というニュアンスが含まれていると理解して誤りではないであろう。しかし「科学」(science)が今日我々が使うような意味を獲得したのはそれ程古いことではない。それは西欧の歴史の中で19世紀になってからのことである，というのが村上陽一郎の命題である。彼は，「西欧の近代科学が成立したのは科学革命の時代と呼ばれる17世紀である」という通念に反対し，それは18世紀啓蒙を経た後の19世紀であるとの認識を示す。そこで，西欧近代の自然概念の本質に関わる要素を二つ確認したい。但し，西欧近代の自然概念と言ってもそこには多様な思想の系譜があるが，ここでは自然科学の前提となる「自然」概念についてのみ考えることにする。

　第一は，自然に対する基本的な見方，自然観である。近代の自然観はデカルト(1596-1650)の機械論的自然観をもって始まりとするのが通説である。デカルトの「思惟」(cogitatio)と「延長」(extensio)の二分法は有名であるが，彼によれば「自然」(nature)とは「物質」(matiere)のことであり，それは

結局のところ幾何学的な大きさをもつことを本質とする「延長」のことである。このようなデカルトの自然観の背景には，16世紀以降の機械時計の出現がある。精密に動く機械時計が，自然を見るときのモデルになったのである。

　それ以前の自然観に対して，デカルトの機械論的自然観が本質的に区別されるところは，自然における生命原理の否定である。古代ギリシア語の「自然」（physis）は「生まれる」（phyomai）という動詞から派生したものであるし，ラテン語の「自然」（natura）にしてもやはり「生まれる」（nascor）に由来する。即ち，「自然」は元来，生命的な連関の中に位置付けられていたと言うことが出来る。しかし，デカルトの機械論的自然観においては，動物であっても，その体内を支配しているものは精巧な機械と本質的に区別されない。このような生命原理を剥奪された「自然」の概念が近代の自然科学の前提になる。

　第二は，科学的営みにおいて，観察や実験という精神が方法論的に確立されたことである。科学における観察や実験という方法は，科学の性格と発展に決定的な意味をもつ。例えばフランシス・ベーコン（1561-1626）において，この方法は，知識体系としての「科学」と力としての「技術」との結合の思想を意味し，自然支配の理念と結び付いている。なぜなら，自然を観察し，これを実験的に解剖することは自然の原理・原因を知ることに繋がり，そして自然の原因を知るということは，自然を操作するときの規則の役割を果たし得るからである。即ち，自然の原理を「知る」ことは，自然を操作することの出来る「力」を得ることを意味している。ベーコンの「知は力なり」という言葉はそれを端的に示したものであり，彼の自然支配の理念は，現代の科学技術において実現したと言うことが出来る。

　ベーコンは，アリストテレス的な観照という自然の認識の仕方を排し，実験によって能動的に自然に働きかけることを通して自然の原理を見極めようとした。この考え方を更に推し進めようとするとき，そこには二通りの道があり得るだろう。第一は消極的な見方である。即ち，我々は，実験や観察という操作によって認識される限りでの自然を捉えることが出来るが，自然はそれ以上の奥行きをもっており，そこへは到達することができないというもの。第二はより積極的な見方であり，実験や観察という操作によって認識されるものだけが

自然の本質であり，それが自然の全てであるとする考え方。どちらの捉え方が真実であるかという問題には最終的な決着がつかないとしても，自然科学は基本的に後者の理念に立っていると言える。

また，実験や観察により自然を認識するという方法は，自然を把握するときの概念形成それ自体にも影響を与える。即ち，自然を捉えるにあたってア・プリオリな概念を排し，実験や観察という操作と結び付いた操作的概念が用いられるということである。例えば，アインシュタインは彼の特殊相対性理論において，時間の概念をア・プリオリなものとするのではなく，時間に関する問題は全て，それを測定する時計の針の位置によって置き換えることにより解決される問題であると考える。ここでは，時間という概念が，それを測定する時計と結び付けられて定義されている。

近代の自然科学の前提する「自然」には，以上の二つのことが本質的に含まれている。即ち，第一は生命原理から切り離された機械論的自然観であり，第二は自然支配の理念——及びそれと関連することとして，操作によって構成される自然概念——である。そして，このような「自然」概念を前提とした自然科学が成立するのは19世紀の西欧であったというのが村上陽一郎の歴史認識である。この自然科学の成立の過程には，17世紀にはなかった「革命」が本質的な役割を演じているとし，村上はそれを「聖俗革命」と呼ぶ。「聖俗革命」とは西欧における知識の枠組みの質的な変化のことである。即ち，それまでの知識の枠組みが「神－人間－自然」というものであったのに対し，そこから「神」という項が脱落することにより，「人間－自然」という枠組みに替わったということを意味している。17世紀は科学革命の時代と称されるが，その知識体系は未だ「神－人間－自然」というキリスト教的枠組みに本質的に規定されており，村上の言葉で言えば，それは「後期ルネサンス的」である。18世紀啓蒙がなしたことは，この知識の枠組みからキリスト教を剥ぎ取ること，換言すれば「神」の項を取り去るという作業を通して知識を世俗化したことである。このようなプロセスを通してはじめて近代の自然科学が成立した。

以上のことを踏まえて，考えるべき問題を幾つか挙げてみたい。第一は，科学が技術と結び付くことによって大きな力をもったこと。更に，聖俗革命によ

って，倫理がそれまでのキリスト教という基礎付けを失うことにより，新たに生じた科学技術という力をどのように用いるべきかという問題を根本から考え直さねばならなくなったことである。巨大な科学技術力を統制することが出来なければ，それは容易に人間の欲望の支配に委ねられることになる。現代の科学技術を巡る問題の一つがここに生ずることになると村上は考える。

　第二は，技術が応用される場合，そこには目的のもの以外に必ず目的外の副産物・副作用が付随するという問題である。技術によって達成されるべき目的のものが制御可能なものであるのに対して——というのは，そもそもそれが制御可能でなければ，技術の応用ということは成り立たない——目的外のものは制御不可能である。この制御不可能な部分がより小さくなることが，その技術が成熟するということであり，また副産物を無害化する技術開発が安全に繋がる。確かに，副産物を最終的にゼロにすることはできないであろうが，一般的に技術の発展初期の段階ではなぜ副産物が大きいのであろうか。それは近代の技術が科学的知識を基盤としており，その科学的知識は，自然の全体の中から，極めて理想化された状態を実験的に作り出すことによって得られるものだからである。それ故，その知識を技術的に応用する段階になると，必然的に目的以外の副産物が現れることになる。これは実験という理想化において，考察の対象外におかれていたものの影響が現れるということである。そしてこの副産物は，科学技術の力が大きくなればなるほど，一般にその影響も大きくなる。

　第三に，技術的な成熟の問題とは別に，それを用いる人間の問題がある。そしてこの問題の一部は，西欧の近代化のプロセスの中で，社会における技術の伝承の制度が大きく変化したことと関係している。近代化の中で，技術の伝承も学校教育という制度の中に組み込まれた。大学に工学部が設置されたことはその例である。そこでは高度な科学技術が研究開発され，教育によって伝承されてきたが，その技術を職業として用いる際に必要とされる精神性・倫理性の育成という教育に関しては，近代的な高等教育が必ずしも十分に機能してこなかったと考えねばなるまい。

　最後に，諸価値間の衝突の問題である。例えば，予防接種を巡る問題が挙げられる。ある病気に対する予防接種を集団の構成員全体に強制すれば，そこに

はワクチン禍の問題が生ずることを避けられない。しかし，予防接種を任意とすれば，その集団に当該の病気が流行する可能性が大きくなる。今の場合は，個人の利益と集団の利益の衝突という問題であるが，一般に諸価値の矛盾・衝突の問題を如何に考えるべきか。

　西欧的な理念は——西欧近代はとりわけそうであると言えるであろうが——このような事柄に対して，普遍的な問題設定がなされ，その問題設定の平面では，必ず唯一解が存在すると考えてきた，と村上は理解している。そして安全学の構想の中で，村上はこのような西欧の理念そのものを越えることを模索している。彼は，環境の中におかれた生物が，その都度，何らかの実際的な解決をしているということに，この問題に対する解答のモデルを見出そうとしている。

　村上が考えている問題の本質は，生命原理を独立な原理として措定する自然科学が可能であるかという問題であると考えられる。確かに，現在においても生物学という学問領域は存在する。しかし，近代自然科学は基本的に，生命原理とは切り離された機械論的自然観を前提している。そして，生物学においても，近年飛躍的に進歩しているのが分子生物学である。それは取りも直さず，生物というものを，非生命的な物質原理によって捉えようとする方向であり，動物を精巧な機械であると見なすデカルト的な理念が益々確立していく方向であると言えよう。そのような現代にあって，果たして「生命」というものを原理として措定する自然科学が可能であるのか。それは，これまでの自然科学とは次元を異にする地平を提示しつつ，尚近代的な意味で自然科学であり得るのか。それとも，近代の自然科学の理念にはもはやおさまらない地平を指し示しているのか。それが村上の模索する安全学の根本問題の一つであろう。

（2003年11月22日報告）

［参考文献］
村上陽一郎『文明のなかの科学』青土社　1994
村上陽一郎『安全学』青土社　1998
村上陽一郎『安全学の現在』青土社　2003

村上陽一郎『科学史からキリスト教をみる』創文社　2003
伊東俊太郎『自然』三省堂　1999
アインシュタイン（内山龍雄訳・解説）『相対性理論』岩波書店　1988

(『同志社大学ヒューマン・セキュリティ研究センター年報』第1号　2004年　210～215ページ）

アジア社会保障研究のインプリケーション

埋橋 孝文

1．はじめに

近年，わが国においてアジアの社会保障や福祉に関する関心が高まっており，専門研究書の刊行が相次いでいる[1]。

本小稿の課題は，こうした社会保障プロパーでのアジアへの関心の高まりの背景を考察し，また，アジア各国の社会保障とその直面する問題を概観しながら，それが含意しているところを明らかにすることである。

2．これまでの研究環境

上で述べたような関心の高まりはどのような背景によるものであろうか。従来，なぜそれほど注目されず研究蓄積が浅かったのか，というふうに問題を反転させた上でその理由を探れば，それは以下の2点に求められる。

第1に，アジア諸国での社会保障・福祉が国民経済全体に対してもつ比重，プレゼンスが小さかったことが挙げられる。それはGDPに占める社会保障給付費の割合などの経済的指標からもいえるし，あるいは，その政治的な舞台での争点にも上ってこなかったことにも示される。このことがアジア地域研究の中で社会保障プロパーの研究がもっとも手薄な分野のひとつになっていることの背景に存在したのである[2]。

第2に，わが国における国際比較研究の圧倒的多数が欧米との比較研究であったことを省みれば，アジアの社会保障が日本のそれのpolicy makingにとってそれほど参考にならない，という認識が共有されていたことも考えられる。

3．アジアにおける社会的セーフティネットへの関心

上のような事情が1990年代後半になって変容を迫られることになった。1997年のアジア通貨・経済危機がそれまでの社会的セーフティネットの脆弱性を曝け出すことになり，こうした中で，従来ややもすれば軽視されてきた「開発の

社会的側面」の重要性が再認識されてきたのである[3]。

4．アジアの多様性と第1次的接近

　アジア通貨・経済危機といってもタイやインドネシア，韓国などでは深刻な影響を実体経済面でおよぼしたが，台湾，香港，シンガポール，中国では軽微なものにとどまった[4]。さらに，歴史，宗教，文化，地勢の多様性は世界の他の地域よりも幅が広く，しかも，NIEs（韓国，台湾，シンガポール，香港）やタイ，マレーシアなどの国の目覚ましい経済成長により域内の経済レベルの格差も大きくなっている状況がある。ただ，社会保障が法的制度のもとで機能するものであるから，その制度の違いに注目した形での域内の区分を考えることができる。この点では，アメリカ社会保障庁発行の *Social Security Programs Throughout the World* のアジアに関連するパートが必読文献であり，そこから「制度に内在的な」特徴を引き出すことが可能である[5]。

　それ以外には，1人当たりGDPなどの経済指標＝経済の発展段階が考慮されるべきである。というのも，Wilensky（1975）が先駆的に明らかにしたように，それは長期的にみた場合，また発展途上国をも視野に入れた場合，社会保障などの福祉国家施策の発展に大きな影響を与えるからである。

　「失われた10年」＝90年代における日本経済の不振と1997年アジア金融・経済危機の後では，99年の1人当たりGDPを基準にして，①日本（3万5000ドル），シンガポール（2万7000ドル），香港（2万4000ドル），という第1グループ，②韓国（9000ドル），台湾（1万3000ドル）の第2グループ，③マレーシア（4000ドル）・タイ（2000ドル）の第3グループ，④その他の第4グループ（1000ドル以下），のように分類できる。

5．第4グループの特徴

　上のような経済の発展段階の違いに応じてそれぞれの国，グループが直面する社会保障の課題は異なってくる。

　まず，上の第4グループ（中国を除く）では，年金，医療，福祉という社会保障の3部門のうち，医療サービス体制とりわけ公衆衛生と栄養学的環境の整

備が焦眉の課題になっている。医療保険の導入は公務員，軍人，大企業被用者などのごく一部にとどまっている。年金制度の整備はまだ俎上に上っていない国が多い。

　中国は1人当たりGDPでは第4グループに入るが，社会保障の整備状況の点では大きく異なる。それは1951年の労働保険条例に始まる歴史をもち，そのもとで年金保険，医療保険，出産・育児保険，労災保険および家族保険などの各社会保険部門を擁していたからである。これらは企業がコストを負担する「企業保険」であったが，国有企業の不振によって存亡の危機に瀕した。

　上のような状況のもと1990年代から社会保険改革が始まった。現在，年金保険，医療保険，失業保険の再編はほぼ終わり，労災保険と出産・育児保険制度が整備途上にある。こうした整然とした社会保障体系が存在していること，このことは，同じレベルの経済水準にある第4グループの他の国と大きく異なる点である。それは，社会主義経済下での伝統を引き継ぎついているからに他ならない。

　中国における年金保険，医療保険の概要に関して述べれば，どちらも国家，企業，個人の3者が費用を分担するが，年金と医療の双方に「個人口座」があることが注目される。この「個人口座」は，シンガポールのCentral Provident Fund（CPF）と似ている。事実，中国は社会保険制度を再編成するにあたって各国の制度を研究し，とりわけシンガポールの制度がもっとも中国の現状に適していると判断したのであった。確かに，従来，税や個人が負担する保険料に馴染みがなかった国民から社会保険料を徴収するには個人口座の設定という方式が適合的であったと推察される。

　両国の制度にはもちろん，相違点もある。第1に，個人口座は保険制度の一部であり，基礎年金の財源は（個人口座とは別個の）年金保険基金であり，また，同様に，比較的高額な医療費用を賄うのは「社会プール医療保険基金」となっている。純然たるProvident Fundには加入者間の所得再分配機能をもたないが，この「基金」をとおして所得再分配機能が発揮されるのである。第2に，シンガポールの場合，①持ち家購入のための支出，②退職金と年金給付，③医療費の支出がひとつの制度の中に組み込まれているが，中国の場合，①は

なく，また②と③は別制度になっている。

6．アジア NIEs の社会保障

　社会保障制度の面からみるとこのアジア NIEs はそれぞれがかなりユニークな歴史と構造をもっており，一括することは困難であり，むしろ相互に区別されるタイプとして理解したほうがよい。[6]

　たとえば，香港・シンガポールはいわゆる「都市国家」であるが，香港はイギリスの統治が長く，しかも統治方針がいわゆる福祉の「残滓主義」にもとづいていたため，社会保障制度の整備は遅れた。1997年返還後の見通しの不透明さがそれに拍車をかけ，たとえば，退職（年）金制度（MPF＝強制退職金制度）の施行はつい最近（1999年）のことであった。

　一方，シンガポールでは，台湾と同様に国家コーポラティズムの要素をもち，早くも1955年に中央積立基金（CPF）を創設している。これは高齢者のための積立貯蓄として始まったが，その後，医療，住宅・土地の購入，株やその他の投資，国内での高等教育およびある種の保険のために支出できるようになった。

　台湾では1950年に「台湾省労働者保険法」が制定・施行され，その後，職域社会保険の制定が相次いだ。しかし，制度間格差が著しく，また，規模の経済が機能せずそのため財政難になる保険も多かった。こうした点は1995年に全民健康保険が制定されて是正され，ようやく「皆保険」体制が整うことになった。また，国民年金保険の2001年実施も計画されたが，少数与党体制での政治的不安定性や地震による国家予算の窮迫などから延期を余儀なくされた。

　上のように台湾では1980年代末の民主化を経た後の1990年代に入って，従来の社会保障・保険制度の「再編」がおこなわれたのであるが，韓国でも1980年代末，1990年代は発展史上のターニングポイント的な時期であった。むしろ，経済の離陸以前に政治的理由から制度化が図られたシンガポール（CPF），台湾（労働者保険法）と異なってそのような経緯のない韓国の場合，この時期の展開はより以上にドラスティックなものであったといえる。

　韓国では，年金，医療双方で職域社会保険から出発してから地域住民を包括する形でそれを普遍化する（皆保険・皆年金体制の成立）までの期間が短い。

いわば「空白を埋めるための急速なキャッチアップ」とでも名付けることができるような過程をこの20数年間に経験している。ここに韓国のひとつの特徴を求めることができる。また，韓国の社会保障政策は日本のそれをモデルとしたものが多かったのであるが，医療保険の一元化にあたっては台湾の経験を参考にしたこと，この一元化とほぼ同時期に実現された医薬分業や診療報酬制度の改訂，診療報酬をめぐる保険者団体と医療団体の契約制度の導入，生活保護法の「国民基礎生活保障法」への改編などでは，日本に先んじて制度の抜本的改正に着手したことなどが注目される。先にふれたシンガポールのCPF方式を一部移植・導入した中国の例を含めて，アジア諸国間でのレファレンス作業が活発化しているのも興味深い。

7．おわりに

本稿で検討したアジア諸国では，異なった背景からではあれ，社会保障の整備・充実がこれまで以上に大きな課題として浮上している。

わが国では，アジア諸国のような後発のものは先発するシステムにとっていつか来た道であっても，今後の進路には関わりがないものとして考えられがちである。しかし，本論での検討から，とりわけ台湾，韓国の場合，日本で今問題となっている課題の解決に成功している例が散見されることが確認できた。こうした点からもアジアの社会保障への関心は今後ますます高まるであろう。

アジア諸国は，香港とシンガポールを例外として当初（ドイツ型）社会保険モデルから出発し次第にその適用範囲を拡大している点，その過程で制度間格差の是正・地域保険の財政悪化の緩和，基礎年金をどのように制度化するかが課題になってきている点など，わが国を含めて共通する課題は多い。

アジア諸国間での相互の「学習」と「移植・導入」はこれまでにもあったが，今後一層活発するであろう。わが国の経験は反面教師の役割を含めて参考になる点を多々もっていると考えられる。日本の社会保障の歩みと制度設計のあり方の特徴，その成果（outcome）と残された課題，を欧米との比較で明らかにするだけでなく，アジアとの比較からも照射していくこと，こうした作業の重要性もそれに応じて増していく。

注
1) 広井良典・駒村康平編（2003），上村泰裕・末廣昭編（2003），一橋大学経済研究所経済制度研究センター（2003），大沢真理編（近刊）などを参照のこと。
2) ただし，このことは，比重，プレゼンスが小さければ研究に値しないことを意味するものではない。社会保障・福祉が国民経済に対してもつ比重・プレゼンスが何故に低いかは，興味深い検討課題であろう。
3) 初岡昌一郎・連合総研編（1998）。
4) （財）国際東アジア研究センター（2000）。
5) Social Security Administration(2000) を参照のこと。菅谷（2003）がこの課題に取り組んでいる。
6) 上村泰裕（1999）。

（2003年11月22日報告）

参考文献

US Social Security Administration (2000), *Social Security Programs Throughout the World*.

Wilensky, H.(1975), *The Welfare State and Equality*, University of California Press. （下平好博訳『福祉国家と平等——公共支出の構造的・イデオロギー的起源』木鐸社，1984年）。

大沢真理編（近刊）『アジア諸国の福祉戦略』（ミネルヴァ書房）。

上村泰裕（1999）「福祉国家形成理論のアジア Nies への拡張」，『ソシオロゴス』第23号。

上村泰裕・末廣昭編（2003）『東アジアの福祉システム構築』（東京大学社会科学研究所研究シリーズ No.10）。

（財）国際東アジア研究センター（2000）『東アジアへの視点』（『北九州発アジア情報』2000春季特別号）。

国立社会保障・人口問題研究所（2001）『アジアと社会保障　資料編』。

菅谷広宣（2003）「東南アジアの社会保障——制度による類型化を中心に——」『賃金と社会保障』1350号（旬報社）

仲村優一・一番ヶ瀬康子（1998）『世界の社会福祉3　アジア』（旬報社）。

初岡昌一郎・連合総研編（1998）『社会的公正のアジアをめざして——経済危機の

克服と改革への道——』(日本評論社)。

一橋大学経済研究所経済制度研究センター (2003)『アジアのソーシャル・セーフティネット』(勁草書房)

広井良典 (1999)『日本の社会保障』(岩波新書)。

広井良典・駒村康平編 (2003)『アジアの社会保障』(東京大学出版会)。

宮本太郎, イト・ペング, 埋橋孝文 (2003)「日本型福祉国家の位置と動態」エスピン・アンデルセン編, 埋橋孝文監訳『転換期の福祉国家——グローバル経済下の適応戦略——』(早稲田大学出版部)

李秀英 (1999)『中国における社会福祉政策の展開状況に関する研究』(財団法人アジア女性交流・研究フォーラム)。

＊本稿は埋橋孝文「アジアの社会保障——比較のための覚え書き——」, 大阪産業大学産業研究所『アジア経済圏の可能性』, 2001年3月) 所収, を加筆・修正したものである。

(『同志社大学ヒューマン・セキュリティ研究センター年報』第1号 2004年 216～222ページ)

地球環境とヒューマン・セキュリティ

林田　明

　「ヒューマン・セキュリティ」は，従来の「国家安全保障」や「社会保障」に加えて，個人の安心と安全を保証し，人間らしい生活の確立を目指す新しい考え方である。巨大災害や環境変動などの自然の脅威に対してヒューマン・セキュリティのあり方を考えるとき，国家や社会の安全とは異なる視点で人間と自然の関係を探索することが必要と思われる。防災や環境保全のあり方については多くの分野で様々な検討が進められているが，ここでは地球科学の研究によって明らかにされた自然災害と地球環境変動の特質に着目したい。特に，日本列島に住む私たちにとって最も深刻な危機の一つである地震災害，および21世紀の人類が直面する地球温暖化を取り上げ，人間の安心と安全との関係について考える。

日本列島の地震災害

　固体地球の表層部では流動的なアセノスフェアの上にある固いリソスフェアがいくつかのプレートに分割されており，それらが相互に運動して大陸の移動や海洋底の拡大などを引き起こしている。日本列島付近では東から太平洋プレートが東北日本に向かって，南からフィリピン海プレートが西南日本に向かって沈み込んでいる。これらの海洋プレートが日本列島の下に入り込む動きに対応し，日本海溝や南海トラフなどのプレート境界では多くの地震が発生する。特に，海洋プレートの沈み込みによるストレスが地殻の歪みとして蓄えられ，それが急激なスリップによって解放されることによってマグニチュード7.8（M7.8）以上の巨大地震が起こることもある。

　紀伊半島と四国の沖では1707年と1854年，そして1944年と1946年に南海地震あるいは東南海地震と呼ばれる巨大地震が起こった。このようにフィリピン海プレートの沈み込みによって蓄積される歪みはそれぞれの震源域において，およそ数十年から200年程度の時間間隔で解放されてきた。ただし，駿河湾を中

心とする海域では1707年と1854年に東南海地震や南海地震と連動した巨大地震が発生した後，これまで大きな地震が起こっていない。このため，かなりの歪みが蓄積されていると考えられ，約20年前から東海地震の切迫性が指摘されてきた。また，東南海地震と南海地震についても21世紀前半の発生が危惧され，西日本の広い地域で地震災害への備えが必要な状況となっている。

一方，北海道から東北地方に沿う日本海東縁では，日本海の海底が西から日本列島に向かって沈み込もうとしている。日本海東縁のプレート境界は中部地方のフォッサマグナと呼ばれる地溝帯の西縁に続く。このプレート境界の西方には東西方向の圧縮応力が生まれ，日本アルプスから近畿地方にかけて山地や盆地を形成する地殻変動の原因となっている。淡路島と阪神地域に甚大な震災をもたらした兵庫県南部地震（1995年；M7.2）は東西圧縮による歪みが野島断層という活断層で解放された現象であり，プレートの衝突による本州中央部の変形の一端と見ることができる。

プレートの沈み込みによる地震がおよそ100年の間隔で繰り返すのに対し，日本列島の内陸部の活断層は1000年以上の間隔で活動すると考えられている。1回の地震の規模についても，内陸の被害地震の多くはマグニチュード7から6のクラスであり，海溝で起こる巨大地震に比べて地震のエネルギーは一桁小さい。しかしながら，『理科年表』の「日本付近のおもな被害地震年代表」の記録を比べてみると，むしろ内陸型地震によって大きな被害が出ていることがわかる。海溝型の地震としては1923年の関東地震（M7.9）が死者・行方不明14万2000人余という未曾有の大震災を引き起こしているが，これはその震源域が相模湾から関東地方にかけての人口密集地の近傍であったこと，さらに地震動によって火災が発生したなどの悪条件が重なったことによる。また，1933年の三陸沖地震では3000人を越える死者・不明者があったが，そのほとんどは三陸沿岸を襲った津波によるものであった。それに対し人間の足下で起こる内陸地震は，兵庫県南部地震の6436人，福井地震（1948年；M7.1）の3769人，北丹後地震（1927年；M7.3）の2925人のように多くの人命を奪い，家屋や都市機能に大きな被害をもたらすことが多い。

地震災害への対処を考えるうえで注目すべき概念の一つは，地震の規模と頻

度との関係である。多くの自然現象や人為的な事故に関して，甚大なできごとはめったに起こらず，些細な事象が頻発するという経験則がよく認められる。地震の場合，その関係はグーテンベルク-リヒターの式として表現される。たとえば1961年から1999年の日本列島の周辺で発生した地震のうち，マグニチュード5.0～5.9の地震は3371，6.0～6.9の地震は459，7.0以上の大地震は57（このうちM7.8以上の巨大地震は8）であった。大きな被害をもたらす地震が稀にしか起こらないという事実は，「天災は忘れたころにやってくる」という言葉にも表現されている。特に土木や建築技術の進歩によって小規模の地震の被害が軽減されると，大震災は突然襲う天変地異のように感じられる。しかし，それは常に起こり続けている日本列島の変動の一部であり，地球の歴史のなかの必然なのである。

　1995年に兵庫県南部地震が発生したとき，100年から1000年の間隔で近畿地方に大地震が起こることがすでに指摘されていた。しかし，現代の人間は1年や10年程度の時間スケールで生活を営み，プレート境界の近傍に巨大な都市を築いてきた。地震などの自然災害に対する安全と安心を考慮した文明を実現するためには，人の一生よりはるかに長い自然の時間スケールを認識する文化が必要である。

地球温暖化と人類

　大地震のような自然災害に加え，21世紀の人類は自らが作り出した環境の危機にも直面する。たとえば温暖化ガスの増加と気候の温暖化は1970年代から問題となっていたが，「気候変動に関する政府間パネル」などの活動によってその実態が明らかになるとともに，人間の生存に対するの深刻な影響が危惧されるようになった。温暖化に伴う海水面の上昇や異常気象，水資源の枯渇，植生や生態系の変化について様々な予測や対策が試みられているが，その多くは人間の安心と安全にとって悲観的な印象を与えている。

　ところで，地球規模の温暖化という現象は過去の地球に繰り返し起こったことである。たとえば今から約1万2000年前，急激な温暖化によって大陸氷床が融解し，海水面が約100mも上昇した。その後，多くの沖積平野が形成され，

農耕の発生と拡大を経て現代に至る文明の舞台が生まれた。その前の最終氷期にも，数千年程度の間隔で突発的な温暖化が繰り返し起こっていた。このとき，極域では10年程度の間に気温が数度上昇し，中・低緯度の太平洋やアジア大陸でも気温や降水量の変動が起こったらしい。日本列島の旧石器時代を生きた人たちはその一生のうちに，急激な温暖化と降雨量の増加，それに引き続く寒冷化と乾燥化など，激しい環境変動を経験したに違いない。

　さらに，過去300万年間の人類進化の要因として気候変動が重要な役割を果たしたという指摘もなされている。現在からおよそ260万年前，気候変動の周期が約2万1000年から4万1000年へと変化するとともに地球の寒冷化が始まり，さらに約100万年前から10万年周期の氷期・間氷期サイクルが卓越するようになった。これに応じて東アフリカでは乾燥化が進行し，熱帯森林が縮小してサバンナが拡がるという変化が起こったらしい。こうした景観の変化を背景に，約260万年前にはアウストラロピテクスからホモハビリスへの進化が起こり，約100万年前には東アフリカから世界各地への人類の拡散が促進されたと考えられている。

　もちろん現在進行中の気候変動は，人間の活動がその原因となっている点で過去の事例とは異質の現象である。ここでは人類の放出する二酸化炭素などが自然界の炭素循環に加わり，大気の温室効果を強化して地球環境を変化させている。このように，人間の活動が自然のシステムに擾乱を与え，その結果として人間の生活に不都合や不安が発生するという過程は，他の地球環境問題にも共通する図式である。地球の歴史においては，太陽や地球内部からの擾乱に応じて大気圏や水圏，生物圏などが形成され，様々なスケールの環境変動が続いてきた。このような地球システムの変化に加え，人間が多量の物質とエネルギーを循環させることによって「人間圏」というサブシステムが形成されつつあるという考えも提唱されている。問題はこのサブシステムが安定に存続できるか，そのなかで人類はどのように進化するのかということにある。

（2003年12月20日報告）

　　（『同志社大学ヒューマン・セキュリティ研究センター年報』第1号 2004年 223～
　　226ページ）

「からだ」その果てしない物語

田附 俊一

Ⅰ．はじめに

　からだとの関わりで人間や人間社会の安心や安全について研究するのが，同志社大学ヒューマン・セキュリティ研究センターにおける私の役割であると考えている。ヒューマン・セキュリティとは何か，また，その日本語訳を人間や人間社会，あるいは人間生活の安心や安全と考えた時，それが何を意味するのかについても研究の緒についたばかりであろう。そのような状況でからだとの関わりの中でヒューマン・セキュリティについて，今後，真摯に向かっていこうとするところである。したがって，本稿は，からだとヒューマン・セキュリティについてその研究の糸口を探り，私の研究の緒を探ることを目的としている。

Ⅱ．人のからだの動きの発生に関わる3つの視点

　これまで，私はスポーツを教えるという仕事に携わりながら，どうしたら目指す運動が上手くなるのかについて，主にスポーツバイオメカニクス，スポーツ運動学(Bewegungslehre des Sports)，そしてスポーツ教育学の観点から研究を進めてきた。そして，人はどのようにして自分のからだを操ることを会得するのか，また，それが人が生きるということにどのように関係するのかに研究の視点が移ってきた。現在，主に以下の観点がこれらを論究する拠り所となっている。

1．スキャモンの発育型

　人の発育に関わるきわめてポピュラーなスキャモンの発育型（図1）は，からだを思い通りに操ることに関して，次のことを示唆している。からだを巧みに操る神経系の発達は，10歳くらいにはほぼそのピークに達する。からだを操るのは，脳であり，脳の神経支配によって筋肉が制御されるのである。

図1　スキャモンの発育型

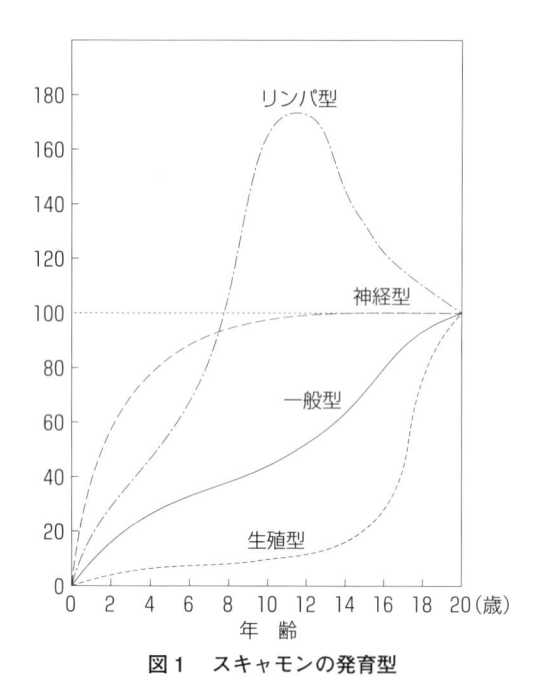

池上晴夫，[新版]運動処方　理論と実際，朝倉書店，1990より抜粋

2．マービン・ミンスキーの「こころの社会」

　彼は，この著書において，こころを形づくっているとする「エージェント」について，それ自身に知能はなく，それらが何らかの関係性を持った時に知能は生じるものであろうと述べている。[1]

3．「専門家の知」より

　Hebbel-Seeger, A. と Lippens, V. は[2]，専門家の知について「スポーツ技能の発達とマスターは，『はじめから一連の情報の処理と演繹に基づいて問題を解決するということをしなくなった後に，記憶の中に蓄えられた解決のモデルを呼びだしてそれらを比較することへとはっきりと移行していく』（Anderson, J. R, Kognitiv Psychologie, Springer, 1989, p.218）ということに基づいていると思われる」と述べている。

　これらの知見を立脚点におき，人が自分のからだの操り方をどのように身につけていくのかについて考えてみよう。

人は，胎児として母体にいる時から母親や父親の声などの音を含む様々な刺激によって反応しているのは周知の事実である。生後，さらに多くの情報が刺激として彼らにもたらされる。それは，様々な音，臭い，そして味であり，加えて光を感じることによってもたらされる視覚的情報は飛躍的に増大する。そして，それらの情報に対して運動という反応が発生する。その運動によってさらにもう一つの情報を収集する感覚である触覚によって得られる情報も飛躍的に増大する。言語によるコミュニケーションの割合が少ないこの頃においては，からだの運動によって意思表示を行う。言語という記号は，それがある概念を規定し，それが共有できるからコミュニケーションが取れると考えられるので，その概念のない，あるいはその実体を見る経験などのない時期に言語によるコミュニケーションは困難である。

　さて，では，この頃人はどのようにして自分の周りにある実体を認知するのであろうか。それは，触るという触覚によってである。特に顕著なのは，なめるという行為である。触角器である舌による肌触りと味覚の味によってそのものの性質をつかもうとするのである。これらのことから考えられるのは，人が自分の周りにあるものの実体を経験し，記憶することは，自分のからだで感じるというからだを使った知識の蓄積であると考えられる。その後，人はさらに多くの経験をし，それに伴うからだを通した知識を脳に蓄積していくことになる。

　これらの知識は，ある状況が自分に直面した時に用いられることになる。以前にも同じ状況が訪れていた場合には，その時の対処とその結果に基づいて，今回の対応が決定される。しかし，ここで，一回性の原則[3]という考え方に立った時，厳密にいうと同じ状況は2度とないと考えられるので，前述のマービン・ミンスキーやHebbel-Seeger, Aの考え方を援用すると，現在直面している状況に近いと考えられる過去の経験を素材として用意し，それらの結び付け方やその強さを様々にシミュレートし，その中で最もふさわしいと思われる方法を選択して対応していると考えられる。その選択に関わる知識は，書物などから言語というメディアを通して得たものもあるように思えるが，その言語という記号概念の周囲にある経験が全くなければ，その言語からは何も想起する

ことはできないと考えられるので，言語による知識でさえも，実は，それまでの経験とマッチングさせることにより自分の疑似体験として脳に記憶されるのであろう。

　ここで，スキャモンの発育型を一つの拠り所として考えると，このいろいろにからだを操り脳に記憶させる効率が最も高いのが10歳頃までと考えられるのである。

Ⅲ．身体性とヒューマン・セキュリティについて

　これまで述べてきたことを鑑みると，人の知識は経験を通じて得た身体性を伴うと考えることができよう。この身体性を伴う経験が多ければ多いほど，そして，かつ，それらが通用しないくらいの大きな変化が周りで起こった時には，不安を覚え，セキュリティが犯されていると感じるのではないだろうか。例えば，文化とそれに培われてきた価値観が全く異なる空間に移動した時は，そうであろう。それははじめて訪れた国で，挨拶などのマナーといういわゆる立ち居振る舞いに違和感を覚え，それが身に付いていないと非常識に思われるだろうという不安でもあろう。コミュニケーションの取り方もそうであろう。世代間のコミュニケーションでは，ジェネレーションギャップといわれることを感じるのかも知れない。近年，いわゆるIT革命といわれる変化が私たちの生活に密接に関わってきた。それにより，リアリティに比べて，バーチャルリアリティの割合が多くなったといえよう。

　このように時代の変化が大きいと，これまでの経験に裏付けされた価値観が通用しなくなり，それによる不安も計り知れないものになるのかも知れない。

　さて，本稿の冒頭で述べたように，からだとヒューマン・セキュリティに関わる研究のスタートラインに着いたばかりである。身体性を伴う知識，技術革新や時代の変化と不安などを中心に研究を進めたいと考えている。

注
1）マービン・ミンスキー，こころの社会，産業図書，1990，p.516.
2）Hebbele-Seeger, A, Lippens, V, 朝岡正雄訳，専門家の知——その構造と改

善について——，スポーツ運動学研究14，日本スポーツ運動学会，2001，p.65．
3） 金子明友，運動観察のモルフォロギー，筑波大学体育科学系紀要，10巻，1987，p.119．

〔2003年12月20日報告〕

(『同志社大学ヒューマン・セキュリティ研究センター年報』第1号 2004年 227～231ページ)

書評

BOOK
REVIEW

ロベール・カステール著
『安全のない社会』

著者名：Robert Castel
書　名：L'insécurité sociale : Qu'est-ce qu'être protégé?
出版社：La République des Idées / Seuil
発行年：2003年9月
ページ：95ページ
定　価：€10.5（税込）

　メディアは「安全」という言葉を掲げて，BSEや鶏インフルエンザなどの食料の問題，子供の虐待問題などを次々に社会問題として取り上げ，私たちの生きている社会や世界がどれほど危機に直面しているかを，毎日のように報道している。ロベール・カステールが2003年にSeuil出版社から『安全のない社会』（別の意味で「保障のない社会」）というタイトルで本を出版したが，彼は安全というテーマの流行にのっとって本を書いたのではない。フランス国立社会科学高等研究院で社会学を教えているカステールは20年以上続けて近代社会における個人の形成過程を解明しているなか，特に個人のアイデンティティと「リスク」の概念を分析しようとしている。まず医学・精神分析の次元で，次に社会学の次元での社会変動，特に労働の世界の変動がもたらしている社会的なアイデンティティの喪失などの過程や原因を明らかにしてきた。この新しい著書において，カステールはフランスでは政治家たちも一般の国民も「安全がなくなっている」と繰り返し心配して，「安全を取り戻す」ための政策を要求したり決めたりしているという現象が，なぜ今そのように大きな社会問題になっているのかを理解しようとしている。

　過去に遡れば，人間の歴史において現在ほど安全な時代はなかっただろうのに……，とカステールは訝しく考えている。カステールは「安全」と「保護」を結びつけて，保護されているとはどういう意味をもっているかを考えようとしてる。そのため，著者は歴史学的・社会学的なアプローチに基づいて近・現

代社会の基礎を再検討する。近代の歴史は，人々を完全に見守っていた伝統的な共同体が破壊されたあと，人々は独立した個人として生きることが要求されたが，安全感なしに独立できない人々が安全を要求し続けて，彼らの安全感を取り戻すため努力を物語る歴史でもある。そのような安全感を作り出したのは国家である。法治国家は個人個人が自分の生命を心配せずに自由な活動を営み，個人として生きる市民の自由を保証している。その後，国家は19世紀，20世紀にわたって，所有権をもつ代わりに労働力をもつこと自体――自分の仕事で独立を得ること――が社会的な独立を与えることになった時，福祉国家に変わった。

カステールは，そのような国家を保護国家とも呼んでいる。保護国家の働きによって健康保険・労災保険・雇用保険や年金制度などの社会保健制度が制定され，社会での生活が生みだしている不安の原因がある程度弱まり，個人個人が社会的な安全感を得られ，しかも彼らが未来へ向かって肯定的な計画も立てることができるようになったという利点が見られた。平等な人間とは別に，そのような働きによって，人々が個人として独立しながら類として同じであるような個人の社会（société de semblables）が作れらるだろう。

しかし，70年代以来，そのような相対的な保護（安全保障）を可能にしていた構造はいくつかの原因によって崩れつつある。簡単に言えば，その一つは，グローバル化の動きのなかで，国内において国家が保護の役割を果たせなくなってきていることである。もう一つは，その資本主義自体の変化によっても労働力が流動化し，また組合も機能できない労働市場において労働者たちを個性化させてきた。その変容において，新しい労働市場が必要とする労働能力をもたない労働者は不安定な仕事しか見つけられない。そうなれば，正社員でない労働者はその地位に相当する社会保険や他の社会的な利点を失ってしまう。不安定労働が増えているなか，いつか自分もその状態に陥るのではないかという不安が社会全体を覆うようになった。

それとまた，現代人は今まであまり感じていなかった新しいタイプの危険を意識しはじめた。それはテクノロジー・食糧・自然などに関する危険のことである。社会的な不安と違った，この新しい危険は科学・技術の発展から発生し

たもので，人間がコントロールしていない結果として特徴づけられる危険である。一般の人々はそのような新しい社会的状態・技術的展開から発生した不安を感じている。こうした人々の指示を受けて，政府は反民主主義的な政策を決めることに至る恐れもある。しかし，カステールはこの政策は本当の社会的な不安感の原因をなくそうとせずに，単なる政治的・イデオロギー的な答えに過ぎないと考えている。そこで彼は，根本的に現代型の不安全の原因を探ってみたら，もっと相応しい答えを考えられるだろうと信じて，一種の研究計画を立てる。

まず，カステールは概念を検討する。不安感に関わっている言葉のなかで，「リスク」という言葉の使用を批判する。「リスク」は危険の可能性を表す言葉であるから，不安の種を蒔くだろうし，また自由主義的な思想によってその言葉が含んでいる個人の責任を要求するからである。その代わりに，カステールは「公害」(nuisances) という語を使用する。次に，カステールは歴史的なアプローチが明らかにした上記の現代の二つの条件を前提にして，どういうふうに不安全の問題に答えられるだろうかと思想の方向を示す。それは二つある。

第一に，社会保険制度を考え直す必要がある。すなわち，大きな不安感の原因は，現代社会が要求している独立した個人になれなくなった大勢の人々がいることにあるから，平等な権利のシステムを確立しなければならないということである。

第二に，雇用の状態を再検討しなければならない。19—20世紀では，雇用と社会保険制度は密接に結ばれていた。すなわち，正社員でない労働者は正社員の社会保険システムが提供している有利な条件をもらえなかったし，完全な社会的な「市民」として見られていなかった。しかし現在，不安定な仕事が増えるなか，カステールが提案しているのは今までと違って，就業の形態によって社会保険システムを区別するのではなく，働いている者自身（本人）にその権利を付与するということである。

カステールにとっては，社会的な関係において個人が自分のアイデンティティを形成し，安全・安心感もそのなかから生まれていると考えられる。そのため，安全の問題を心理的な次元で分析するのではなく，国家の役割や法の重要

さを主張するのである。なぜなら，世界の激烈な変化においては，市民的な安全（個人としての自由や所有者としての自由）と社会的な安全（労働者の状態に相当する権利）は守られなくなるし，その上，みんなの同類個人の社会（société de semblables）を作ることができなくなるだろうと心配されるからである。

　カステールの著書は，全体的な安全の文化人類学を考えるための本ではない。しかし，資本主義社会に起きている激しい変化を背景にして安全の問題を分析しようとしているこの本は，現代日本社会における安全問題をどう整理すればよいか，思想の方向を示している興味深い書である。〔アンヌ・ゴノン〕

　　（『同志社大学ヒューマン・セキュリティ研究センター年報』第1号 2004年 234〜237ページ）

ウルリヒ・ベック著
『危険社会──新しい近代への道──』

原著者名：Ulrich Beck
訳 者 名：東廉・伊藤美登里
原 著 名：Riskogesellschaft : Auf dem Weg in eine andere Moderne
出 版 社：法政大学出版局
発 行 年：1998年10月
ペ ー ジ：x＋472＋(20)ページ
定　　価：5040円（税込）

ウルリヒ・ベックを知ったからには

　日付のある二つの文章を取り上げる。一つは，1986年4月の「序論」。もう一つは，1986年5月の「はじめに」。このひと月の違いが重要である。

　1986年4月26日にチェルノブイリ原発事故が起こった。二つの文章の間には，この事故がある。『危険社会』はこの年にドイツで出版された。出版後5年間で6万部に達したという。

　「危険社会」という言い方は，誤解を招きかねない表現である。それは二つの近代化の一方に対応する。すなわち，伝統的社会の近代化と産業社会の近代化，別の言い方では，単純な近代化と自己内省的近代化のうち，後者に対応する。ただし，産業社会の近代化にせよ，自己内省的近代化にせよ，説明を必要とする。

　『危険社会』におけるベックの狙いは明確である。かつて，「ポスト・モダン」なる言葉がさかんに使われた。この場合の「ポスト」は何を意味するのか。「近代以降」の「以降」という語を使って，本当は何を言っていたのか。どんな事態を考えていたのか。それを出来る限り明確に，徹底的かつ根本的に，われわれの社会において明らかにすること，それが彼の狙いである。言い換えれば，われわれが今生活している「この社会」とはどのような社会かを，過去との対比において，未来への予兆において，古い思想と理論にとらわれた自分自身に抗いながら描こうとする試みである。

それはどんな社会か。ベックの論述のスタイルについての彼自身の比喩を借りると，こうなる。かつてわれわれが，19世紀の初め，過ぎ去りつつある封建的農業時代という建物から至る所で現れ始めていた未知の産業化時代を目撃したのと同様に，20世紀の産業社会の建物から見ているのは，産業化が行き着く所まで行って自分が自分の敵になりつつある危険な社会の到来である。それゆえ，この社会は「危険社会」なのであり，産業社会をもたらした近代化ではない，もう一つの近代化，すなわち，産業社会の近代化，自己内省的近代化なのである。「自己内省的」という言い方は，このもう一つの近代化が産業社会のそれ自身に対する近代化であるという理由で選ばれたものであろうが，関係だけから見れば「自己関係的」ということであり，「近代化の近代化」ということである。
　なるほど，われわれの生きる社会は，危険に満ちた社会かもしれない。しかし，それは危険の脅威だけに一方的に動かされる社会ではない。ベックにとって問題は，近代化の最高段階としての，この行き着く所まで行った「近代化の近代化」の可能性と危険性の「二重の光に包まれた状況」，すなわち，「危険社会の輪郭」を余すところなく描くことにある。多くの社会の危険への徹底的な分析を通して，安心で安全な社会，望ましい社会の模索，「別の近代化」への道を探ることにある。なぜなら，産業社会における近代化，「近代化の近代化」は途上にあり，まだ半分しか実現していないからである。
　「危険社会」の危険性は二側面をもつ。一つは，地球全体を覆う自然破壊や生態学的危険性，すなわち，「植物，動物，人間の生命に対して不可逆的脅威をもたらす危険とその影響」である。したがって，この場合危険は，特定の集団や地域に限定されず，超国家的かつ全世界的拡がりをもつ。しかし，そうであるがゆえに，それは既存のものとは違う社会的・政治的ダイナミクスをもたらす可能性がある。つまり，この地球的規模での変化は，それに対応した地球的規模での新しい社会への可能性でもある。もう一つは，産業社会における近代と反近代との内在的矛盾である。これは，男女関係の変化に伴う家族の問題，企業などでの労働の問題，科学・技術の問題，政治の問題にまで及ぶ。解りやすい例をあげると，マイクロ・エレクトロニクスの導入は企業や消費者の新た

なネットワークによる結合を可能にするが，逆にそれは従来の雇用のあり方を変えてしまう。この現象は，確かに新たな失業の発生という点では危険ではあるが，全く別の雇用形態を開くという点では新しい社会における労働形態への先取りでもある。

このように，ベックの分析はつねに光と影の交錯においてなされるが，そこには彼の明確な時代認識が働いている。それは，危険・不安あるいは安心・安全に関する境界・分割の消滅と他者や囲い込みの消滅とである。20世紀初頭まで危険はつねに外部にあった。安心や安全を脅かすものは「他者」として，われわれの外部へと排除され，収容され，囲われる。内と外とを分かつ境界線が引かれ，内部は有刺鉄線や壁や軍隊や警察によって守られる。「人間が人間に与えてきた苦悩，困窮，暴力にあっては，いままで例外なく『他者』というカテゴリーが存在していた。すなわち，ユダヤ人，黒人，女性，難民，異端者，共産主義者などである。この他者が苦悩と困窮が強いられ彼らに暴力が振るわれてきたのは，垣根の中，収容所，住区，占領地帯という空間であった。他方では，表面的にはこの他者に相当しない人々もいる。彼らには，そのかげで安心して暮らせる壁と自分の空間が象徴的な形でも現実にも存在した。これらの壁や空間は今後さらに存在し続けるものである」。

しかし，4月26日，事態は一変する。それは「他者」の消滅であり，「人間同士が相互に距離を保てるように高度に発展してきた社会」の終焉である。チェルノブイリの爆発事故はこうした消滅と終焉の象徴であり，いかなる仕方でも排除できない危険性との遭遇である。この排除不可能な運命的危険性は，「現代の保護区や人間同士の区別」の消滅をもたらし，社会理論のパラダイムの転換を促す。確かに，放射能の汚染による自然破壊，すなわち，地・水・火・風の危険性は排除しようにも不可能である。しかもそれは，われわれの呼吸することや食べることや飲むことを始めとして，この大地に住まうことや生きることそれ自体を脅かす。風や雨は楽々と境界や区別や差異や壁を越えるし，社会化された自然は,魚にとって水がそうであるように，われわれの生命のエレメントである。チェルノブイリを知ったからには，もう後戻りできない。なぜなら，「危険に対抗することのできるすべてのものを危険が蹂躙する」からである。

自分の行為が自分を追いつめ，最後に死へと追い込まれること，その関係こそ語の正しい意味での悲劇の定義である。現代の社会とはこうした自己関係的社会であり，われわれは今この「近代化の近代化」の世界に生きている。チェルノブイリの事故に象徴されるように，行き着く所まで行った近代の個人主義が個人主義と正反対のものに変わってしまうという社会に生きている。富の生産と分配に対して，危険の生産と分配が取って代わった社会にいる。「危険社会」にいる。この社会の特徴は，危険も希望も世界化されているということである。プラスもマイナスも地球的規模に拡がるということである。狭義の自然の問題でも社会の問題でも，地球の何処かで何が起ころうとも，われわれはもはや無傷ではいられない。「グローバリゼーション」の本当の恐さと楽しみはここにある。

　さて，それでは，われわれはここからどのような社会を構想することができるか。ベックの『危険社会』を知ったからには，誠実な社会学者ならばこの問いから逃げるわけにはいかないだろう。その際，最も重要なのは，われわれが今生きているこの社会によって，それを条件として，今手にしているものを使ってそこから望みうる社会とはどのような社会か，どのような社会が望ましい社会なのかを詳細に描くことである。

　『危険社会』に不満がないわけではない。いくつか批判点もある。例えば，ベックは「他者」や貧困の消滅を言うが，むしろ別の新しい「他者」や貧困が生まれつつあるのではないか。しかし，出版からやがて20年になろうとしている今，また分析の対象が統一以前の旧西ドイツ社会である点から見ても，この著作にすべてを求めるのは酷である。むしろわれわれの反省は，それに対抗しうるものをわずかに見田宗介著『現代社会の理論』（岩波新書）にしか見出せない現状に向けられなければならないだろう。新しい現代社会の理論の構築こそ急務である。今度は，危険や不安ではなく，安心と安全をキーワードとする社会理論を。〔庭田茂吉〕

　　（『同志社大学ヒューマン・セキュリティ研究センター年報』第1号 2004年 238〜241ページ）

英文要旨

ABSTRACT

Feelings and Security

Yorihiro YAMAGATA

The theory of social contract presupposes that, before forming a society, individuals lived in a state of nature in which they were so free and so independent of one another that they could determine for themselves anything necessary for conserving their existence. When the time came that the state of nature could no longer be maintained, individuals made the "social contract," so that they might preserve and develop their freedom and autonomy for self conservation. The social contract depicts the fundamental connection between I and other persons as a relation established among absolutely autonomic egos.

However, as Rousseau observes it, even in the state of nature, an individual experienced other individuals and had some relation with them as long as he felt pity for the others. The contemporary philosophy of other persons claims that there should be a more fundamental human relationship than that of contract, because the property of self-determination, such as free will, is not powerful enough to found the power of self-determination. Therefore, this power should be invested by someone else, according to Lévinas, or by Life, according to Henry. They find in this investigation of the power a more profound human relationship than the voluntary union based on self-determination. For Lévinas, free will is not the power that permits me to enter into a connection with other persons, but the existence of the other person gives me the free will that enables me to be absolutely and unilaterally responsible for him. Moreover, according to Lévinas, possession would be impossible without a house where one stores the fruit of his labor and makes his home with another person. In contrast to Lock, possession requires a home that is an elemental human relation, as its sine qua non. For Henry too, the power of self-determination, to the extent that it means the living force of our original corporeity, is given to us by Life in the absolute passivity characterizing the mode of affectivity. Individual lives such as ours draw their life from the same source of Life to constitute the community of life.

If the original mode of human beings' existence were a solipsistic self-determination like free will, there could be no alternative but domination or submission among them. That is the conclusion that phenomenology has come to in the experience of the other, considering the essence of consciousness as an intention : a voluntary act to constitute our experience as meaning. Phenomenology takes my experience of the other as a meaning, but only to the extent that the meaning is constituted by me ; my experience of him does not give me the other but mine, that is, my idea or representation of him.

Descartes ascribed to generosity the virtue of being the sentiment of the highest self-estimation due to the possession of an infinitely free will and to the firm resolution of using best this will. He presumed that all people had generosity, and conceived it as the fundament of the mutual human relationship. However, Kierkegaard perceived that the power of self-determination, like free will, is inseparable from angst. It is not because this power permits us to do wrong as well as right, but that this power is given to us out of our self-determination. Angst is the mode of radical passivity in which we can receive the power of self-determination. A society formed by social contract conceals angst at its deepest root.

Features of Research and Development of Contemporary Science and Technology : In Coordination with Human Security

Takehiko ISHIGURO

Contemporary science and technology have great concern with human security through their strong influence on civil life and society. Although the research and development (R & D) of science and technology have brought about benefits to humankind, they are, in the mean time, showing unfavorable aspects causing menace to human security by the subsidiary shadow effect. It is essential to make efforts to guide the R & D so as to ensure the security and safety of humankind in the new era.

We first briefly review the historical process toward the unification of science and technology from the natural philosophy, via the science revolution and industry revolution. The unification of science and technology in the 20th century has been promoted through their contribution to the industrial and governmental achievements. They have grown rapidly and matured, leaving the cultural science and social science retarded to them.

The current science and technology can be featured by the colossal and global effect, influencing the human being as well as the natural environment. Science and technology are strongly correlated with the civil society bringing the fruits of R & D to the society and, in turn, through a supply of the fund for R & D from the society. However, the interaction process is not smooth due to the complication of their interaction routes.

The progress of science and technology will not be naively approved in the 21st century but required to be harmonized to humankind sustainability by suppressing the shadow effect of R & D. In order to suppress the demerit in some protruded area, it is essential to promote a knowledge of the general area, like in academia with diversity. It is noteworthy that science has the tendency of supplement by itself through the curiosity and skepticism of scientist. The acceptance of the diversity, rather than the promotion of strategic initiative after political governance, works to tone down the progress in R & D, but we should awake to the fact that the progress by itself can not be a target : what is important is meaningful fruits. Further we note that the method of modern science based upon the reductionism to elements should be reexamined, even for an evolution of cutting-edge nano-technology, referring something like organism with the nature of integration.

Human Security Basic Study on Livable Space

Fumio OKUYAMA

The significance of Human Security is reinforcing efforts to stand against threats to human lives, livelihoods, and dignity. It is important that governments work with various international organizations and civil groups including NGOs in order to create and sustain ability of human societies in which individual human being can realize their potentiality of life. Endorsing human security as the concept of international cooperation in the 21st century, Japan has been striving to make this century as the "human-centered" century.

The WHO-Collaborating Center on Community Safety Promotion was designated Harstad in Norway. The designation has the background of the eight-year active work in order to find the way of injury prevention for all age groups and people at risk. Results from the injury prevention works were very successful in Harstad. For examples, the number of burn in children under 5 years of age in Harstad was reduced by 53% in the period of 1985-94. In the same period, traffic injuries of all age groups were reduced by 27%, and fall fracture in elders over 65 years of age was reduced by 26%.

Safety promotion research has focused on identifying and modifying personal behaviors that enhance safer lifestyles and reduce the risk of environment. From an ecological perspective, safety promotion is viewed by observing specific safety behaviors shown by individuals. In addition, it was scrutinized more broadly in view of dynamic mutual relationship between individuals, groups, and surrounding environments, as well.

In view of Human Security Science and Community Safety Promotion, this basic study approaches Livable Space, which stands for secured house, safety community, or humanized city. In this article we wish to employ the word "livable space" instead of living space. It means the necessity of evaluation for human space. Security, safety, and humanizing are concept on evaluation. So I propose a general idea of "well-living". In this year the author will view a question in a fresh perspective about livable space.

Key words : human security, livable space, secured house, safety community, humanized city

---

An Approach to Social Assurance for Human Security

Kazuya NAKAYACHI

This article defines "*anzen* (safety)" as an objectively low risk situation and "*anshin* (assurance)" as a subjectively low risk situation, then discusses the relationship between them. Today, planners of safety policy in governments and industries are needed to manage not only public safety but also their assurance. Building assurance, however, is difficult and is rarely achieved harmoniously. Experts of risk management often attribute the difficulty to the public pursuit of a zero-risk society and the irrational judgment on risks involving technologies and human activities. Contrary to their arguments, the results of a psychological experiment and a social survey shown in this article suggest that the public does not always pursue zero risk environments. This suggests that the public image the experts describe lacks a realistic validity. Recent studies in risk analysis place emphasis on the trust in risk managers as a critical factor for the public attitude toward hazardous technologies and activities. Information disclosure and public participation promoted by government and industry from the mid 1990s are interpreted as the procedures to resolve the problems caused by lack of trust. Even when these procedures are built in the social decision systems, it is impossible to achieve a perfectly assured society in principle. The author concludes that studies are needed to explore how we could build social trust under uncertainty that cannot be eliminated by information disclosure and public participation.

Evaluation of Bottle-to-Bottle PET Recycling System for Life Cycle Assessment

Hiroshi TAKANO, Naoya NISHIMURA, and Masayuki ITOH

In the circulation-promoted society, life cycle assessment is of importance to reduce environmental load, waste proposal, and recycling materials. A numerical model for a chemical recycling, such as bottle-to-bottle conversion in PET-bottle recycling systems, was discussed with amount of waste proposal, total cost, and energy consumption, so as to check the effectiveness of the chemical recycling.

From the analytical results of this model, the chemical recycling has much advantage in comparison to the combustion processing and the usual material recycling called as bottle-to-fiber recycling. In the case of the chemical recycling, the amount of energy consumption in the base on the conversion value of carbon dioxide emissions was assumed to reduce effectively almost 30% than that from the material recycling.

For the chemical recycling, it was evidently concluded that a new deposit system might be employed to increase the recycling ratio and the better improvements of cost balance. In this case, the trust money seems to be over 110 yen /kg for the recycling bottle resin. Judging from such coat evaluation, this deposit system should be noticed as an effective method for the PET-bottle recycling.

The Relationship between Human Security and Human Rights

Nisuke ANDO

This short article attempts to clarify the relationship between human security and human rights. Human security is a concept, employed for the first time in 1994 by the United Nations Development Program and subsequently developed by the United

Nations and the academic circles. The very concept of security has been evolving in terms of "national security", the core of which is territorial integrity and political independence of nation states. However, after the collapse of socialism and the end of Cold War, security of individual human beings has mainly been threatened within a state boundary, thus underlying the necessity to focus on "human security" as compared to "national security". According to the report of the Commission on Human Security, which was established by the United Nations Millennium General Assembly, human security means the creation of political, economic and social conditions under which the safety of individual human beings is secured not only by states and international organizations but also by various communities as well as by individual human beings themselves. In this sense, human security overlaps with human rights which, according to the Universal Declaration of Human Rights, are based on the respect for dignity and equality of all human beings and comprise their spiritual and physical freedoms as well as their economic, social and cultural rights. At the same time, while human rights essentially regulate the relations between individuals and their states, human security envisages the involvement of not only the states but also actors other than states such as international organizations and various communities.

An Analysis of "Security" and "Anxiety" as Media Expressions, and a Social Survey on Feelings toward Those Terms in Daily Life

Takesato WATANABE & Yasufumi SHIBANAI

Our research is composed of two parts. The first is an investigation of "security" and "anxiety" as used in the mass media. The second is a social survey on feelings toward those terms in daily life.

Media in economically-advanced nations such as Japan and the United States often disseminate reports that emphasize matters of security and anxiety. The audiences are, in turn, moved by the emotional context of the information.

The 9/11 terror attack on the United States provides a notable example. Since then, the United States has engaged in military action in Afghanistan and a preemptive attack on Iraq, overthrowing the government there. The U.S. said it was acting properly within the spirit of the United Nations to prevent Iraq from waging war with weapons of mass destruction. Such weapons, however, have not yet been found.

As for Japan, national newspapers carry stories such as "The safety of our daily lives is not guaranteed." Headlines provide messages such as "Lack of money for the reliability of our pensions" or "Long life endangers the system." These messages could induce anxiety in elderly people and then give rise to new insurance businesses.

We are planning to conduct a national social survey to gauge citizens' feelings of security and safety on one hand, and anxiety and danger on the other. We will make use of the past academic investigations such as those by Toshio Yamagishi as well as data from the General Social Surveys of Japan (JGSS). If we are able to obtain sufficient support to conduct new surveys, we are sure they will add another dimension to understanding of the relationship of media messages and public attitudes toward daily life.

Human Security from the Perspective of Migrant Workers

Dong-hoon Kim

Migrant workers seeking employment and residing outside of their countries of nationality, are increasing in number and diverse in racial, ethnic and religious identities. And because of their legal status and social situations, migrant workers are in vulnerable positions not only to violation of human rights but also to racial harassment and discriminations. And they suffer from unpaid wages, physical abuse and bad working conditions. Thus, from the perspective of human security international protection of migrant workers is one of important and pressing problems.

International efforts to protect migrant workers started with the International Labor Organization (ILO) established according to the Covenant of the League of Nations after World War I. The ILO adopted recommendations and conventions to promote equal treatment in working conditions and other rights of migrant workers.

But because of World War II, these recommendations and conventions were not operated. So it was under the ILO newly established as one of specialized agencies of United Nations, that revised Conventions and Recommendations were adopted and operated. The new ILO Convention concerning migration in abusive conditions and the promotion of equal opportunity and treatment of migrant workers provided for the respect of human rights of all migrant workers, prevent illegal or clandestine migration. And also provided for reunion of families, freedom to opportunity after the end of contract.

Under the International Bill of Human Rights (Universal Declaration of Human Rights and International Covenants on Human Rights) and other human rights instruments especially Convention on the Elimination of all kinds of Racial Discrimination, all migrant workers are equally protected their human rights as other individuals. As the result, migrant workers enjoy their rights to work, social security, security of life, due process of law and minorities rights, and further the right not to be discriminated.

But like other specific international conventions for vulnerable groups, such as women, children, racial and religious groups, United Nations adopted Convention on the protection of the rights of all migrant workers and members of their families in 1990. This UN convention provided for the human rights and basic freedom for all migrant workers including irregular or illegal migrants in detail and specially provided for the rights concerning entry and residing in receiving country, association, reemployment, their language and reunion of their families. And the convention requested the state party cooperation to prevent illegal migration and promote legalization of undocumented workers.

On July 1st of 2003 the convention entered into force, but because of limited number of state party and especially few receiving state including Japan access or ratify the convention, effective protection of migrant workers would not be realized in near future. So facing problem for the Convention is how to increase the number of state parties on one hand, and to promote the protection of migrant workers according to existing international human rights instruments on the other.

Security and safety", <love> and social insurance

Nobuyuki KAJI

I presented about the feeling of <love> as one of the most relevant issue to the security and safety.

In Europe, <love> has been materialized and the social security system established. This is a system that the fund consists of the premium of many and unspecific persons and is supplied to the needy. This system is based upon universal charity, a morality in Christianity, originated from the religion of monotheism. In other words, it is an immoral idea to take the benefit for granted and the needy should be aided.

On the other hand, in the north-east Asia, whose culture is originated from Confucianism, one of the polytheism, the social security is not based on universal charity but on specific <love>, the specific feelings or <love> for the ones who are related by blood. Therefore, the fund consists of the premium paid by the specific few in a specific term. While the customers who utilize the fund is supposed to return the money with interest, some get a dividend. Then, this type of organization became the social insurance.

Nowadays, Japanese started to run onerous system without compensation. Then we came to face the problems that people try to gain more than they pay and that the fund shows a loss. Pension seems to be an example of this miscarriage. In other words, modern social security can be insecure system unless it is adapted to the tendency in a region with a different culture.

The Idea of Nature and Human Security

Naoki IMAI

In the 19th century, natural science became independent of the other human disciplines and joined hands with technology for the first time in the history of Western Europe. Then two things happened in that process. First, the term "God" was left out of the scientific frame God-Human-Nature, which had been the frame of knowledge since the Middle Ages. The frame of knowledge became that of Human-Nature, and ethics, which had been founded on Christian faith, needed another foundation. Secondly, human desires came to control the power sources, which came into existence in the union of science and technology, ST. Today we have to consider two things for human security. The first thing is how to control our human desires suitably. And the second thing is how we construct and promote professional ethics, which is indispensable for using correctly the enormous power of ST.

What the Study of the Social Security Schemes in Asia Implies ?

Takafumi UZUHASHI

Nowadays more attentions are being paid to the issue of social security schemes in Asia. It is provoked by the economic / financial crisis in the years of 1997-98, which revealed the vulnerability of the social safety nets in this region.

Because of the diversity, which can be seen universally in the history, religion, culture and level of the economic development, we could not treat the Asian region uniformly. Regarding the social security schemes in Asia, we could classify them in terms of the level of economic development, which means that each developmental stage has its unique need or pressure for the welfare.

One interesting phenomena is that the so called "adaptive learning" from the inside of this region is observed as a way of diffusion. For example, the Chinese government attempted to introduce the Central Provident Fund of Singapore in the newly-reformed pension schemes and the Korean policy-makers are said to imitate the type of the health insurance reform in Taiwan. This sort of diffusion pattern is projected to grow in the near future.

In Japan the "late-coming" social security systems in Asia have been regarded not relevant for its own future policy orientation. However the recent experiments in Korea or Taiwan are regarded informative for the reform in Japan. Although the comparative study of social security schemes in Japan has been exclusively focused on the issue between the Western nations and Japan, the significance of comparative study among the Asian nations will grow in the 21st century.

Global Environment and Human Security

Akira HAYASHIDA

In order to attain human security against natural hazards and global environmental changes, it is necessary to seek desirable relationship between human beings and natural environment. While technological aspects of disaster prevention and environmental issues are extensively investigated in various disciplines, researches in Earth system science have revealed characteristic features of natural disasters and global environmental changes. For example, the Japanese Islands suffer severe earthquakes and related disasters, of which interval is about several decades or more than 100 years. It is also pointed out that besides the ongoing global warming, human beings have experienced drastic climatic changes and adopted to environmental crisis. We suggest importance of thinking the past and the future of human beings in Earth system.

Gestalt as the world of Geist and body, the never-ending story

Shunichi TAZUKE

My role at Doshisha Human Security Research Center is to research concerning human beings, and human society and safety with Gestalt as the world of Geist and body. The study of the human security has just started, and my reserch with the Gestalt is about to arrive at the starting point.

How can a person handle his/her body as Gestalt in the world of Geist and body? I consider it as follows. When a fetus is in the womb, he/she hears the voice of the mother, and responds to it. The newborns have the sense of hearing and they will soon come to have the sense of taste, smell, etc. After that, when they acquire the sense of sight, the amount of information gained by vision will increase by leaps and bounds. And the next, it comes to perform a reaction as movement, to that information. By the movement, the information collection begins with the senses. A series of these acts is just by cognition.

If language is just a sign, only stands for a concept, not a entity, language will not function as a tool of communication.

It is thought that experiences are indispensable to people's cognition. When a person faces a new situation, they will be considered to access the knowledge based on previous experiences and correspond combining the nearest thing or its some.[1] It will fall in the disturbance, if the knowledge by previous experiences with Gestalt stop being accepted at all by new technical innovation etc. For example, it is thought that disturbance arises, when the cognitive method using virtual reality changes and previous knowledge becomes no longer useful owing to IT revolution.

Now, as described at the beginning of this paper, I think that the research in connection with the Gestalt as the world of Geist and body and Human Security is being on the starting point. From now on, it must be fruitful to consider knowledge with Gestalt as the world of Geist and body, disturbance about technical innovation, etc. on the above hypothesis.

Reference
1) Anderson, J. R., *Kognitive Psychologie*, Springer, 1989, p.218.

活動報告（2003年4月～12月）

2003年4月26日　会　合（2003年度活動計画・予算案，他）
　　　5月31日　部門別研究会
　　　6月14日　開設記念国際シンポジウム（於：同志社栄光館）
　　　　　　　基調報告
　　　　　　　・安藤仁介（本研究センター所長）
　　　　　　　講　演
　　　　　　　・佐藤行雄（日本国際問題研究所理事長・元国連大使）
　　　　　　　　「国連活動とヒューマン・セキュリティ」
　　　　　　　・中川久定（国際高等研究所副所長・京都大学名誉教授）
　　　　　　　　「比較幸福学と安心・安全学」
　　　　　　　・朴　炳鉉（釜山大学校社会科学部教授）
　　　　　　　　「東アジア福祉モデルとヒューマン・セキュリティ」
　　　　　　　・武田時昌（京都大学人文科学研究所教授）
　　　　　　　　「東アジア自然学における健康思想」
　　　6月28日　6月例会
　　　　　　　発表者／題目
　　　　　　　・山形頼洋（本研究センター副所長）
　　　　　　　　「感情と社会」
　　　　　　　・中谷内一也（客員フェロー・帝塚山大学人文学部教授）
　　　　　　　　「リスク認知」
　　　7月12日　7月例会
　　　　　　　発表者／題目
　　　　　　　・安藤仁介（本研究センター所長）
　　　　　　　　「国際人権保障とヒューマン・セキュリティ」
　　　　　　　・渡辺武達（本研究センター研究員）・柴内康文（文学部助教授）
　　　　　　　　「情報とセキュリティ」
　　　9月22日　9月例会
　　　　　　　発表者／題目
　　　　　　　・石黒武彦（本研究センター研究員）
　　　　　　　　「ヒューマン・セキュリティと21世紀の科学技術研究」
　　　　　　　・奥山文朗（日本 WTO 協会理事）
　　　　　　　　「住空間の安心・安全研：序」
　　10月25日　10月例会
　　　　　　　発表者／題目
　　　　　　　・金　東勲（客員フェロー・龍谷大学名誉教授）

　　　　　　　「外国人労働者の目から見たヒューマン・セキュリティ」
　　　　　・加地伸行（本研究センター研究員）
　　　　　　　「中国思想の基礎」
11月22日　11月例会
　　　　　発表者／題目
　　　　　・今井尚生（客員フェロー・西南学院大学文学部教授）
　　　　　　　「近代の「自然」概念と安全学」
　　　　　・埋橋孝文（客員フェロー・日本女子大学人間社会科学部教授）
　　　　　　　「アジア型福祉レジームを追求する」
12月20日　会　合（ヒューマン・セキュリティ学会設立について）
　　　　　同日　12月例会
　　　　　発表者／題目
　　　　　・林田　明（本研究センター研究員）
　　　　　　　「地球環境とヒューマン・セキュリティ」
　　　　　・田附俊一（本研究センター研究員）
　　　　　　　「『からだ』，その果てしない物語」

＜共催講演＞
2003年7月5日　同志社大学心理学セミナー第7回公開講演会（於：同志社至誠館）
　　　　　　講　　演
　　　　　・秋山学（大阪教育大学教養学科人間行動学講座助手）
　　　　　　　「『三人寄れば文殊の知恵』は実現できるのか――話し合いによる
　　　　　　　決定への期待と難しさ――」
　　　　　・山内弘継（文学部教授）
　　　　　　　「『がんばる』ことは両刃の剣――因果帰着理論と自己価値理論の
　　　　　　　接点――」
12月13日　同志社大学心理学セミナー第8回公開講演会（於：同志社至誠館）
　　　　　　講　　演
　　　　　・倉戸ヨシヤ（関西大学社会学部教授・大阪市立大学名誉教授）
　　　　　　　「現代をどう生きるか――ストレス社会における心理臨床の知恵
　　　　　　　――」
　　　　　・鈴木直人（文学部教授）
　　　　　　　「喜怒哀楽の心理学」

2003年度研究員一覧

所長　　　安藤仁介（法学研究科教授）
副所長　　山形頼洋（文学研究科教授）
　　　　　鈴木直人（文学研究科教授）
研究員　　岡市廣成（文学研究科教授）
　　　　　庭田茂吉（文学研究科助教授）
　　　　　アンヌ・ゴノン（言語文化教育センター教授）
　　　　　真銅正宏（文学研究科教授）
　　　　　余語真夫（文学部助教授）
　　　　　山田裕子（文学部助教授）
　　　　　青山謙二郎（文学部助教授）
　　　　　佐藤　豪（文学研究科助教授）
　　　　　宮庄哲夫（文学研究科教授）
　　　　　内山伊知郎（文学研究科助教授）
　　　　　岡本民夫（文学研究科教授）
　　　　　井岡　勉（文学研究科教授）
　　　　　渡辺武男（文学研究科教授）
　　　　　黒木保博（文学研究科教授）
　　　　　渡辺武達（文学研究科教授）
　　　　　鰺坂　学（文学研究科教授）
　　　　　清川義友（経済学研究科教授）
　　　　　落合仁司（経済学研究科教授）
　　　　　マーサ・メンセンディーク（文学部助教授）
　　　　　名和又介（言語文化教育センター教授）
　　　　　小山　隆（文学部教授）
　　　　　多田葉子（文学部助教授）
　　　　　加地伸行（研究開発推進機構専任フェロー）
　　　　　沖田行司（文学研究科教授）
　　　　　櫻井利江（法学研究科教授）
　　　　　橋本　卓（法学研究科教授）
　　　　　千田忠男（文学研究科教授）
　　　　　深田三徳（法学研究科教授）

釜田泰介（法学研究科教授）
鷲江義勝（法学部助教授）
石黒武彦（研究開発推進機構専任フェロー）
高野　頌（工学研究科教授）
林田　明（理工学研究所教授）
川崎廣吉（工学研究科教授）
東　宏治（言語文化教育センター教授）
清水　穣（言語文化教育センター助教授）
田附俊一（文学部教授）

客員フェロー　　井上　俊（甲南女子大学人間科学部教授）
朴　炳鉉（釜山大学校社会科学部教授）
ムース・ラジェンドラン（岩手県立大学社会福祉学部教授）
埋橋孝文（日本女子大学人間社会科学部教授）
金　東勲（龍谷大学法学部名誉教授）
三宅康之（愛知県立大学専任講師）
オギュスタン・ベルク（フランス国立社会科学高等研究院教授）
今井尚生（西南学院大学文学部教授）
中谷内一也（帝塚山大学人文学部教授）
杉本徹雄（上智大学経済学部教授）
竹村和久（早稲田大学文学研究科教授）

執筆者紹介 (50音順：同志社大学所属は大学名省略)

①生年，②現職，③ヒューマン・セキュリティ分野における研究テーマ

安藤仁介（あんどう にすけ）
①1935年，②法学研究科教授・当センター所長，③国際人権問題

石黒武彦（いしぐろ たけひこ）
①1938年，②当センター専任フェロー・京都大学名誉教授，③科学社会学

伊藤正行（いとう まさゆき）
①1949年，②工学部教授，③環境工学・ナノ材料工学・光計測工学

今井尚生（いまい なおき）
①1961年，②西南学院大学文学部助教授，③安全学に関する思想研究

埋橋孝文（うずはし たかふみ）
①1951年，②日本大学人間社会科学部教授，③東アジア福祉論

奥山文朗（おくやま ふみお）
①1944年，②日本ＷＨＯ協会常務理事，③安心の住空間論

加地伸行（かじ のぶゆき）
①1936年，②当センター専任フェロー，③東北アジアにおける安心安全学

金　東勲（キム ドンフン）
①1934年，②龍谷大学名誉教授，③国際人権法

佐藤行雄（さとう ゆきお）
①1939年，②日本国際問題研究所理事長・元国連大使

柴内康文（しばない やすふみ）
①1970年，②文学部助教授，③情報セキュリティ

高野　頌（たかの ひろし）
①1947年，②工学部教授，③医工学・材料システム工学・微粒子計測工学

武田時昌（たけだ ときまさ）
①1954年，②京都大学人文科学研究所教授

田附俊一（たづけ しゅんいち）
①1961年，②文学部教授，③からだや身体性とヒューマン・セキュリティ

中川久定（なかがわ ひさやす）
①1931年，②京都大学名誉教授・国際高等研究所副所長

西村直也（にしむら なおや）
①1976年，②工学研究科博士前期課程修了（2003年度），③環境シミュレーション工学

庭田茂吉（にわた しげよし）
①1951年，②文学部助教授，③共同体論・生命論

中谷内一也（なかやち かずや）
①1962年，②帝塚山大学人文科学部教授，③リスク認知・リスクコミュニケーション

朴　炳鉉（パク ビュンヒョン）
①1957年，②釜山大学校社会科学部教授，③東アジア型福祉モデル論

林田　明（はやしだ あきら）
　①1953年，②理工学研究所教授，③自然災害と環境変動のインパクト・文明と自然史の相関についての地質学的検討

山形頼洋（やまがた よりひろ）
　①1943年，②文学部教授・当センター副所長，③共同感情論

渡辺武達（わたなべ たけさと）
　①1944年，②文学研究科教授，③情報セキュリティ

Berque, Augusutin
　①1942年，②フランス国立社会科学高等研究院教授，③持続可能な都市論

Gonon, Anne
　②言語文化教育センター教授，③安全安心社会と公共性の形成過程

Rajendran, Muthu
　①1946年，②岩手県立大学社会福祉学部教授，③東南アジア社会福祉開発

[編集後記] 大忙しの1年であった。4月に研究センターを設立し，部門別研究会，シンポジウムの開催と続き，後は月に一度の研究例会と，もっぱら時間との競争であった。そこに，小さなグループでの勉強会が重なると，もういけません。

急ぎすぎたのかもしれない。人文科学，社会科学，自然科学の各分野から，50名を超える研究者が集まり，「ヒューマンセキュリティ・サイエンスの構築」の旗のもとに，新しい学問分野の開拓が始まった。フランス，中国，韓国，そしてマレーシアをはじめ諸外国からの参加もあった。大学からの支援もある。あとは私たちの努力次第である。急ぎすぎたせいで，失ったものも少なくないはずである。しかし，私たちに与えられた時間は決して長くはない。

ともかく，ここにこうして，努力は形になった。1年の私たちの成果が萌書房の協力のもとに出版された。シンポジウムの記録を含め，例会での研究発表は，すべて論文か例会発表要旨として文章化された。英文の要旨も付けた。新たに付け加えられたのは，書評の2編だけである。それゆえ，ここにあるのは，文字通り「年報」である。

しかし，これがすべてではない。形にならなかったものの方が多い。試行錯誤の仕方にこそ，この1年の成果があると言っても過言ではない。見えないもの，隠されたもの，捨てられたもの，延期されたもの，語られなかったもの，それらはいずれ現れてくるだろう。現在，本研究センターでは，新メンバーを迎え，新たな研究会構想をはじめ，来期に向けて，大きなプロジェクトをいくつか計画している。1年を終えて，今は期待の方が大きい。「ヒューマンセキュリティ・サイエンス」の開拓は，今まさに始まったところである。(庭田茂吉)

同志社大学ヒューマン・セキュリティ研究センター年報　第1号　2004年

2004年3月31日発行
編集委員長　加地伸行
編集委員　安藤仁介/アンヌ・ゴノン/石黒武彦/岡本民夫/鈴木直人/高野頌/
　　　　　庭田茂吉/山形頼洋 (50音順)
発行所　　萌書房 (きざす)
　　　　　〒630-1242　奈良市大柳生町3619-1
　　　　　Tel. 0742-93-2234　Fax. 0742-93-2235
発行者　　白石徳浩
デザイン　輿語秀樹
印刷/製本　共同印刷工業/藤沢製本

ISBN 4-86065-009-3
ISSN 1349-2195